Moralische Kompetenz

Moralische Kompetenz

Chancen der Moralpädagogik in einer
pluralen Lebenswelt

Herausgegeben von
Volker Eid / Antonellus Elsässer / Gerfried W. Hunold

Matthias-Grünewald-Verlag · Mainz

Der Matthias-Grünewald-Verlag ist Mitglied
der Verlagsgruppe engagement

Die Deutsche Bibliothek – CIP-Einheitsaufnahme

Moralische Kompetenz : Chancen der Moralpädagogik in einer pluralen Lebenswelt / hrsg. von Volker Eid ... – Mainz : Matthias-Grünewald-Verl., 1995
   ISBN 3-7867-1860-1
NE : Eid, Volker [Hrsg.]

© 1995 Matthias-Grünewald-Verlag, Mainz

Umschlag: Heinz Kirsch & Kristine Buckel, Grafik-Design, Wiesbaden
Satz: Textservice Zink, Epfenbach
Druck und Bindung: Weihert-Druck, Darmstadt
ISBN 3-7867-1860-1

Inhalt

Politik, Religion und christliches Gewissen
Gerhard Droesser 175

Auswahlbibliographie
Alfons Maurer 201

Vorwort

Daß „Moral-Pädagogik" nicht nur didaktische Umsetzung vorausge-
setzter systematischer Ethik, sondern integraler Bestandteil gelebter
Moral und damit auch ein zentraler Gegenstand ethischer und theologisch-ethischer Wissenschaft ist, war in herkömmlicher Ethik und Moraltheologie allenfalls in der Tugendlehre beachtet. Daher soll dieses
Buch ein Anstoß dazu sein, die Frage nach dem Prozeß des Erwerbs
moralischer „Kompetenz", moralischen „Könnens", in ihrer individuellen und sozialen Bedeutung theologisch-ethisch energisch anzugehen.
Daß dies gegenüber den schon lange diskutierten pädagogischen, psychologischen und sozialwissenschaftlichen Konzepten reichlich spät
geschieht, ist ohne Wenn und Aber zuzugeben. Doch zwingt christliche
Mitverantwortung für die gerechte Ausgestaltung sozialen Lebens dazu,
die dort erzielten Erkenntnisse entschieden aufzugreifen.

Bei diesem Unternehmen geht es nicht um eine Art Didaktik der
Moralweitergabe. Vielmehr geht es uns darum, einige wesentliche
Aspekte, Hinweise und Reflexions-Anregungen zu vermitteln, um die
soziale und individuelle Bedeutung moralischer Kompetenz theologisch-ethisch adäquat zu erfassen und besonders für die kirchliche
Morallehre zu erschließen, die immer noch zu einseitig prinzipien-
orientiert und appellativ gerät.

Dieses Buch geben wir im Auftrag der Arbeitsgemeinschaft der deutschen Moraltheologen als den zweiten und zugleich letzten Band des
„Moraltheologischen Jahrbuchs" heraus. Es gibt überzeugende Gründe
dafür, daß ein Jahrbuch kein geeignetes aktuelles Diskussionsforum
darstellt. Ein solches, etwa in Gestalt einer Zeitschrift, bleibt ein Desiderat. Wir danken dem Matthias-Grünewald-Verlag sehr für unsere
Zusammenarbeit und besonders auch für die Betreuung des vorliegenden Bandes.

Die Herausgeber

Das humanwissenschaftliche Gespräch zum Verständnis sittlicher Kompetenz

Themen – Tendenzen – Einsichten[1]

Alfons Maurer

„Das erste und notwendigste doktrinale Instrument der Tugendlehre für den noch rohen Zögling ist ein moralischer Katechism"[2]. Diese Annahme Kants – allerdings meist in freundlichere Formulierungen verpackt – ist uns durchaus geläufig: Moralische/sittliche Einstellungen und Verhaltensweisen, Tugenden, Wertorientierungen etc. sind nicht angeboren, sondern müssen dem Menschen vermittelt und gelehrt werden. Weniger vertraut dagegen scheint uns, daß jedes Individuum nur dann eine sittliche Praxis hervorbringen kann, wenn es auch über grundlegende Kompetenzen verfügt. Jedes Sollen bleibt an ein individuelles Können gebunden. Die Verwendung des Begriffes „moralische/sittliche Kompetenz"[3] bedeutet also einen Versuch, die Funktion der Kompetenzen in der Entwicklung des moralischen/sittlichen Denkens und Handelns verstärkt in Blick zu nehmen, ohne die Einsichten der traditionellen Moralpädagogik zu vernachlässigen. Die nachfolgenden Ausführungen enthalten einerseits einige systematische Überlegungen zum Phänomen der moralischen/sittlichen Kompetenz im Bezugsfeld von Moralpsychologie und Ethik, andererseits wird auf verschiedene human- und sozialwissenschaftliche Forschungsbereiche hingewiesen, von denen Bausteine für eine Theorie der sittlichen Kompetenz erwartet werden können.

---

[1] Die besprochene und zitierte Literatur ist in der Auswahlbibliographie aufgeführt, 201-216.
[2] Kant I., Metaphysik der Sitten, Tugendlehre, A 165.
[3] Vgl. den Titel und das Anliegen dieses Buches.

1. Zu den Schwierigkeiten, ein angemessenes Verständnis „sittlicher Kompetenz" zu entwickeln

Um den Weg zur moralischen oder sittlichen Kompetenz[4] angeben zu können, muß zunächst Einigkeit über das Ziel dieses Weges bestehen. Leider erweist sich eine eindeutige und trennscharfe Bestimmung und Definition, was unter sittlicher Kompetenz zu verstehen ist, als schwieriger, als es um der Klarheit willen zu wünschen ist.

Wird sittliche Mündigkeit als Ziel von Erziehung und Sozialisation angegeben, kann darunter der Erwerb von Fähigkeiten im engeren Sinne oder auch der Erwerb von moralischen Inhalten, die Kenntnis moralischer Regeln, verstanden werden. Der Begriff der Kompetenz führt also einerseits zur Frage der Vermögen und Fähigkeiten, die ein sittlich urteilendes und handelndes Individuum in Anspruch nimmt. Ein völlig anderer Zugang der Thematisierung der Sittlichkeit kommt in der Frage der traditionellen Moralpädagogik und Sozialisationsforschung zum Ausdruck, welche Inhalte, z.B. Werte, Einstellungen oder Tugenden, ein Individuum erwerben muß, um ein gesellschaftlich anerkanntes sittliches Subjekt zu sein. So betont auch Aristoteles, daß derjenige, der tugendhaft werden soll, auch dementsprechend erzogen und daran ge-

---

[4] Während in der gegenwärtigen Ethikdiskussion zwischen Ethik und Moral unterschieden wird – sowohl das Hauptwort Ethik als auch das Adjektiv ethisch kennzeichnen die theoretische Reflexion des moralischen/sittlichen Handelns, während Moral die Gesamtheit moralischer Normen, Wertüberzeugungen, Einstellungen und moralischer Verhaltensweisen in einem bestimmten sozialen System indiziert – ist der Sprachgebrauch der Adjektive moralisch/sittlich uneinheitlicher (vgl. Pieper 1985, 20f). Sie werden teils synonym, teils diskriminativ gebraucht. Hinzu kommt, daß sich moralisch/sittlich sowohl als eine Aussage hinsichtlich der Richtigkeit einer Verhaltensweise verstehen läßt wie auch als eine Aussage hinsichtlich des Charakters bzw. der Tugendhaftigkeit des handelnden Subjekts. Eine Handlung erweist sich als moralisch/sittlich, weil sie sich mit einer vorgegebenen moralischen Ordnung vereinbaren läßt; ein Mensch zeigt sich moralisch/sittlich, wenn sein Urteilen und Handeln in seiner Sittlichkeit wurzelt. Im Blick auf die Frage der Entwicklung einer moralischen/sittlichen Kompetenz ist es nicht nötig, zwischen moralisch und sittlich zu unterscheiden; allerdings gilt es darauf hinzuweisen, daß in der genannten Beschreibung zwei unterschiedliche Begründungsebenen moralischen/sittlichen Handelns begegnen: Zum einen kann der Grund des Handelns in der Moralordnung der Gesellschaft, zum anderen in der Sittlichkeit des Individuums liegen. Letzteres läßt sich als ein prinzipienorientiertes moralisches Bewußtsein verstehen, wie es Colby und Kohlberg (1978) mit dem postkonventionellen Niveau zum Ausdruck gebracht haben. Eine solche prinzipienorientierte Sittlichkeit beschreibt zugleich das Ziel moralischer Entwicklung. Ich bevorzuge nun das Adjektiv sittlich – ohne daß dies jedoch zwingend ist – zur Kennzeichnung der geforderten Kompetenz auf dem Weg zur moralischen/sittlichen Mündigkeit, weil es m.E. diese reflexive und prinzipienorientierte Sittlichkeit besser zum Ausdruck bringt.

wöhnt werden muß[5]. Wird jedoch sittliche Kompetenz auf die zu er-
werbenden Fähigkeiten bezogen, erweist sie sich so als ein Vermögen,
das sich durch ein Zusammenspiel verschiedenster, einzelner basaler
und spezieller Fähigkeiten konstituiert. Sittliche Kompetenz setzt sich
aus Kompetenzen zusammen, die den Bereich des Beurteilens, des
Handelns, aber auch des Wahrnehmens und des Kommunizierens betreffen. Während die Kompetenzen der Beurteilung eine gewisse Affinität mit dem Gewissensphänomen, die Kompetenzen der Ausführung
mit dem ethischen Tugend- und Handlungsbegriff haben, wird leicht
übersehen, daß zur sittlichen Kompetenz auch Fähigkeiten der Wahrnehmung gehören: Erst wer Probleme als sittliche Probleme erkennt,
kann diese benennen und beurteilen. Zur Wahrnehmung gehört also
neben der sensorischen Perzeption und einer kognitiven Informationsverarbeitung auch die Fähigkeit, sich in fremde Personen und deren
Befindlichkeit einzufühlen sowie sich in die Perspektiven und Überzeugungen anderer hineinversetzen zu können. Damit meint sittliche
Kompetenz nicht nur eine Wahrnehmung von Situationen und Personen
durch unmittelbare und authentische Erfahrung, sondern auch die Rekonstruktion von Situationen und Problemkonstellationen durch vermittelte Wahrnehmung. Bereits die Wahrnehmung von Ereignissen impliziert Interpretationsleistungen des Subjekts[6]. Eingehende Reize werden sortiert, geordnet, interpretiert und auch bewertet. Die Wahrnehmung geht während der Informationsverarbeitung über in ein Beurteilen. Denken, Aufmerksamkeitssteuerung und Gedächtnis sind eng miteinander verbunden. So wird Wahrgenommenes in der Informationsverarbeitung, basierend auf cerebralen Prozessen, mit Erwartungen, mit
zugänglichem Wissen, mit gespeicherten Erfahrungen und Begriffen in
Beziehung gesetzt. Leitende Bedeutung kommt hierbei dem Gedächtnis
zu, weil es solche Denk- und Informationsverarbeitungsprozesse steu-
ert, aber auch deren Möglichkeit aufgrund der gegebenen Kapazität
begrenzt. Ethisch relevant sind diese Vorgänge dort, wo man Evalua-
tionen und Beurteilungen in normativem Sinne von Personen, Ereignissen, Sachverhalten und Situationen vornimmt, um entweder eine
Stellungnahme sich oder anderen gegenüber abgeben zu können oder
auch um eine Entscheidung vorzubereiten und zu aktualisieren. Denk-

---

[5] Aristoteles, Nikomachische Ethik, 1180a 15ff.
[6] „Alle sensorischen Daten werden dazu benutzt, eine in sich stimmende Interpretation
der sichtbaren Welt zu konstruieren" (Lindsay/Norman 1981, 15).

psychologisch gilt dies, gleichgültig ob das urteilende Subjekt eine expressiv-evokative, moralische oder ethisch reflektierte Stellungnahme äußert[7]. Allerdings liegt es nahe zu vermuten, daß die Entwicklung von einer impulsiven Stellungnahme zum kritisch-reflektierten Urteil mit einer jeweils immer komplexeren Informationsverarbeitung einhergeht. Nicht in jedem Falle, aber doch häufig wird ein sittlich urteilendes und handelndes Individuum in der Lage sein müssen, seine normative Stellungnahme auch mitteilen zu können. Sittliche Mündigkeit setzt so auch eine Reihe kommunikativer Kompetenzen voraus, die von einer basalen Sprachfähigkeit bis zu einer differenzierten Diskursfähigkeit reichen. Das Individuum muß seine Einstellung in Sätze transformieren, dabei sich verständlich ausdrücken können, so daß Inhalt und Intention des Geäußerten beim Adressaten rekonstruiert werden können. Kommt es zu einem Diskurs über die Richtigkeit der geäußerten Inhalte, muß – um nicht bereits von vornherein ein Gelingen der Kommunikation auszuschließen – die Bereitschaft zur argumentativen Auseinandersetzung vorliegen. An diesem Punkt verwandeln sich die kompetenzpsychologisch beschriebenen kommunikativen Fähigkeiten oft unversehens in ethisch geforderte Ansprüche: So vor allem bei Habermas, der in der Rekonstruktion beliebiger Sprachhandlungen auf universale Geltungsansprüche stößt, die sittlich kommunizierende Subjekte beachten und einhalten müssen, wenn eine Verständigung überhaupt möglich werden soll[8].

---

[7] Vgl. dazu Honecker (1990, 5), der im Rückgriff auf Henry David Aiken verschiedene Ebenen der moralischen Betrachtungsweise unterscheidet: Auf der expressiv-evokativen Ebene nimmt das Subjekt impulsive, unreflektierte, spontane moralische Bewertungen vor. Die moralische Ebene wird dann in Anspruch genommen, wenn das urteilende Subjekt sich in seiner Bewertung an den Normen, Überzeugungen und Prinzipien orientiert, die sozial, lebensweltlich und gesellschaftlich vorliegen und akzeptiert sind. Ein kritisch reflexives Urteil begegnet erst auf der ethischen Ebene. Diese drei Stufen lassen sich durchaus den drei Niveaus bei Kohlberg (siehe dazu unten) zuordnen.

[8] Vgl. Habermas (1984, 354 f.): „Der Sprecher muß einen verständlichen Ausdruck wählen, damit Sprecher und Hörer einander verstehen können; der Sprecher muß die Absicht haben, einen wahren propositionalen Gehalt mitzuteilen, damit der Hörer das Wissen des Sprechers teilen kann; der Sprecher muß seine Intentionen wahrhaftig äußern wollen, damit der Hörer an die Äußerung des Sprechers glauben (ihm vertrauen) kann; der Sprecher muß schließlich eine im Hinblick auf bestehende Normen und Werte richtige Äußerung wählen, damit der Hörer die Äußerung akzeptieren kann, so daß beide, Hörer und Sprecher, in der Äußerung bezüglich eines anerkannten normativen Hintergrunds miteinander übereinstimmen können. Ferner gilt, daß kommunikatives Handeln ungestört nur so lange fortgesetzt werden kann, wie alle Beteiligten unterstellen, daß sie die reziprok erhobenen Geltungsansprüche zu Recht erheben.“

Schließlich sind auch das Vorbereiten, Planen und Ausführen von sittlichen Handlungen unabdingbare Momente einer sittlichen Kompetenz. Im Handeln setzt sich jeder Mensch mit seiner Umwelt in Beziehung und gestaltet diese. Neben der Kommunikation ist das Handeln das zentrale Medium, in dem Menschen ihre moralischen und sittlichen Überzeugungen ausbilden, erfahren und vermitteln. Jede Handlung äußert sich als ein Produkt von Person und Umwelt. Die Struktur einer Handlung resultiert dabei aus der Zielorientierung des Handelnden und dem Handlungsraum, den die Umwelt dem Handelnden gewährt. Häufig konfiguriert sich die Sittlichkeit einer Handlung erst im Vollzug. Sittlich kompetent zu sein, bedeutet also, handlungsfähig zu sein sowie Handlung und Sittlichkeit im Zueinander reflektieren zu können.

Sittliche Kompetenz kann abschließend als eine soziale Interaktionskompetenz definiert werden, die es einem Individuum ermöglicht, moralische Probleme wahrzunehmen, zu beurteilen, die moralische Betrachtungsweise mitzuteilen und sittliche Handlungen auszuführen. Sozial- und entwicklungspsychologisch hat das Individuum hierfür verschiedene Fähigkeiten auszubilden: Wahrnehmen (Role-taking und Empathie), Beurteilen (kognitive Reflexion), kommunikativer Austausch von Beurteilungen (Sprach- und Diskursfähigkeit) und Handeln (Handlungskompetenzen). Jede Weiterentwicklung einer oder mehrerer dieser Fähigkeiten fördert und begünstigt die Ausbildung der sittlichen Kompetenz. Dabei sind diese unterschiedlichsten Kompetenzen eine notwendige, aber keine hinreichende Voraussetzung für sittliche Mündigkeit. Hinzukommen muß die Bereitschaft des Individuums, einen sittlichen Standpunkt einzunehmen, sittliche Gesichtspunkte zuzulassen[9]. Je nach ethischem Grundverständnis wird eine nähere Kennzeichnung eines solchen sittlichen Standpunktes variieren[10]. Allen Bestimmungen eines sittlichen Standpunktes gemeinsam wird die Forderung sein, sich nicht nur von egoistischen und/oder strategischen Überlegungen leiten zu lassen, sondern auch das Wohl anderer Menschen zu berücksichtigen und sich im Falle eines normativen Dissenses verständigungsorientiert zu verhalten[11].

---

[9] Vgl. Roth (1978, 17 f.).

[10] So wird der Utilitarist auf seine utilitaristische Grundregel hinweisen, der Diskursethiker auf die Bereitschaft zum Diskurs, der normative Prinzipienethiker auf die Bereitschaft, Prinzipien zuzulassen, usw.

[11] Vgl. die Beschreibung des sittlichen Standpunktes bei Frankena (1981, 138): „Jemand nimmt dann den moralischen Standpunkt ein, wenn er sich nicht vom Grundsatz des

Sittliche Kompetenz ist nötig, um sittlich mündig zu werden. Sittliche Mündigkeit besteht nun nicht darin, vorgegebene Normativität zu internalisieren. Sittliche Erziehung darf nicht mit einer Anleitung zur sozialen Anpassung gleichgesetzt werden, weil Sittlichkeit nicht identisch ist mit gesellschaftlicher Konformität. Freilich hat sich jedes Individuum, nicht nur das heranwachsende, mit den sozialen Ansprüchen, den gesellschaftlichen und kulturellen Leitbildern auseinanderzusetzen. Das Ziel bildet jedoch die sittliche Autonomie: „Durch moralische Erziehung als Personalisationshilfe soll der einzelne befreit werden von fragloser Hinnahme und naiver Übernahme herkömmlicher Verhaltensmuster und gewohnter Sitten und befreit werden zu autonomer Moral"[12]. Eine Theorie der sittlichen Kompetenz wird aus diesem Grunde schwerpunktmäßig die Prozesse zu beschreiben und zu analysieren haben, die eine solche moralische Autonomie ermöglichen und hervorbringen; nur am Rande wird es auch darauf ankommen, die normativen Inhalte zu klären, mit denen sich Heranwachsende und Erwachsene auf ihrem Weg zur Autonomie auseinandersetzen sollten. So wie ein angemessenes Verständnis sittlicher Kompetenz nur im Horizont des Zieles moralischer Entwicklung, der sittlichen Mündigkeit bzw. der Sittlichkeit, zu gewinnen ist, basiert wiederum der Begriff der sittlichen Mündigkeit auf einem bestimmten ethischen Selbstverständnis. Fragen ethischer Erziehung können nicht losgelöst von einer ethischen Konzeption thematisiert werden. Auch wenn nicht alle Implikationen entfaltet werden können und müssen, wird hier von einem ethischen Grundverständnis der Autonomie ausgegangen[13]. Die Konstituierung des Menschen als moralisches/sittliches Subjekt erfolgt durch die Inanspruchnahme seiner Freiheit und seiner Vernunft. Das Ziel der Sittlichkeit umfaßt das sittlich richtige Handeln, aber auch das Gelingen des Handelnden selbst[14]. Auch wenn die Sittlichkeit des Menschen in der Fähigkeit der selbstgesetzgebenden Vernunft gründet, muß sie doch hervorgebracht und entfaltet

---

Egoismus leiten läßt, wenn er Prinzipien folgt, wenn er bereit ist, diese Prinzipien zu verallgemeinern, und wenn er bei alledem das Wohl jedes Mitmenschen in gleichem Maße berücksichtigt".

[12] Weber (1978, 49).

[13] Die philosophischen Grundlagen für diesen Ansatz finden sich bei Kant, der den letzten Bestimmungsgrund des Sittlichen in der Selbstgesetzgebung der Vernunft des einzelnen sieht: „Die Autonomie des Willens ist das alleinige Prinzip aller moralischen Gesetze und der ihnen gemäßen Pflichten" (Kritik der praktischen Vernunft, A 58).

[14] Vgl. Korff (1985, 108 ff.).

werden. Diesen Vorgang zu erhellen, ist Aufgabe einer Theorie der sittlichen Kompetenz.

Eine Entfaltung einer Theorie sittlicher Kompetenz in ethischer und moralpädagogischer Absicht wird folgende Zusammenhänge beachten, thematisieren und klären müssen: 1) Die Rückfrage nach bedeutsamen Theorie-Elementen der Psychologie, der Pädagogik, der Soziologie, birgt die Gefahr in sich, daß additiv unterschiedliche Partialtheorien nebeneinander gestellt werden. Um eine solche analytische Aufsplitterung zu überwinden, gilt es, den Stellenwert der sittlichen Kompetenz im Kontext integrativer Persönlichkeitskonzepte zu bestimmen[15]. 2) Auch bedarf es einer Klärung, wie die Begriffe sittliche Kompetenz und Sittlichkeit zugeordnet bzw. voneinander abgegrenzt werden können. Von großem Interesse scheint mir in diesem Zusammenhang die Frage, in welcher Weise und in welchem Ausmaß sich eine Verknüpfung der Bestimmung von sittlicher Kompetenz mit dem Gewissensbegriff herstellen läßt[16]. 3) Die hier angesprochenen Momente einer sittlichen Kompetenz beruhen auf der Annahme, daß sich personale Kompetenzen in der Ontogenese entfalten, wenn die nötigen Anregungsbedingungen gegeben sind. Eine solche genetisch-psychologische, konstruktivistische Sichtweise ist durch eine emanzipativ-tiefenpsychologische zu ergänzen[17]. Die Forderung nach einer theoretischen Beschreibung von sittlicher Kompetenz[18] muß nicht nur angeben können, wie neue Entwicklungsstufen erreicht werden können und moralisch-praktische Fähigkeiten ausgebildet werden, sondern auch wie Blockaden oder Sperren solcher bereits ausgebildeten Kompetenzen aufgelöst werden können[19].

---

[15] Erste Ansätze zu einer integrativen Theorienbildung werden im Abs. 2 unter der Ziffer 7 vorgestellt.

[16] Für den Kontext einer christlichen Erziehung wäre darüber hinaus noch der Zusammenhang von Glaubensentwicklung und Ontogenese der sittlichen Kompetenz zu klären.

[17] Wellmer (1986, 175–221) nennt die erste Sichtweise das Piaget-Modell und die zweite das Freud-Modell. Nach Wellmer enthalten diese beiden Modelle verschiedene Formen von Lernprozessen, die strukturell zu unterscheiden sind (1986, 181ff). Genetisch-psychologische Lernprozesse entsprechen inneren Reifungsstadien und führen zu einer stufenweisen Höherentwicklung von Fähigkeiten. Werden solche Fähigkeiten nicht oder nur zum Teil ausgebildet, liegt dies daran, daß die Umwelt dies gefordert bzw. gar verhindert hat. Die Lernprozesse des Freud-Modells dagegen verfolgen eine Emanzipation durch Selbstreflexion; Emanzipation ist notwendig, weil die Ausübung bestimmter Fähigkeiten durch psychodynamische Vorgänge blockiert sind. Die Fähigkeiten sind also bereits entwickelt, sind aber blockiert.

[18] Wellmer (1986, 182) spricht von einer „praktischen Rationalisierung".

[19] Vgl. Wellmer (1986, 182 f.).

Eine Theorie der sittlichen Kompetenz muß sich also auch mit psychoanalytischen Ideengut, vor allem mit der Annahme, daß bedingt durch psychodynamische Verarbeitungsprozesse kausal-lineare Rückschlüsse vom sichtbaren Verhalten auf das zugrundeliegende kaum möglich sind, in Beziehung setzen lassen können[20]. Der psychoanalytische Beitrag könnte wesentlich darin liegen, die Symptomatik von Handlungen zu hinterfragen sowie verdrängte, abgespaltene Impulse und verborgene Intentionen aufzudecken und dadurch die Souveränität und Freiheit des Handelnden zu stärken[21]. 4) Sittliche Kompetenz kann sich nur entwickeln, wenn ausreichende Möglichkeiten entsprechenden Handelns gegeben sind. Die Kompetenz zu sittlichem Urteilen und Handeln entsteht im Zirkel von Handlung und Reflexion. Eine Theorie sittlicher Kompetenz hat so auch zu berücksichtigen, welche sozialen Realisationsräume Heranwachsenden zur Verfügung stehen und wie diese von den einzelnen rezipiert und bewertet werden. 5) Theorien sittlicher Kompetenz sind aufgrund ihrer kompetenztheoretischen Sichtweise in der Gefahr, die gesellschaftliche und soziale Verfaßtheit des sittlichen Subjekts auszublenden. Die vor allem durch ökonomische Prozesse und Erfordernisse sowie durch technologische Innovationen bedingte geschichtliche Dynamik bringt aber gesellschaftliche Strukturen hervor, die hohe Ansprüche und Erwartungen an die Individuen dieser Gesellschaft enthalten. Das Gewicht und die Bedeutung solcher sozialer und gesellschaftlicher Zuschreibungen kann kaum überschätzt werden, sie resultieren aus der Systemkomplexität der Gesellschaft[22]. Eine Theorie der sittlichen Kompetenz muß auch die sozialen Bedingungen der Entwicklung und Aktualisierung sittlicher Kompetenz angeben können. Und sie muß zeigen können, in welcher Weise Individuen Ansatzpunkte in ihrer gesellschaftlichen Verfaßtheit zur Gestaltung, Realisierung und Erweiterung ihrer Autonomie finden können. Dabei ist auch zu thematisieren, in welcher Weise die praktischen Rationalisierungen von Indi-

---

[20] Eine solche Verknüpfung der genetisch-psychologischen mit der emanzipativ-tiefenpsychologischen Sichtweise in bezug auf die Genese und Aktualisierung sittlicher Kompetenz ist bisher nur in Ansätzen versucht worden; vgl. Habermas (1976, 63–91).
[21] Vgl. Kannicht (1985).
[22] Mit diesem Hinweis kann die Herausforderung der Ethik durch die Systemtheorie Luhmanns (1978; 1984) nur benannt, nicht auf sie eingegangen werden. Im Blick auf die Konzeption von ethischer Erziehung überhaupt liegt hier m.E. die schärfste Infragestellung vor.

viduen von gesellschaftlichen und politischen Ausprägungen der praktischen Vernunft abhängig sind[23].

Im folgenden werden kurz einige bedeutsame human- und sozialwissenschaftliche Theorien vorgestellt, die auf relevante Aspekte und Faktoren der moralischen und sittlichen Sozialisation hinweisen und somit zum Verständnis der Entwicklung und Sozialisation von sittlicher Kompetenz beitragen (Abs. 2). Abschließend wird nochmals kurz die Frage materialer Inhalte sittlicher Kompetenz in der gegenwärtigen Gesellschaft aufgegriffen (Abs. 3).

2. Human- und sozialwissenschaftliche Zugänge zu einer Theorie sittlicher Kompetenz

Die folgende Übersicht verfolgt das Ziel, eine Reihe unterschiedlicher Forschungstraditionen und -bereiche auf einen möglichen Beitrag zu einer Theorie der sittlichen Kompetenz zu untersuchen. Inhaltliche Überschneidungen und Parallelen lassen sich dabei kaum vermeiden.

1. Einen ersten Zugang zur Theorie der sittlichen Kompetenz bieten *sozialisationstheoretische, rollenorientierte Ansätze*. Nach Emile Durkheim gibt es für Pädagogen keine dringlichere Aufgabe als die der Moralerziehung; „denn alles, was zur Folge haben kann, die Leistung der Moralerziehung zu vermindern, bedroht die öffentliche Moralität selbst"[24]. Mit der Moralerziehung stellt sich für Durkheim die Frage nach dem Bestand der Gesellschaft selbst; die Erziehung ist das Mittel, mit dem „die Gesellschaft immer wieder die Bedingungen ihrer eigenen Existenz erneuert"[25]. Das Herausbilden einer moralischen/sittlichen Kompetenz bedeutet in dieser Perspektive die Internalisierung einer Moral, die dem gesellschaftlichen Entwicklungsstand entspricht. Sittliche Kompetenz als Ziel einer Moralerziehung vollzieht sich in der Sozialisation[26]. Im Pädagogischen Lexikon von 1970 wird dies folgen-

---

[23] Vgl. Wellmer (1986, 189 ff.); Eder (1988, 312 ff.).
[24] Durkheim (1984, 58 f.).
[25] Durkheim (1984, 46).
[26] Der Begriff der Sozialisation meint den Vorgang, „daß der Mensch durch die Gesellschaft und ihre jeweils historischen materiellen, kulturellen und institutionellen Bedingungen konstituiert und geformt wird, und zwar in seinem eigensten Wesen als Subjekt" (Geulen 1977, 11).

dermaßen beschrieben: „Sittliche Erziehung ist die Erziehung zum Verhalten nach jenen Normen, deren Gesamtheit von der Gesellschaft oder ihren Gruppen als ‚gut' und deren Gegenteil als ‚böse' angesehen wird. Ihr Umfang ist durch Herkommen, Brauch, Gewohnheit, ‚sittliches' und religiöses Empfinden bestimmt"[27]. Nach dieser Auffassung besteht sittliche Kompetenz ausschließlich darin, die geltenden Normen und Werte der Gesellschaft zu kennen und das eigene Handeln danach auszurichten. Neben Durkheim war es vor allem Talcott Parsons, der eine solche Sichtweise vertreten hat[28]. In ihrer Handlungstheorie haben Parsons und Shils zwischen einer Bedürfnisorientierung und einer Wertorientierung beim Menschen unterschieden[29]. In der Sozialisation kommt es zu einer Besetzung der individuellen Bedürfnisorientierung durch kulturelle Werte[30]. Die Ausrichtung an sozialen Normen und kulturellen Werten wird dadurch zu einem subjektiven Bedürfnis. Individuelle Bedürfnisse, gesellschaftliche Erwartungen und kulturelle Wertstandards verschmelzen miteinander[31].

Der wesentliche Beitrag einer soziologischen Sichtweise der moralischen Sozialisation zu einer Theorie der sittlichen Kompetenz liegt im Aufweis der Verflechtung und Korrespondenz individueller Genese von Sittlichkeit und gesellschaftlichen Ausprägungen praktischer Rationalität[32]: Die Ontogenese sittlicher Kompetenz bleibt von den sozialen Bedingungen abhängig, unter denen sie geschieht[33]. Kritik hat dagegen die fehlende Differenzierung von Motivation und sozialer Normierung erfahren; im Prozeß der Sozialisation entsteht nicht nur Anpassung, sondern auch die Fähigkeit zur Rollendistanz, Autonomie und Innovation.

---

[27] Erlinghagen (1970, 1018).
[28] Parsons/Shils (1951); Parsons (1968; 1976).
[29] Parsons/Shils (1951, 53 ff.).
[30] Parsons (1968, 72).
[31] Die Internalisierung kultureller und sozialer Inhalte in der Sozialisation führt nach Parsons/Shils (1951, 101) zu einer „basic structural homology" von Persönlichkeit und Gesellschaft.
[32] Vgl. Eder (1988, 312–387).
[33] Bereits eine der ersten experimentellen Studien zur Moralentwicklung im Jahr 1928 von Hartshorne/May ergab bei Schulkindern eine Abhängigkeit des moralischen Verhaltens von situativen Faktoren. Die Kinder wurden in verschiedenen Situationen bei Testaufgaben beobachtet, ob sie mogeln. Die Ergebnisse ließen eine Einteilung der Kinder in Mogler und Ehrliche nicht zu. Das Auftreten von Mogeln hing vielmehr von der vertretenen Gruppenmoral und von der subjektiv eingeschätzten Wahrscheinlichkeit, entdeckt zu werden, ab.

2. Der wohl vertrauteste Zugang zu einer Vermittlung sittlicher Kompetenz begegnet in den *lerntheoretischen Ansätzen*, vor allem in der Beschreibung des Modell-Lernens durch die sozial-kognitive Lerntheorie[34]. Sozialisation als der Prozeß, mit dem Heranwachsende gesellschaftlich handlungsfähige Subjekte werden, basiert wesentlich auf Lernvorgängen. Die Bedeutung und Funktion von Vorbildern für die moralische/sittliche Entwicklung ist dabei eine alte Einsicht der Menschheitsgeschichte[35]. Die Lernpsychologie[36] dieses Jahrhunderts hat nachgewiesen, daß Lernen alles andere als ein einheitlicher Vorgang ist, sondern als Oberbegriff für verschiedene Prozesse fungiert. Allgemein kann Lernen „als Veränderungen eines Verhaltenspotentials unter dem Einfluß von Umweltbedingungen"[37] definiert werden. Faktisch sind hiermit so unterschiedliche Sachverhalte wie der Erwerb einfacher motorischer Fertigkeiten als auch die Einübung in sehr komplexe kognitive Verarbeitungsprozesse gemeint.

Als Lernarten werden unterschieden[38]: Signal-Lernen oder klassisches Konditionieren (unkonditionierte Reize-Reaktions-Verbindungen wie Speichelfluß oder Blaßwerden bei spezifischen Signalen), Assoziations-Lernen oder verbales Lernen (Herstellung von bedingten Reiz-Reaktions-Ketten durch Übung oder Assoziation), instrumentelles oder operantes Lernen (Lernen durch Erfolg und Verstärkung), Imitations- und Modell-Lernen (soziales Lernen durch Beobachtung), Lernen durch Einsicht (Orientierung durch Neu- oder Um-Strukturierung eines Wahrnehmungs- oder Vorstellungsfeldes). Alle verschiedenen Arten tragen wesentlich zum Aufbau sittlicher Kompetenz bei. Meist wirken sie in der Bewältigung des Alltags ineinander.

Großes Interesse und Beachtung in der Moralpädagogik hat besonders das Imitations- und Modell-Lernen gefunden. Lernen wäre eine mühsame und risikoreiche Angelegenheit, wenn die Menschen nur durch die Auswirkungen ihres Tuns Erfahrungen machen würden: So „werden die meisten menschlichen Verhaltensweisen durch die Beobachtung von

---

[34] Vgl. das gleichlautende Werk von Bandura (1979).
[35] Vgl. die differenzierte Analyse von Scheler (1954, 573–597). Siehe auch Kant I., Metaphysik der Sitten, Tugendlehre, A 167: „Das experimentale Mittel der Bildung zur Tugend ist das gute Beispiel an dem Lehrer selbst …".
[36] Vgl. Lefrançois (1986), Foppa (1975), Angermeier (1977), Angermeier/Bednorz/Schuster (1984), Edelmann (1986), Gagné (1980).
[37] Wehner (1980, 120).
[38] Wehner (1980, 117–153); Angermeier (1977, 259–277).

Modellen erlernt"[39]. Bei der Beobachtung anderer kann sich der einzelne über geeignete und sozial gewünschte Verhaltensmuster informieren, ohne sich selbst exponieren zu müssen. Das Beobachtungslernen hat sich als eine eigene Form des Lernens erwiesen, die nicht nur als Spezialform des operanten Lernens zu verstehen ist, weil sie auch ohne Verstärkung des beobachteten Modells funktioniert, d.h. Modelle werden auch nachgeahmt, wenn weder das nachgeahmte Modell noch das Nachahmungslernen verstärkt wird bzw. das beobachtete Modell bestraft wird[40]. Prozesse und Vorgänge des Beobachtungs-, Imitations- und Modell-Lernen sind von Bandura ausführlich dokumentiert und theoretisch erschlossen worden[41]. Ideale, Leitbilder, Rollen und soziale Normen werden vorwiegend durch Imitation- und Modell-Lernen übernommen. Imitation- und Modell-Lernen wird begünstigt, wenn eine positive emotionale Beziehung oder wahrgenommene Ähnlichkeit zwischen Modell- und Beobachterperson besteht, die Modellperson sich durch einen hohen sozialen Status und Prestige auszeichnet sowie die Beobachterperson mit geringer Selbstwerteinschätzung und Unsicherheit ausgestattet ist.

Die ethische Relevanz dieser verschiedenen Lernarten wurde vor allem von G. Stachel und D. Mieth untersucht und in eine Konzeption ethischer Erziehung integriert[42].

3. Ein Beitrag zur Theorie sittlicher Kompetenz kann auch von der *sozialpsychologischen Einstellungsforschung* erwartet werden[43]. Die Organisation und die Veränderungen sozialer Einstellungen war das Hauptthema der Sozialpsychologie in den letzten Jahrzehnten, das Kon-

---

[39] Bandura (1979, 31).

[40] Auf das schwierige Problem der Nachahmung aggressiver Modelle in Fernsehen und Videos sei hier nur hingewiesen.

[41] Bandura (1969; 1976; 1979); Bandura/Walters (1963).

[42] Stachel/Mieth (1978, 33–140). Stachel (S. 124–140) hat in diesem Zusammenhang ein differenziertes und komplexes Prozeßmodell ethischen Lernens entworfen, das als eine gelungene integrative Zusammenschau unterschiedlicher Lernformen im Blick auf die Entwicklung moralischer Identität angesehen werden kann.

[43] Darüber, was unter einer Einstellung zu verstehen ist, gibt es wenig Einigkeit bei den Sozialpsychologen; vgl. Six (1979, 55–84). Umstritten ist z.B., ob neben einer affektiven und einer kognitiven Komponente auch die Verhaltenskomponente unmittelbar unter dem Einstellungsbegriff zu subsumieren ist. W. Stroebe (1979, 142) grenzt die letztere aus und definiert Einstellung „als Bereitschaft zur positiven oder negativen Bewertung eines Einstellungsobjektes (...), die auf Gefühlen und Meinungen über diesen Einstellungsgegenstand beruht".

zept „Einstellung" beherrschte das sozialpsychologische Forschungsinteresse[44]. Einstellung kann definiert werden als ein kognitiver Bewußtseinszustand, der – erworben durch Erfahrung – einen gerichteten oder dynamischen Einfluß auf das Verhalten in bezug auf Situationen oder Objekte ausübt, die assoziativ mit dem Bewußtseinszustand verbunden sind[45]. Die anthropologischen Funktionen von Einstellungen liegen in der Reduktion der komplexen Umwelt, in der Möglichkeit, durch Einstellungen Anschluß und Zugehörigkeit zu einer Gruppe zu erlangen, und in der Rechtfertigung von Verhalten und Handeln durch Einstellungen. Zur Klärung des Einstellungskonzeptes sind in der Sozialpsychologie unterschiedliche Theorien herangezogen worden[46]: Bedeutung haben vor allem die funktionalistischen[47] (Einstellungen werden erworben, um Bedürfnisse zu befriedigen), die lerntheoretischen[48] (Einstellungen werden wie andere Reaktionsweisen durch klassisches und operantes Konditionieren erworben) und konsistenztheoretischen[49] Ansätze (Inkonsistenz zwischen Einstellungen erzeugt Spannung im kognitiven System einer Person und damit eine Tendenz zur Wiederherstellung von Konsistenz). Probleme der Einstellungsforschung sind die unklaren Determinanten der Einstellungsänderung sowie die geringe Korrelation von Einstellung und entsprechendem Verhalten.

Im Kontext der Einstellungsforschung wurde auch die theoretische und empirische Bestimmung von Werthaltungen vorgenommen[50], einen eigenständigen Beitrag hierzu lieferte M. Rokeach, der eine „kognitive Theorie der strukturellen Kennzeichen"[51] beabsichtigte, die allgemein für Überzeugungssysteme Gültigkeit haben. Ausgangspunkt des Forschens war bei Rokeach die Beschreibung und Analyse des vorurteilsbeladenen Verhaltens. Rokeach unterscheidet zwischen Werten, Einstel-

---

[44] Vgl. Stroebe (1980, 138–366); Witte (1977, 103–115).
[45] Vgl. Allport (1935, 798–844); Witte (1977, 103) definiert: „Eine Einstellung eines psychologischen Subjektes gegenüber einem psychologischen Objekt ist seine sozial vermittelte Stellungnahme diesem Objekt gegenüber, durch die in systematischer Weise Prozesse im Bereich des Erkennens, Erlebens und Handelns ausgelöst werden".
[46] Vgl. Stroebe (1980, 180–282).
[47] Vgl. Katz (1967).
[48] Vgl. Staats (1968).
[49] Hier ist vor allem die Gleichgewichtstheorie von Heider (1977) und die Theorie der kognitiven Dissonanz von Festinger (1978) zu nennen.
[50] Vgl. Graumann (1965), Oerter (1970), Engelmayer (1977).
[51] So die Beschreibung bei Blattner (1985, 293), der vor allem die Untersuchungen von Rokeach zum Phänomen der „Toleranz" rezipierte und als sozialpsychologischen Beitrag für eine christliche Kultur der Beziehung auswertete.

lungen und Bedürfnissen[52]. Das Wertkonzept ist bei ihm dem Einstellungsbegriff vorgeordnet[53]: Werte beeinflussen Einstellungen und Verhaltensweisen. In mehreren Punkten grenzt Rokeach die Werte von den Einstellungen ab[54]: Werte stellen zentrale Standards im kognitiven System einer Person dar und geben wünschenswerte Zielzustände an. Einstellungen dagegen beziehen sich auf konkrete und spezifische Objekte und erweisen sich als vielfältige situationsspezifische Konkretionen von Werten. Werte gibt es mehrere, Einstellungen viele. Auch muß zwischen Werten und Bedürfnissen differenziert werden. Werte sind kognitive Repräsentationen und Transformationen von Bedürfnissen, mit denen sich der Mensch von anderen Lebewesen abhebt[55]. Ausgehend von inhaltlichen Kriterien unterscheidet Rokeach bei den Werten Zielwerte und Instrumentalwerte. Zielwerte sind wünschenswerte Zustände (z.B. Freiheit, Glück, Harmonie, Freundschaft, ein angenehmes Leben usw.), die auf das Individuum selbst (personale Werte) oder auf die Gesellschaft (soziale Werte) bezogen sein können. Instrumentalwerte sind Lebensweisen (z.B. Mut, Ehrenhaftigkeit, Unabhängigkeit, Verantwortungsgefühl, Liebesfähigkeit usw.), die entweder sittlichen Gehalt haben und sich auf intersubjektive Verhaltensweisen (sittliche Werte) beziehen oder persönliche Kompetenzen zum Ziel haben[56]. Insgesamt hat Rokeach 18 Zielwerte und 18 Instrumentalwerte in einem Katalog zusammengefaßt[57], mit dem er individuelle Wertkonzepte erfaßt hat und dadurch individuelle Unterschiede von Werteinstellungen aufdecken konnte. Die von Rokeach ermittelten Werte erlauben es also,

---

[52] Vgl. Rokeach (1973).

[53] Rokeach (1973, 25): „To say a person has a value is to say that he has an enduring prescriptive or proscriptive belief that a specific mode of behavior or end-state of existence is preferred to an oppositive mode of behavior or end-state".

[54] Vgl. Rokeach (1973, 17 ff.).

[55] Rokeach (1973, 20 f.).

[56] Rokeach (1973, 28) hat die Zielwerte und Instrumentalwerte in einem Diagramm aufgelistet.

[57] Zu diesem Katalog gelangte Rokeach (1973), indem er die 18 Zielwerte aus in der Literatur genannten Werten der amerikanischen Gesellschaft, aus eigenen Wertvorstellungen, aus den Wertangaben von dreißig graduierten Psychologen und aus den Ergebnissen einer Befragung von hundert repräsentativ ausgewählten Erwachsenen über ihre Zielwerte zusammenstellte. Die 18 Instrumentalwerte resultieren aus einer Liste von 555 Eigenschaftsadjektiva, die Rokeach nach verschiedenen Kriterien mehrmals gebündelt und selektiert hat. Eine philosophische und ethische Fundierung der von Rokeach beschriebenen Werten wurde nicht vorgenommen. Völlig offen ist natürlich auch die Frage, ob mit den genannten Werten bereits alle erfaßt worden sind.

die Bedeutung von Werten bei einer befragten Person und ihre individuelle Werthierarchie zu erheben. In verschiedenen Studien konnte Rokeach auch Korrelationen der angegebenen Werte und der dazu gehörigen Verhaltensweisen aufzeigen[58]. Ein Vorzug des Wertkonzeptes bei Rokeach ergibt sich aus dessen empirischer Operationalisierbarkeit. Die Rekonstruktion der Wertüberzeugungen eines Individuums durch ein solches Wertkonzept bietet eine aktuelle Bestandsaufnahme, aber keine normative Klärung. Vermutlich wird erst eine Einbettung des sozialpsychologischen Einstellungs- und Wertkonzepts in eine umfassendere Theorie sozialen Handelns zu einer größeren Aussagekraft verhelfen.

4. Die *pädagogischen Zugänge* zu einer Theorie der sittlichen Kompetenz enthalten wichtige Einsichten. Dabei betonen die pädagogisch-anthropologischen Ansätze grundlegende Momente von Erziehung und Moralentwicklung, während in konkreten pädagogischen Entwürfen zur Moralerziehung vor allem auf die didaktischen Aspekte der Herausbildung sittlicher Kompetenz hingewiesen wird. Als ein Beispiel für das erstere kann besonders die „Pädagogische Anthropologie" von Heinrich Roth gelten[59]. Der Bezugspunkt seiner Anthropologie ist die menschliche Handlungsfähigkeit; in ihr kommt das „Zusammenwirken aller menschlichen Kräfte und Fähigkeiten zum Ausdruck und zur Erfüllung"[60]. Alles Reifen des Menschen dient der Entwicklung seiner Handlungsfähigkeit. Die höchste Form der Handlungsfähigkeit stellt die moralische dar. Zugleich sieht Roth das Ziel von Erziehung und Entwicklung in der Mündigkeit und Selbstbestimmung jedes Menschen. Moralische Handlungsfähigkeit meint somit eben nicht die Fähigkeit zur Anpassung an vorgegebene Konventionen und Moralordnungen, sondern die Fähigkeit zu verantwortlichem, mündigem, kritischem, kreativem und produktivem Handeln. Eine solche moralisch-mündige Handlungsfähigkeit – so die Grundthese bei Roth – ist das Ergebnis von Lernprozessen[61]. Die wichtigsten Lernprozesse verdeutlicht Roth an verschiedenen Barrieren auf dem Weg zur moralischen Mündigkeit, die zu bewältigen sind. Eine erste Barriere stellt die eigene Natur dar; das Kind hat als erstes auf dem Weg zur moralischen Handlungsfähig-

---

[58] Vgl. Rokeach (1973, 128 ff.).
[59] Roth (1971).
[60] Roth (1971, 381).
[61] Roth (1971, 379–600).

keit freigeführte Bewegungen zu erlernen. Als nächste Barriere begegnet die äußere Natur; um handeln und die Realität im Blick auf eigene Ziele organisieren zu können, muß das Kind die Sachwelt seiner Umgebung beherrschen lernen. Sacheinsichtig denken und handeln können bedeutet, sich distanziert, rational und instrumentell mit der Wirklichkeit in Beziehung zu setzen und gestaltend einzuwirken. Die dritte Barriere auf dem Weg zur moralisch-mündigen Handlungsfähigkeit ist der Mitmensch. Sachstrukturen zu durchschauen genügt nicht, um sich zurechtzufinden. Jede Handlung vollzieht sich in einem sozialen Kontext; Handlungsfähigkeit setzt also auch die Kenntnis sozialer Zusammenhänge sowie eine rational reflektierte Distanz zu gesellschaftlichen Rollenerwartungen voraus. Empathie, Sensibilität, soziale Kognition, rationale Entscheidungsfähigkeit und soziale Kritikfähigkeit sind wichtige Komponenten, die sozialeinsichtiges Handeln ermöglichen. Roth fordert in diesem Zusammenhang ausdrücklich, daß sich das soziale Handeln in der Gesellschaft zu politischem Handeln erweitern muß. Sittliches Handeln ist aber mehr als sich sach- und sozialadäquat erfolgreich zu verhalten[62]. Die vierte Barriere resultiert aus den Grenzen, die mit einer nur auf Sozialeinsicht beruhenden Manipulation der Umwelt und sozialen Mitwelt gegeben sind. Erst durch die Wahrnehmung von moralischen Problemen und Konflikten, durch die kritische Distanz zu gängigen Fremdbestimmungen, durch individuelle Werteinsicht und die Bereitschaft, selbständig Verantwortung zu tragen, wird der Mensch seiner Mündigkeit gerecht: „Sozialeinsicht und Sozialkompetenz als Sacheinsicht in die Mechanismen und Gesetzmäßigkeiten unbefreiten sozialen und politischen Lebens befreien nicht von der Auseinandersetzung mit den moralischen Prinzipien als Orientierungsanleitungen"[63]. Die moralische Handlungsfähigkeit als Ausdruck der mündigen Selbstbestimmung differenziert sich also aus in der Entwicklung der willentlichen Integration der biologischen Dispositionen, der Genese von Sach- und Sozialkompetenz sowie schließlich der Werteinsicht. Häufig verwendet Roth zur Charakterisierung dieses Entwicklungsprozesses die Begriffe Einsicht, Kompetenz und kritische Kreativität; Einsicht meint dabei den Grad der Rationalität, der erreicht werden kann, Kompetenz den Grad an Verhaltens- und Handlungssicherheit, der zum Handeln befähigt und die Ausführung eigener Ziele ermöglicht, und kritische

---

[62] Vgl. Roth (1978, 17 f.).
[63] Roth (1971, 387).

Kreativität den Grad an Reflexion und Bereitschaft zu gemeinsamer Problemlösung und innovatorischer Offenheit. Mit seiner pädagogischen Anthropologie hat Roth einen Verständnisrahmen ethischer Erziehung beschrieben, der einen Dialog zwischen Anthropologie, Pädagogik und ethischer Reflexion zuläßt und erfordert. Auch wenn dieser Rahmen freilich im Detail durch andere Modelle differenziert und erweitert werden muß, wird auch eine Theorie der sittlichen Kompetenz hier ihren Ausgangspunkt nehmen können.

Pädagogische Überlegungen zur Entwicklung der sittlichen Kompetenz begegnen jedoch nicht nur im Horizont der Anthropologie, sondern auch sehr praktisch in bezug auf erzieherisches Verhalten. Im Zusammenhang mit der Lehrerausbildung wurde in den USA in den siebziger Jahren ein pragmatisches Wertklärungsprogramm entwickelt[64], das Kindern und Jugendlichen, die in einer pluralistischen Gesellschaft aufwachsen und unterschiedlichen Wert- und Sinnangeboten begegnen, helfen soll, sich darüber klar zu werden, welche Wertvorstellungen es gibt und nach welchen sie leben und handeln wollen.

Ein Wertklärungserziehungsprogramm muß so einerseits die Wahrnehmung sensibilisieren gegenüber den normativen Ansprüchen der Gesellschaft und zur Reflexion dieser Ansprüche ermuntern, sowie andererseits auch eine Wertklärung in bezug auf „eigene" Werteinstellungen provozieren. Beides soll die Verankerung konsistenter Wertvorstellungen im Selbstkonzept des Handelnden ermöglichen. Methoden der Wertklärung, die auf eine individuelle Wertereflexion zielen, wurden von L. Raths, M. Harmin und S. Simon entwickelt. Nach ihrer Einschätzung führt die verbreitete mangelnde Wertklarheit zu vielen Lernschwierigkeiten und Verhaltensauffälligkeiten. Werte werden angeeignet, indem diese wahrgenommen, ausgewählt und hochgeschätzt werden. Erziehern und Lehrern, die zur Wertklärung von Kindern und Jugendlichen beitragen wollen, empfehlen die Vertreter des Wertklärungsansatzes:

„(1) Kinder zu ermutigen, eine Auswahl zu treffen, und zwar freiwillig. (2) Ihnen zu helfen, andere Möglichkeiten zu entdecken und zu prüfen, wenn sich ihnen eine Auswahl anbietet. (3) Kindern zu helfen, die Alternativen sorgfältig abzuwägen und dabei über die Konsequenzen einer jeden nachzudenken. (4) Kinder zu ermutigen, darüber nachzudenken, was es ist, das sie so schätzen und woran sie hängen. (5) Ihnen

---

[64] Vgl. Mauermann (1978; 1983); Schreiner (1982).

Gelegenheit zu geben, das von ihnen Gewählte öffentlich bestätigen zu können. (6) Sie darin zu bestärken, in Übereinstimmung mit dem Gewählten zu handeln und danach zu leben. (7) Ihnen zu helfen, wiederholte Verhaltensweisen oder Verhaltensstrukturen in ihrem Leben zu untersuchen"[65]. Diese Empfehlungen benennen gleichermaßen die Lernziele für die Kinder und die Aufgaben der Erzieher. Das Konzept der Wertklärung kann zur Wertbewußtheit beitragen; kritisiert wird jedoch die Begünstigung eines Wertrelativismus und Dezisionismus, der jedes moralische/sittliche Urteil auf eine private Entscheidung reduziert[66]. Gerade im normativen Konfliktfalle und im Prozeß der Güterabwägung fehlt die Rekursmöglichkeit auf ethische Prinzipien.

5. Einen bedeutenden Zugang zu einer Theorie der sittlichen Kompetenz bietet die *kognitive Entwicklungslogik* des moralischen Urteilens, die in den letzten beiden Jahrzehnten wohl umfangreichste Forschung zur Moralentwicklung.

Ausgangspunkt dieser entwicklungspsychologisch grundgelegten Forschung, wie sie von Jean Piaget begründet und dann wesentlich durch die Arbeiten von Lawrence Kohlberg geprägt wurde, bildet die Annahme eines aktiven Organismus, der in Auseinandersetzung mit der Umwelt seine eigenen Konzepte entwirft, um die Anforderungen seiner Lebenswelt, einschließlich der moralischen Probleme, bewältigen zu können. Piaget und Kohlberg nehmen an, daß Kinder und Jugendliche, je älter sie werden und je nachdem, welche Anregungen sie durch ihre Umwelt erhalten, zunehmend differenziertere und komplexere moralische Denkstrukturen ausbilden, die ihnen erlauben, normative Konflikte in ihrer sozialen Umwelt besser und gerechter zu lösen. Eine solche Lösung ist umso gerechter, je umfassender die Interessen aller vom Konflikt Betroffenen dabei berücksichtigt werden. Wichtigste Voraussetzung für die Entwicklung des moralischen Denkens bildet die kognitive Entwicklung[67]. Piaget unterscheidet bei den Kindern „zwei voneinander verschiedene Typen der Moral"[68]. Beide Typen gehen auf Bildungsprozesse zurück, die aufeinander folgen, aber keine eigentlichen Stadien bilden. Die frühere Phase des moralischen Realismus ist

---

[65] Raths/Harmin/Simon (1975, 55 f.).
[66] Vgl. zur Kritik der Methoden der Wertklärung: Mauermann (1978).
[67] Vgl. Piaget (1966; 1981).
[68] Piaget (1986, 236).

durch Heteronomie und Pflichtvorstellungen bestimmt und resultiert aus dem moralischen Zwang der Erwachsenen zu Respekt und einseitiger Achtung. Durch Kooperation und reziproke Achtung kann sich als spätere Phase eine moralische Autonomie ausbilden. Als mögliches Übergangsstadium charakterisiert Piaget eine Phase, in der die Kinder nicht mehr den Befehlen der Eltern gehorchen, sondern vorhandene Regeln selbständig anwenden. Der individuelle Verlauf dieser Entwicklung von der Heteronomie zur Autonomie wird wesentlich durch die Atmosphäre der Erziehungsumwelten beeinflußt.

Im Anschluß an Piaget hat Kohlberg eine Differenzierung der Entwicklung des moralischen Urteilens vorgelegt; danach verläuft die Entwicklungslogik moralischen Denkens in sechs Stufen, von denen je zwei einem Niveau zugeordnet werden. Demnach sind drei Niveaus zu unterscheiden: das vorkonventionelle, das konventionelle und das postkonventionelle Niveau. Das entscheidende Merkmal, nach dem die Stufen differenziert werden können, ist die soziale Perspektive des Urteilenden.

Auf dem vorkonventionellen Niveau orientiert sich der Heranwachsende in seinem moralischen Urteil an der überlegenen Macht von Autorität und daran, wie er Strafe vermeiden kann. Die Interessen anderer werden nicht berücksichtigt oder nicht erkannt (Stufe eins). Auf Stufe zwei – ebenfalls im Bereich des vorkonventionellen Niveaus – wird ein fairer, aber strategisch inszenierter reziproker Austausch gegenseitiger Bedürfnisbefriedigung angestrebt, d.h. es werden die Interessen anderer und ihre Erfüllung zugelassen, weil dies gegebenenfalls auch die Befriedigung eigener Interessen ermöglicht. Als gerecht wird ein gleichwertiger, auf Gegenseitigkeit beruhender Austausch empfunden. Auf dem konventionellen Niveau urteilt das Individuum aus der Perspektive eines zu einem größeren Sozialsystem gehörenden Mitgliedes (zunächst die Familie oder eine andere Primärgruppe, später die Gesellschaft). Es besteht das Interesse, positive Sozialbeziehungen zu erhalten. Das Charakteristikum der dritten Stufe kommt in dem Versuch des einzelnen zum Ausdruck, den Erwartungen zu entsprechen, die nahestehenden Menschen an ihn herantragen. Auf der vierten Stufe werden die sozialen Normen und Gesetze befolgt, um das Funktionieren der sozialen Gemeinschaft nicht zu gefährden. Das Individuum urteilt als vollwertiges Mitglied der Gesellschaft; im Mittelpunkt stehen nicht mehr die konkreten individuellen Sozialbeziehungen, sondern das gesellschaftliche Beziehungsgefüge insgesamt. Erst auf dem nächsten, dem postkonventionellen Niveau, werden das gesellschaftliche System und die damit verbundenen Normen und Institutionen nicht mehr als unveränderbar begriffen; Bezugspunkt sind basale Menschenrechte, gesellschaftliche Grundsatzverträge (z.B. Verfassungen), an denen festgehalten wird, auch wenn manche faktischen Regeln und Normen der Gesellschaft dazu in Widerspruch stehen (Stufe fünf). Das moralische Urteil der sechsten Stufe wird durch freiwillig übernommene ethische Prinzipien (z.B. Gerechtigkeit, Freiheit, Solidarität, Liebe) charakterisiert. Die soziale Perspektive des Urteilenden kommt in einem moralischen Standpunkt zum Ausdruck, wonach davon ausgegangen wird, daß jeder Mensch seinen Zweck in sich trägt. Die Nähe zur praktischen Philosophie Kants, besonders zum Kategorischen Imperativ, ist eindeutig. Der Hintergrund für diese sechste Stufe und die darin erkennbare philosophische Moraltheorie liegt nach Colby und Kohlberg im „Glaube(n) einer rationalen Person an die Gültigkeit universaler Prinzipien und ein(em) Gefühl persönlicher Verpflichtung ihnen gegenüber"[69]. Die Abfolge der Stufen hat epigenetischen Charakter: die jeweils höhere Stufe kann erst nach dem Vollzug der darunterliegenden erreicht werden. Die entscheidenden Reifungs- und Stimulationskrisen liegen an den Übergängen von einem Niveau zum anderen. Dieses Stufenmodell hat inzwischen unterschiedliche Modifikationen durch Kohlberg und seine Mitarbeiter erhalten[70], ist aber auch von anderen Forscherteams variiert worden[71]. Häufig geäußerte Kritikpunkte an der Theorie Kohlbergs betreffen die Annahmen, die strukturelle Entwicklungssequenz des moralischen Urteils sei invariant und transkulturell gültig. Auch wird die Abhängigkeit des Stufenmodells von moralphilosophischen Vorgaben kritisiert.

Kohlberg und Mitarbeiter haben sich auch der Frage der erzieherischen Anregungsbedingungen für eine Entwicklung des moralischen Urteils zugewandt. In einem großangelegten Projekt einer „Gerechten Schul-Kooperative" haben sie folgende Methoden zur erzieherischen Stimulation der moralischen Entwicklung geprüft: „Rollentausch und Rollenspiele, intellektuelle Anregung, Übernahme der Entscheidungsverantwortung durch Schüler, Erzeugung kognitiver Moralkonflikte

---

[69] Colby/Kohlberg (1978, 357).
[70] Vgl. v.a. Kohlberg (1981; 1984).
[71] Vgl. Eckensberger/Reinshagen (1980); Lind/Hartmann/Wakenhut (1983); Habermas (1976); Bertram (1978); Oser (1981).

durch Diskussion moralischer Dilemmata aus dem Erfahrungsbereich der Schüler, Konfrontation mit der jeweils nächsthöheren Stufe moralischen Denkens, Schaffung von Bedingungen, die den Schüler die Kooperative als fair und gerecht erleben lassen"[72]. Besonders günstig für die Moralentwicklung des einzelnen erwiesen sich die Gruppendiskussionen über normative Konfliktgeschichten wie auch über auftretende reale Konflikte und ihre Lösung in der Gruppe. Ein Problem dieser Diskussionen stellt allerdings meist das Fehlen von strukturbildenden Stimuli dar, die das Niveau der moralischen Argumentation in der Gruppe befördern könnten[73].

Die Diskussion zur Entwicklungslogik des moralischen Urteils bleibt gegenwärtig kaum zu überschauen; der Strom an Publikationen hierzu scheint nicht abzureißen[74]. Eine neue Schwerpunktbildung im Kontext der Entwicklungslogik des moralischen Urteils zeichnet sich mit den Entwicklungstheorien des religiösen Urteils[75] und des Glaubens[76] ab[77].

6. Im Rahmen der „Moral-Development-Research" ist die Frage der emotionalen Momente einer sittlichen Entwicklung nur in bescheidenem Maße thematisiert worden. Zwar hat auch die Theorie der Entwicklung des moralischen Urteils Empathie und Rollenübernahme als wichtige Voraussetzungen für ein angemessenes moralisches Urteil bezeichnet; erst Martin Hoffman hat jedoch Empathie, die er als „stellvertretende emotional-mitfühlende Reaktion gegenüber einer anderen Person"[78] definiert, unmittelbar als reifes moralisches Motiv aufgefaßt und in den Mittelpunkt seiner Theorie der Moralentwicklung gestellt. Empathie erweist sich als eine Reaktion auf die Gefühle, die Befindlichkeit oder die Situation einer anderen Person, wobei das reife, empathisch reagierende Individuum weiß, daß seine eigene affektive Reaktion durch die spezifische Situation der wahrgenommenen Person hervorgerufen und begründet ist. Die Wahrnehmung der situativ beding-

---

[72] Kohlberg/Wasserman/Richardson (1978, 217).

[73] Oser (1981, 319 ff.).

[74] Vgl. für den deutschsprachigen Raum folgende kritische Darstellungen: Bertram (1978); Garz (1984); Peltzer (1986); Heidbrink (1991).

[75] Oser/Gmünder/Fritsche (1980); Oser (1981); Oser/Gmünder (1984); Fetz/Oser (1986); Oser (1988).

[76] Fowler (1981).

[77] Vgl. zur Orientierung die Darstellungen bei Hofmann (1991); Nipkow (1982; 1988); Bußmann (1988); Bucher/Reich (1989).

[78] Hoffman (1979, 253).

ten Befindlichkeit des anderen ermöglicht ein Verständnis der Situation und evoziert gegebenenfalls moralisches, meist prosoziales Verhalten. Empathisches Leiden kann dabei in ein sympathetisches Leiden (Mitfühlen) oder in ein Schuldgefühl übergehen. Hoffman konnte zeigen, daß diese drei Arten der empathischen Affekterregung, empathisches und sympathetisches Leiden sowie verschiedene Formen von Schuldgefühlen, als Motive für moralisches/sittliches Handeln wirksam werden. Auch wenn man die Auffassung vertreten kann, daß hierbei eigentlich egoistische Motive sichtbar werden, weil es um die Reduktion unangenehmer affektiver Zustände im Handelnden selbst geht, bleibt davon die Frage der sittlichen Richtigkeit der Handlungsweise unberührt. Empathische Erregung stellt für sich genommen noch keine sittliche Kompetenz dar, bildet jedoch eine wesentliche Voraussetzung sowohl für die Wahrnehmung von moralischen Problemen als auch für die Motivation sittlichen Handelns.

7. Die bisher beschriebenen Zugänge haben sich in ihrer Beschreibung meist auf einen Aspekt der moralischen/sittlichen Entwicklung beschränkt. Es liegt gegenwärtig jedoch im Bereich der Identitäts- und Selbstkonzeptforschung auch eine ganze Reihe integrativer Modelle vor, die bereits verschiedene Faktoren im Zusammenspiel erfassen. Neben den klassischen Ansätzen der Identitätsentwicklung[79] sind hier besonders u.a. die Ansätze von S. Epstein, R. Kegan und K. Haußer zu nennen[80]. Ausführlicher soll hier auf die Überlegungen Haußers zur Identität und Identitätsentwicklung hingewiesen werden.

Haußer definiert Identität[81] als die „Einheit aus Selbstkonzept, Selbstwertgefühl und Kontrollüberzeugung eines Menschen, die er aus subjektiv bedeutsamen und betroffen machenden Erfahrungen über Selbstwahrnehmung, Selbstbewertung und personale Kontrolle entwickelt und fortentwickelt und die ihn zur Verwirklichung von Selbstansprüchen, zur Realitätsprüfung und zur Selbstwertherstellung im Verhalten motivieren"[82]. Diese Definition enthält den gesamten Ansatz von Haußer in nuce. Eine Extrapolation der hier genannten Aspekte führt uns

---

[79] Vgl. Erikson (1977), Loevinger (1976), Marcia (1980), Krappmann (1971).
[80] Epstein (1979), Kegan (1986, Orig. 1982), Haußer (1983).
[81] Identität grenzt Haußer (1983, 21) von der ‚Rolle' als dem „Bündel gesellschaftlicher Verhaltenserwartungen in der Lebenswelt eines Menschen" und von der ‚Persönlichkeit' als der „Gesamtheit seiner psychischen Merkmale" ab.
[82] Haußer (1983, 103).

dieses Modell der Identitätsregulation schrittweise vor Augen: Identität als Relationsbegriff stellt sich ein als das Ergebnis einer ständigen Konstruktion, mit der der Mensch seine Erfahrungen in Relation zu dem bringt, was ihn umgibt[83]. Identität ist keine Instanz, sondern der Deckname für einen Prozeß, der offen angelegt ist. Haußer nimmt nun drei Verarbeitungsebenen in der Identitätsregulation an, die zugleich als drei Stationen eines zyklischen Prozesses verstanden werden können: Identität als situative Verarbeitung von Erfahrungen, als übersituative Verarbeitung und als motivationale Quelle. Handeln bedarf der situativen Deutung, diese regt die Integration in übersituative Bedeutungskategorien an; die ausgebildeten Bedeutungsmuster stimulieren wiederum neues Handeln, was wiederum gedeutet werden muß. Damit schließt sich der Kreis[84].

Jede Verarbeitungsebene läßt sich in drei Teilprozesse gliedern: (1) Die perzeptive und kognitive Dimension: Selbstwahrnehmung (situatives Moment), Selbstkonzept als generalisierte Selbstwahrnehmung (übersituatives Moment) sowie innere Verpflichtung (motivationales Moment). Der regulierende Sollwert lautet: „Ich sehe mich richtig" (Selbstkonzept). Selbstkonzept meint, so Haußer, den „kognitiven Begriff einer Generalisierung von Selbstwahrnehmungen"[85]. (2) Die emotionale und evaluative Dimension: Selbstbewertung (situatives Moment), Selbstwertgefühl (übersituatives Moment) und Selbstanspruch (Motivation). Der angestrebte Sollwert lautet: „Ich fühle mich gut" (Selbstwertgefühl). Selbstwertgefühl bezeichnet die Befindlichkeit des Menschen, die sich in verschiedenen Komponenten ausdrückt: Wohlbefinden und Selbstzufriedenheit, Selbstakzeptierung und Selbstachtung, Erleben von Sinn und Erfüllung sowie Selbständigkeit und Unabhängigkeit[86]. (3) Die funktionale Dimension: Kontrollbewußtsein (situatives Moment), Kontrollüberzeugung (übersituatives Moment) und Kontrollmotivation (motivationales Moment). Der Sollwert lautet: „Ich bringe etwas zustande" (Kontrollüberzeugung). Unter Kontrollüberzeugung versteht Haußer „die generalisierte subjektive Erklärbarkeit

---

[83] So S.-H. Filipp in ihrem Geleitwort des Buches von Haußer (1983, 11): „Identität konstituiert sich im Bewußtsein des Menschen nur in der tätigen Auseinandersetzung und über den kontinuierlichen Austausch mit seiner Außenwelt."
[84] Vgl. das Diagramm: Haußer (1983, 104 f.).
[85] Haußer (1983, 58).
[86] Vgl. Haußer (1983, 65). Diese Komponenten des Selbstwertgefühles lassen sich empirisch belegen (a.a.O.).

und/oder Vorhersehbarkeit und/oder Beeinflußbarkeit"[87] von Ereignissen und Zuständen. Diese Kontrolltheorie wurde von Rotter[88] unter dem Stichwort ‚Locus of Control' in die Diskussion gebracht. Dort wird zwischen einer internen und externen Kontrollüberzeugung unterschieden. Dieses Konzept hat in der nachfolgenden Forschung einschneidende Modifikationen und Erweiterungen erfahren[89]. Eine breite Zustimmung fand dabei die dreidimensionale Erweiterung von Erklärbarkeit, Vorhersehbarkeit und Beeinflußbarkeit, die auch von Haußer aufgegriffen wurde. Das bedeutet: Wer über eine interne Kontrollüberzeugung verfügt, geht bei der Interpretation von Ereignissen und Zuständen bevorzugt von der Annahme aus, diese Ereignisse und Zustände persönlich erklären, vorhersehen und beeinflussen zu können. Wer dagegen über eine externe Kontrollüberzeugung verfügt, der führt Ereignisse und Zustände nicht auf sein Wirken zurück; er hält sie von seiner Person aus nicht für erklärbar, vorhersehbar oder beeinflußbar. Geschehnisse vollziehen sich unabhängig vom Handeln des Individuums.

Für eine Theorie der sittlichen Kompetenz läßt sich aus den drei Ebenen der Identitätsregulation ableiten[90]: Im Handeln nimmt sich der Aktor selbst wahr und bewertet sein Tun; dies geschieht durch die kognitive Selbstwahrnehmung und die emotionale Selbstbewertung. Richtwerte für die Bewertung resultieren aus dem Vergleich der sozialen Außenansprüche und der individuellen Selbstansprüche. Wird das anvisierte Ziel nicht erreicht oder ein gesetzter Anspruch verfehlt, dann ist Selbstbewertung eine Bewertung der Diskrepanz zwischen Angestrebtem und Realisiertem. Zur situativen Erfahrung zählt ebenso das Kontrollbewußtsein des Handelnden, inwieweit er das Geschehen unter dem Einfluß persönlich erlebter Kontrolle begreift. Auf der zweiten Ebene findet die übersituative Verarbeitung statt, die wiederum von allen drei Sollwerten, sich richtig wahrzunehmen, sich wohl zu fühlen sowie zu etwas fähig zu sein, gesteuert wird. Im Selbstkonzept bildet der Betroffene aus seinen Selbstwahrnehmungen ein generalisiertes kognitives Muster von sich selbst, im Selbstwertgefühl versucht er, aus den erfahrungsbezogenen Selbstbewertungen zu einer generalisierten Einschätzung seiner inneren Befindlichkeit zu gelangen, und in der

---

[87] Haußer (1983, 74).
[88] Vgl. Rotter (1966).
[89] Vgl. Mielke (1982).
[90] Vgl. Haußer (1983, 27–105).

Kontrollüberzeugung entwickelt er ein generelles Konzept, inwieweit er über die Fähigkeit verfügt, Zustände und Ereignisse selbst beeinflussen zu können. Die dritte motivationale Verarbeitungsebene stellt zugleich wieder eine handlungsvorbereitende Phase dar: Aus dem Selbstkonzept geht die innere Verpflichtung hervor, ein den integrierten eigenen Ansprüchen gemäßes Handeln folgen zu lassen. Das Selbstwertgefühl drückt seine motivationale Seite in Selbstansprüchen aus, und die Kontrollmotivation resultiert aus der Kontrollüberzeugung.

3. Zur Frage inhaltlicher Prioritäten einer sittlichen Kompetenz

Der Weg zur sittlichen Mündigkeit wird *nicht erreicht durch die Übernahme einer festen Moralordnung.* Moralische Erziehungsmodelle verfügen nicht über einen Katalog von Werten oder anderen verbindlichen Inhalten, der vermittelt werden soll. Dennoch kann von der *Frage der Inhalte* nicht abgesehen werden. *Die Form des moralischen Urteilens* völlig von seinem Inhalt trennen zu wollen, hat sich *als Fiktion erwiesen*[91]. Ethisch läßt sich diese Beobachtung erklären. Ohne Bezug auf ein bestimmtes Modell sittlicher Entwicklung kann festgehalten werden, daß die Höherentwicklung im Bereich der sittlichen Kompetenz mit einem Mehr an Reflexivität und an Prinzipienorientierung verbunden ist. Prinzipien sind keine Normen, bieten keine eindeutigen Regeln für das Handeln, sie sind aber auch nicht inhaltlos. So wird es für ein sittlich handelndes Individuum immer Themen geben, die sich als geschichtlich dringlich erweisen und mit denen es sich auseinandersetzen muß. Ohne jeden Anspruch auf Vollständigkeit soll hier wenigstens auf drei grundlegende Aspekte hingewiesen werden[92]: Gefordert ist in jedem Falle eine Bereitschaft zum sittlichen Diskurs und der Versuch, in Konflikten die Interessen aller Betroffenen zu berücksichtigen. Die Aufgabe Selbstrealisation darf nicht individualistisch verkürzt verstanden werden, denn sie ist nur in sozialen Interaktionen möglich; sie kann nicht durch Abgrenzung von anderen Menschen erreicht werden, son-

---

[91] Die Diskussion der Stufen der moralischen Entwicklung nach Kohlberg hat deutlich gezeigt, daß die Zuordnung zu einer Stufe ohne ein Minimum an Inhalten nicht möglich ist; vgl. dazu Peltzer (1986); Lind (1983); Eckensberger/Reinshagen (1980).
[92] Ausführlich mit der Frage nach sittlich verbindlichen Inhalten hat sich L. Kerstiens (1973; 1983; 1991) befaßt. Vgl. auch Stachel/Mieth (1978, 141–216).

dern nur durch die „Teilhabe an übergreifenden mitmenschlichen Prozessen, in der Koevolution in einer gemeinsamen sozialen Umwelt"[93]. Ethisch weist sich eine solche Teilhabe in einer kommunikativen Einstellung aus, die neben instrumentellen Gesichtspunkten und einer strategischen Perspektive auch soziale und normative Aspekte zuläßt: Ein sittlich kompetentes Individuum ist nur als verständigungsorientiertes vorstellbar.

Es ist banal, aber unausweichlich: *Sittlich kompetent urteilen und handeln können* Individuen nur, wenn die Voraussetzungen dafür erhalten bleiben. Die Bedrohung der natürlichen und sozialen Umwelt ist von so elementarer Qualität, daß sie ein grundsätzliches Thema jeder ethischen Erziehung sein muß. Eine Theorie sittlicher Kompetenz wird Zugänge zu einem angemessenen ökologischen Ethos schaffen müssen.

Schließlich gilt es auf die *Bezogenheit von Normativität und Sinnorientierung* hinzuweisen. Angesichts verbreiteter Erfahrungen der Sinnlosigkeit erweist sich das Offenhalten der Frage nach tragenden Sinnmomenten als ein wichtiges Ziel jeder ethischen Erziehung. Bloße Werteinsicht gibt auf die Frage nach dem Sinn des Handelns und des Lebens im Ganzen meist noch keine befriedigende Antwort. Ohne Sinnbezug bleibt auch wert- und prinzipienorientiertes Handeln sowie das Selbstwertgefühl des Handelnden und Urteilenden anfällig. Da sich die menschliche Lebenspraxis aber nicht nur aus geglückten Momenten zusammensetzt, führt die Suche nach einer auf Dauer tragfähigen Sinnerfüllung zur weltanschaulichen Auseinandersetzung. Weltanschauungen und religiöse Orientierungen können dem einzelnen durch fundamentale existentielle Erklärungen ein Leben auch mit Mißerfolgserlebnissen und offengebliebenen Fragen ermöglichen. Im Kontext solcher Sinnangebote kann die sittliche Kompetenz selbst ein Beitrag zur existentiellen Lebensbewältigung darstellen.

---

[93] Willi (1985, 61).

Die Moraltheorie von Lawrence Kohlberg als Paradigma für Moraltheologie und religiös-sittliche Erziehung

Anton A. Bucher

0. Erziehung als ein unaufgebbares Anliegen auch der Moraltheologie

Im ersten Band seiner 1979 erschienenen „Moralpädagogik" bezeichnete Hoffmann die Moralerziehung als „ein originäres Anliegen der Moraltheologie"[1]. In der Tat kann sich Moraltheologie nicht damit zufrieden geben, über das ethisch Gesollte zu reflektieren und dieses zu begründen, was vielfach auf hohem Abstraktionsniveau und in einem fachspezifischen Binnenraum erfolgt; sie hat als eine theologische Disziplin in der Welt zu sein (Rahner) und insbesondere im Auge zu behalten, wie sich im Verlauf der Psychogenese die Fähigkeit entwickelt, „sich selbst, anderen und Gott gegenüber verantwortlich zu handeln"[2]. Wer Tag für Tag mit Kindern zu tun hat, weiß, daß diese Kompetenz nicht von Anfang an gegeben ist. So mag bei einem Fünfjährigen, auch wenn er sozial-integrativ erzogen wurde, die Drohung eines Freundes: „Wenn du das nicht machst, bin ich nicht mehr dein Freund", genügen, daß der Papierstoß im Hinterhof entflammt wird, auch wenn er „weiß", daß das Entfachen von Feuer gefährlich und verantwortungslos ist.

Die Moraltheologie muß aber auch an den pädagogischen Konzepten interessiert sein, wie moralische Kompetenz intentional stimuliert, wie moralisches Handeln gezielt gefördert werden kann. Was können wir tun, um die EducandInnen dorthin zu führen, zu er-ziehen, zu begleiten oder reifen zu lassen – schon diese unterschiedlichen Metaphern verdeutlichen die Divergenz (moral-)pädagogischer Ansätze[3] –, wo der

---

[1] Hoffmann, J.: Moralpädagogik I, Düsseldorf 1979, 13.
[2] A.a.O.
[3] Dazu Kron, F.: Grundwissen Pädagogik, München 1988, 173–184.

mündige Christ steht bzw. stehen sollte? Der theologischen Ethik muß aber auch deshalb an der Erziehung gelegen sein, weil diese sowohl eine Pflicht ist, die „sorgfältig zu erfüllen" den ChristInnen in „Gaudium et spes" (48) ans Herz gelegt wird, als auch zu den am 20. November 1959 von der Vollversammlung der Vereinten Nationen einstimmig angenommenen Rechten des Kindes gehört: Erziehung soll es „in den Stand setzen, seine Anlagen, seine Urteilskraft, sein Verständnis für moralische und soziale Verantwortung zu entwickeln"[4]. „Pflege und Erziehung der Kinder sind das natürliche Recht der Eltern und die zuvörderst ihnen obliegende Pflicht", heißt es denn auch im Artikel 6, Abs. 2 des Grundgesetzes der Bundesrepublik Deutschland.

Dessen ungeachtet hat aber in der letzten Zeit die sogenannte „Kinderrechtsbewegung" sowie die „Anti-Pädagogik" laut von sich reden gemacht. Publizistisch wirksam verkündet sie, Erziehung – von Ekkehard von Braunmühl sogar als „Amputation", als „Mord" diffamiert[5] – gehöre abgeschafft, weil die „Erziehungsbedürftigkeit" des Kindes – in der Pädagogischen Anthropologie seit Kants Vorlesungen „Über Pädagogik" grundlegend[6] nichts anderes als ein „Mißtrauensbedürfnis" ausdrücke[7]. Sie verkenne, daß das Kind von Geburt an selber wisse, was für es das beste sei[8]. Aber man braucht nicht einmal die KritikerInnen der Antipädagogik zu lesen[9], um sie zu entkräften: Erziehen müssen auch die AntipädagogInnen, denn wenn sie stattdessen von

---

[4] Die „Erklärung der Rechte des Kindes" ist abgedruckt u.a. in: Korczak, J.: Von Kindern und anderen Vorbildern, Gütersloh 1985, 7–9; Zitat aus Grundsatz 7.

[5] Braunmühl, E.: Anti-Pädagogik. Studien zur Abschaffung der Erziehung, 5. erg. Aufl. 1988. Die „Kinderrechtsbewegung" (Farson, R.: Menschenrechte für Kinder. Die letzte Minderheit, München 1974) verlangt, daß den Kindern uneingeschränkt alle Rechte zugebilligt werden, die auch den Erwachsenen zukommen, selbst das auf Zeugung von Nachkommenschaft und Konsum von Alkohol.

[6] „Der Mensch ist das einzige Geschöpf, das erzogen werden muß" (A, 1); zur Erziehungsbedürftigkeit: Gerner, B.: Einführung in die Pädagogische Anthropologie, Darmstadt 1986, bes. 24.

[7] Braunmühl 1988 (Anm. 5), bes. 115, 239. Kritik an der Erziehung ist momentan ausgesprochen aktuell: Huisken, F. : Die Wissenschaft von der Erziehung. Einführung in die Grundlügen der Pädagogik, Hamburg 1991.

[8] Schoenebeck, H. v.: Antipädagogik im Dialog. Einführung in antipädagogisches Denken, Weinheim ²1990, 94, 194 f.

[9] Flitner, A.: Konrad, sprach die Frau Mama. Über Erziehung und Nicht-Erziehung, München 1982, 47–64; Oelkers, J. & Lehmann, T.: Antipädagogik. Herausforderung und Kritik, Weinheim ²1990; Winkler, M.: Stichworte zur Antipädagogik. Elemente einer historisch-systematischen Kritik, Stuttgart 1982.

„unterstützen" sprechen[10], greifen sie eine Umschreibung des pädagogischen Verhältnisses auf, die schon von David Friedrich Schleierma-
cher favorisiert worden war.

1. Keine Deduktion der Moraltheologie auf die Moralpädagogik, sondern rekonstruktiv-kritische Interdisziplinarität

Obgleich es auch in moraltheologischer Sicht Pflicht ist, der nachfolgenden Generation das Recht auf Erziehung nicht zu verweigern, kann
aber in unserer weltanschaulich pluralen Welt nicht ein Konzept von
(Moral-)Pädagogik postuliert bzw. restauriert werden, das bis zur Aufklärung weitgehend unangefochten war: Eine normative Didaktik, in
der vorpädagogische und oberste Sinn-Normen (in diesem Falle aus der
theologischen Ethik) einlinear auf die (Moral-)Pädagogik deduziert
werden, so daß diese allenfalls für das Technische, das ‚Wie‘, bzw. eine
gravierend verkürzte Methodik zuständig sein kann[11]. „Normative Didaktik" in diesem Sinne begegnet beispielhaft in der pietistischen Pädagogik. So bei August Hermann Francke (1663–1727), der zwar den
„Haupt-Zweck ... in Aufferziehung und Unterweisung der Kinder" in
der „Ehre Gottes" bestimmte[12], aber aus einer hereditär verstandenen
Erbsündenlehre als grundlegende Aufgabe der Eltern und der Präcep-
toren ableitete, den Eigenwillen bzw. die „harte Natur" der Kinder
„brechen" – wenn es sein muß mit „Schlägen", für die sich die Kinder
bedanken mußten[13].

Solche Moralerziehung, oft im Namen des Evangeliums praktiziert,
wirft ihre Schatten bis in die Gegenwart. Nicht nur hat sie oft zum
„Religionsverlust" geführt und unzählige Male das Gift ekklesiogener

---

[10] Schoenebeck, H. v.: Unterstützen statt erziehen. Die neue Eltern-Kind-Beziehung,
München [4]1988.
[11] Blankertz, H.: Theorien und Modelle der Didaktik, München [11]1980, 18–27. Nach
Dietmar Mieth (in: Stachel, G. & Mieth, D.: ethisch handeln lernen, Zürich & Köln 1978,
26), hat die theologische Ethik von der Moralpädagogik ausdrücklich zu erwarten, daß sie
sich „nicht nur an der Übertragung lerntechnischer Verfahren auf sittliche Gehalte orientiert".
[12] Francke, A.H.: Werke in Auswahl, Berlin 1969, 124.
[13] A.a.O. 146. Vgl. auch – zugegebenermaßen „tendenziös" und „eklektisch" –: Rutschky,
K.: Schwarze Pädagogik, Frankfurt/M. 1977; Mallet, C.H.: Untertan Kind. Nachforschun-
gen über Erziehung, Frankfurt/M. 1990.

Neurosen eingepflanzt[14]; darüber hinaus erzeugte sie eine nach wie vor spürbare Aversion gegen Moralpädagogik generell, die „ein vernachlässigtes[15] und geradezu verdächtiges Thema" wurde[16] – dies umso mehr, als sie in der nationalsozialistischen Pädagogik auf das Schwerste korrumpiert worden war.

Aber daraus darf wiederum nicht gefolgert werden, die (theologische) Ethik sei für die ethische Erziehung irrelevant. Die neuzeitliche Pädagogik, die seit der Aufklärung von Philosophie und Theologie emanzipiert ist, beruht auf den geistesgeschichtlichen Fundamenten sowohl der Antike als auch des Christentums[17]; darüber hinaus verglich schon Johann Friedrich Herbart (1776–1841) eine „bloß psychologische Pädagogik", d.h. eine Erziehungswissenschaft, die nicht an die „praktische Philosophie geknüpft" ist, mit einer Fahne, die flattert, wie der Wind weht[18]. Auch nach der Aufklärung, und selbst nach der in die 60er Jahre datierten Wende von der sogenannten „geisteswissenschaftlichen Pädagogik" zur „analytisch-empirischen Erziehungswissenschaft" bleibt Erziehung auf normativ-ethische Reflexionen und damit zumindest potentiell auf die theologische Ethik angewiesen. Erziehung ohne Ziel ist blind.

Einen vergleichbaren Vorwurf muß sich aber auch eine (theologische) Ethik gefallen lassen, die das Faktum von Erziehung übersieht und moralisch-sittliche Entwicklung ausblendet. Diesem begegnet man bei der Lektüre moraltheologischer Literatur nur zu oft. Selbst im dreibändigen „Handbuch der christlichen Ethik" aus dem Jahre 1978 findet sich kein entwicklungspsychologisches Kapitel, obschon ein solches in den Abschnitten zur „Entfaltung des Lebens" oder im Teil über „Familie und Ehe" angezeigt gewesen wäre. In der von Laun 1991 publizierten und ohnehin problematisch rechtslastigen Monographie „Aktuelle Probleme der Moraltheologie" wird zwar postuliert, der Ethiker müsse „das Menschsein des handelnden Subjektes – einschließlich seiner *Entwick-*

---

[14] Dazu Ringel, E. & Kirchmayr, A.: Religionsverlust durch religiöse Erziehung, Freiburg i.Br. 1986.

[15] Dies zeigt sich beispielsweise daran, daß Dieter Lenzen in seiner zweibändigen Enzyklopädie „Pädagogische Grundbegriffe" (Reinbek 1989) zwar das Stichwort „Lernen, soziales" aufgenommen hat, nicht aber „Moralpädagogik" oder „Erziehung, moralische".

[16] Dazu Oser, F., Fatke, R. & Höffe, O. (Hg.): Transformation und Entwicklung. Grundlagen der Moralerziehung, Frankfurt/M. 1986, bes. 7.

[17] Klafki, W.: Neue Studien zur Bildungstheorie und Didaktik, Weinheim ²1991, 18; Biehl, P.: Erfahrung, Glaube und Bildung, Gütersloh 1991, bes. 124.

[18] Herbart, J.F.: Pädagogische Grundschriften, Stuttgart 1982, 160.

lung – erforschen"[19]; diese Forderung löst er aber selbst im Kapitel über das Gewissen nicht ein, dessen Bildung in der Entwicklungspsychologie intensiv untersucht worden ist[20]. Vielmehr wird der Mensch als ein freiheitlich und „rational erkennendes und wollendes Wesen" schon vorausgesetzt[21] bzw. – mit dem Pädagogen Heinrich Roth gesprochen – nicht ausreichend zur Kenntnis genommen, „daß der Mensch sein Leben als Kind beginnt, vom Kind also ‚abstammt' "[22].

So schließt sich der Kreis zurück zu Hoffmann, der „die Entwicklung der Fähigkeit, sich selbst, anderen und Gott gegenüber verantwortlich zu handeln", als ein „originäres Anliegen der Moraltheologie" bestimmte. Aber nicht so, daß seine Feststellung uneingeschränkt geteilt werden könnte; vielmehr ist sie in ein Postulat umzumünzen: Die angesprochene Entwicklung des Menschen *sollte* in der Moraltheologie viel intensiver berücksichtigt werden. ln der Tat mehren sich Anzeichen für diesen Perspektivenwechsel, vor allem in den Publikationen von Demmer, der zu Recht herausstellt, daß die „lebensgeschichtliche Komponente … Grundeinstellungen (bestimmt), denen sittliche Handlungen entspringen"[23]; oder bei Höhn, wenn er „ethische Urteilskraft" als „das Resultat moralischer Lern- und Reifungsprozesse" anerkennt und fortfährt, sie sei „verankert in der Lebenserfahrung des Subjekts"[24]. Aus diesem Grund ist entschieden zu wünschen, daß die Moraltheologie den rekonstruktiv-kritischen Dialog mit den entsprechenden Sozialwissenschaften, insbesondere mit der Moralpsychologie und der Moralpädagogik, wirklich aufnimmt. Der appellative Hinweis auf den „unabdingbaren

---

[19] Laun, A.: Aktuelle Probleme der Moraltheologie, Freiburg i.Br. 1991, 23 (Hervorhebung A.B.).
[20] Kürzdörfer, K.: Gewissensentwicklung und Gewissenserziehung, Bad Heilbrunn 1978; Kerstiens, L.: Das Gewissen wecken, Heilbrunn 1987, bes. 84–105; Mokrosch, R.: Ethisches Lernen im Religionsunterricht angesichts der Gewissensentwicklung in Kindheit und Adoleszenz. In: E. Franke & R. Mokrosch (Hg.): Werterziehung und Entwicklung, Osnabrück 1989, 278–293.
[21] Laun (Anm. 19) – Bezeichnend der statische Begriff „Wesen".
[22] Roth, H.: Pädagogische Anthropologie I, Hannover ³1971, 41 f.
[23] Demmer, K.: Gottes Anspruch denken. Die Gottesfrage in der Moraltheologie, Fribourg 1993, 25.
[24] Höhn, J.: Vernunft – Glaube – Politik, Paderborn 1990, 194. Dazu entwicklungspsychologisch: Noam, G.: Selbst, Moral und Lebensgeschichte. In: W. Edelstein u.a. (Hg.): Moral und Person, Frankfurt/M. 1993, 171–199.

Verweisungszusammenhang zwischen Ethik und empirische(r) Wissenschaft" genügt dazu nicht.[25]

Daß die vorausgestellte Einschätzung nicht aus der Luft gegriffen ist, zeigt sich exemplarisch daran, daß eine weltweit diskutierte Theorie der moralischen Entwicklung und Erziehung in der deutschsprachigen Moraltheologie bisher nur wenig beachtet worden ist: der Ansatz von Lawrence Kohlberg und seiner Schule[26].

Die folgenden Ausführungen verstehen sich als bescheidener Beitrag zur vertiefteren Kooperation zwischen Moraltheologie und der aktuellen Moralforschung in Psychologie und Pädagogik, in der Kohlbergs Ansatz momentan dominiert. Dieser wird zunächst in seinen Grundzügen entfaltet, wobei ausdrücklich auf das wohl profundeste deutschsprachige Lehrbuch, verfaßt von Oser und Althof, Bezug genommen wird[27]. Selbstverständlich ist die an Kohlberg gerichtete Kritik nicht zu verschweigen (2). Sodann werden in aller Kürze die Konvergenzen zur Moraltheologie, speziell zur „Autonomen Moral" aufgewiesen, was aber die Divergenzen, bedingt durch das christliche Proprium, nicht verdecken soll (3). Anschließend werden die von Kohlberg gezogenen und in aufwendigen Projekten auch realisierten moralpädagogischen Konsequenzen skizziert und von anderen Konzeptionen abgegrenzt (4). Abschließend wird in thesenhafter Form zur Diskussion gestellt, was Moraltheologie und christliche Moralerziehung von einer kritischen Rezeption dieses Paradigmas gewinnen könnten (5). Kritik ist deshalb vonnöten, weil Theorien aus anderen Disziplinen, wenn sie als unhinterfragbare „Fremdprophetinnen" auftreten, die angezielte rekonstruktive Interdisziplinarität versperren.

[25] Korff, W.: Die ethische und theologische Relevanz der Humanwissenschaften. In: D. Mieth & F. Compagnoni (Hg.): Ethik im Kontext des Glaubens, Fribourg 1978, 168.
[26] Im folgenden werden – leicht veränderte – Auszüge aus meinem Aufsatz: „Die Theorie der moralischen Entwicklung von Lawrence Kohlberg und seiner Schule und die Moraltheologie" übernommen, der in der Freiburger Zeitschrift für Philosophie und Theologie 38 (1991, 57–82) erschienen ist.
[27] Oser, F. & Althof, W.: Moralische Selbstbestimmung. Modelle der Erziehung und Entwicklung im Wertebereich, Stuttgart 1992.

2. Die Theorie der moralischen Entwicklung nach Lawrence Kohlberg[28]

2.1 Weltweit rezipiert – in der Moraltheologie verschleppt

Die in Deutschland vor allem seit 1976 – angetrieben speziell durch Jürgen Habermas[29] – intensiv rezipierte Theorie Kohlbergs ist den TheologInnen nicht völlig unbekannt. Rezipiert worden ist sie aber in erster Linie von Praktischen TheologInnen, speziell ReligionspädagogInnen[30]. Im Schrifttum der Moraltheologie hingegen wird sie nur selten genannt: bloß viermal im „Handbuch der theologischen Ethik"[31], sowie in einem 1979 erschienenen Aufsatz von Oberhem, wo ihr gerade für die sogenannte „Autonome Moral" eine nicht unerhebliche Bedeutung zugeschrieben wird[32]. Ganz kurz genannt wird sie auch im Zusammenhang von Gewissen und Gewissensbildung in der Einführung in die Moraltheologie von Furger.[33]

Stärker beachtet wurde Kohlbergs Theorie in der amerikanischen

---

[28] Zur Biographie von Kohlberg: Oser & Althof (Anm. 27) 83–88. – *Hauptwerke:* Essays on Moral Development, Vol I: The Philosophy of Moral Development, San Francisco 1981; Vol II: The Psychology of Moral Development, San Francisco 1984; Kohlberg, L. u.a.: Moral Stages: A Response to Critics, Basel 1983. – *In deutscher Übersetzung:* Kohlberg, L.: Zur kognitiven Entwicklung des Kindes, Frankfurt/M. 1974; Kohlberg, L. & Turiel, E.: Moralische Entwicklung und Moralerziehung. In: G. Portele (Hg.): Sozialisation und Moral, Weinheim & Basel 1978. – *Diskussionsbände:* Munsey, B. (Ed.): Moral Development, Education, and Kohlberg, Birmingham 1980; Modgil, S. & Modgil, C. (Ed.): Lawrence Kohlberg: Consensus and Controversy, Philadelphia 1986; Oser, F., Althof, W. & Garz, D. (Hg.): Moralische Zugänge zum Menschen. Zugänge zum moralischen Menschen, München 1986; Oser, Fatke & Höffe 1986 (Anm. 16); Edelstein, W. & Nunner-Winkler, G. (Hg.): Zur Bestimmung der Moral, Frankfurt/M. 1986; Lind, G. & Raschert, J. (Hg.): Moralische Urteilsfähigkeit. Eine Auseinandersetzung mit Lawrence Kohlberg, Weinheim & Basel 1987. – *Einführungen:* Flammer, A.: Entwicklungstheorien, Bern & Stuttgart 1988, 162–180; Garz, D.: Sozialpsychologische Entgwicklungstheorien, Opladen 1989, 133–176; 319–345; Aufenanger, S., Garz, D. & Zutavern, M.: Erziehung zur Gerechtigkeit, München 1981; Lickona, T.: Wie man gute Kinder erzieht! Die moralische Entwicklung des Kindes, München 1989.
[29] Habermas, J.: Zur Rekonstruktion des Historischen Materialismus, Frankfurt/M. 1976, bes. 71–88; ders.: Moralbewußtsein und kommunikatives Handeln, Frankfurt/M. 1983.
[30] Stachel & Mieth 1978 (Anm. 11), bes. 75 ff.; Nipkow, K.E.: Moralerziehung, Gütersloh 1981; Schweitzer, F.: Lebensgeschichte und Religion, München 1987, 112–120; Hofmann, B.: Kognitionspsychologische Stufentheorien; Freiburg i.Br. 1991, 100–231.
[31] I 22, 478; II 195, 456.
[32] Oberhem, H.: Das religionspädagogische Postulat ,sittlicher Autonomie'. In: Religionspädagogische Beiträge 3/1979.
[33] Furger, F.: Einführung in die Moraltheologie, Darmstadt 1988, 60.

(Moral-)Theologie[34]. Doch auch dort ist die Rezeption durch Mißverständnisse, Verkürzungen und Eklektizismen gekennzeichnet. Diese sind nicht zuletzt auf die rasante und international vorangetriebene Weiterführung des Paradigmas zurückzuführen. Umso mehr ist Interdisziplinarität und kritischer Dialog vonnöten!

Daß Kohlbergs Theorie von der deutschsprachigen Moraltheologie noch kaum aufgegriffen wurde, verwundert auch deshalb, weil sie in der deutschen (Moral-)Philosophie schon längst keine unbekannte mehr ist[35]. Zumal im (moral-)philosophischen Werk von Jürgen Habermas bildet sie eine tragende Säule, sei doch die „Moralphilosophie auf indirekte Bestätigung von seiten einer Psychologie der Entwicklung des moralischen Bewußtseins angewiesen"[36]. Worin aber besteht nun der Kern dieser Theorie?

2.2. Der Strukturkern von Kohlbergs Moralpsychologie

Dieser beinhaltet, *daß den Menschen das moralische Urteilsvermögen nicht von Anfang an gegeben ist, sondern daß sie dieses in der lebensnotwendigen und unumgänglichen Interaktion mit Mit- und Umwelt selbsttätig rekonstruieren müssen. Diese Entwicklung folge in einer invarianten Sequenz maximal sechs qualitativ verschiedenen Stufen,*

---

[34] Dykstra C.A.: Moral Development. In: J.F. Childress (Ed.): A New Dictionary of Christian Ethics, Norwich 1986, 396–397; ders.: Christian Education and the Moral Life: An Evaluation of and Alternative to Kohlberg, Dissertation at the Princeton Theological Seminary 1978; ders.: Vision and Character. A Christian Educators Alternative to Kohlberg, New York 1981; Clouse, B.: Moral Development. Perspectives in Psychology and Christian Belief, Michigan 1985; Fowler, J.W.: Stages of Faith, San Francisco 1981 (dt.: Stufen des Glaubens, Gütersloh 1992); Duska M. & Whelan, M.: Moral Development. A Guide to Piaget and Kohlberg, New York 1975. Moraltheologisch besonders relevant: Wallwork, E.: Morality, Religion and Kohlberg's Theory. In: Munsey 1980 (Anm. 28), 269–297.

[35] Apel, K.O.: Diskurs und Verantwortung: Das Problem des Übergangs zur postkonventionellen Moral, Frankfurt/M. 1988; Höffe, O.: Autonomie und Verallgemeinerung als Moralprinzipien. Eine Auseinandersetzung mit Kohlberg, dem Utilitarismus und der Diskursethik. In: Oser, Fatke & Höffe (Anm. 16), 56–86; Küng, G.: Die postkonventionelle Ebene der moralischen Entwicklung: Psychologie oder Philosophie. In: Oser, Althof & Garz (Anm. 28), 312–326; Tugendhat, E.: Über die Notwendigkeit einer Zusammenarbeit zwischen philsophischer und empirischer Forschung bei der Klärung der Bedeutung des moralischen Sollens. In: Edelstein & Nunner-Winkler (Anm. 28), 25–36; Wingert, L.: Gemeinsinn und Moral. Grundzüge einer intersubjektivistischen Moralkonzeption, Frankfurt/M. 1993, 185.

[36] Habermas 1983 (Anm. 29), 130.

von denen universale Geltung angenommen wird. Aus dieser Kurzformel werden mehrere „Prinzipien" ersichtlich:

– *Prinzip Entwicklung:* Kohlberg vertritt einen entwicklungspsychologischen bzw. strukturgenetischen Ansatz. Damit steht er in der Tradition Jean Piagets, an dessen „genetischen Strukturalismus" bzw. „genetische Epistemologie" er explizit anknüpft. Diese will die klassische erkenntnistheoretische Frage, was Erkenntnis ist, durch die ergänzen, wie Erkenntnis wird bzw. wie jeweils mehr Erkenntnis wird[37]. Entsprechend thematisierte Kohlberg nicht nur, worin ein als moralisch qualifizierbares Urteilen besteht – darum kam er freilich nicht herum –, sondern in erster Linie, wie sich die entsprechenden Urteilsstrukturen im Verlaufe der Psychogenese heranbilden. Dahinter steht der grundlegende Gedanke, daß hinter jeder Struktur eine Genese liegt, und daß jede Struktur in einer neuen Genese modifiziert werden kann. Dies impliziert die Absage an ein statisches Denken und favorisiert ein organismisches Menschenbild[38].

– *Prinzip Interaktion:* Entwicklung ereignet sich nach Kohlberg in der Auseinandersetzung von Individuum und Um- und Mitwelt. Darauf insistierte eindringlich George Herbert Mead, der Begründer des „Symbolischen Interaktionismus", dessen Bedeutung für die Sozialwissenschaften im allgemeinen, für die Pädagogik und Entwicklungspsychologie im besonderen außer Zweifel steht[39]. Nach Mead hat „niemand … einen Geist, der einfach aus sich selber funktionierte, isoliert vom gesellschaftlichen Lebensprozeß, aus dem er erwuchs"[40]. Im Unterschied zur behavioristischen Sicht, die auch Kohlberg als „inadequate" zurückwies[41] – „Gebt mir ein Dutzend Kinder, und ich verbürge mich,

---

[37] Dazu Piaget, J.: Einführung in die genetische Erkenntnistheorie, Frankfurt/M. 1973 sowie, mit umfassender Primär- und Sekundärliteratur: Fetz, R.L.: Struktur und Genese. Jean Piagets Transformation der Philosophie, Bern 1988; Kesselring, T.: Jean Piaget, München 1988.
[38] Dazu Herzog, W.: Das moralische Subjekt, Bern u.a. 1991, bes. 241–244.
[39] Mead, G.H.: Geist, Identität und Gesellschaft, Frankfurt/M. 1973 (erstmals 1934); Habermas, J.: Theorie des kommunikativen Handelns, Band 2, Frankfurt/M. 1981, attestiert Mead, einen Paradigmenwechsel bewirkt zu haben; vgl. auch H. Joas (Hg.): Das Problem der Intersubjektivität, Frankfurt/M. 1985; Garz, D.: Sozialpsychologische Entwicklungstheorien. Von Mead, Piaget und Kohlberg bis zur Gegenwart, Opladen 1989, 57–72.
[40] Mead 1973 (Anm. 39), 266.

aus dem einen einen Arzt, aus dem anderen einen Dieb zu machen"[42] – verstand Mead die Psychogenese nicht als einseitige Prägung durch die Umwelt; vielmehr besteht diese in der Interaktion, im lebendigen Wechselspiel zwischen einem zusehends kompetenteren Subjekt und einer entsprechend differenzierter wahrgenommenen Um- und Mitwelt. Auch Kohlberg bezeichnete seinen moralpsychologischen Ansatz als „interaktionistisch" in diesem Sinne[43] und löste die daraus resultierenden pädagogischen Konsequenzen in seiner Moralpädagogik durchaus ein, die den extremen behavioristischen Konditionierungstechniken mit ihrer entsprechenden Sicht des Gewissens als „andressierte Handlungsbarriere" zutiefst entgegengesetzt sind[44].

– *Prinzip aktive Rekonstruktion:* Moralische Entwicklung präsentiert sich nach Kohlberg weder als das ausschließliche Resultat externer Konditionierungsprozesse, noch als ein Reifungsgeschehen, das von PädagogInnen verlangt, „nichts zu tun und zu verhindern, daß etwas getan werde", was Rousseau in seinem „Emile" auch hinsichtlich der Bildung der Tugend forderte[45]. Zu Recht bezeichnete Kohlberg diesen „broad stream in the development of Western educational ideology" als „romanticism"[46], der, zumeist mit einem individualistischen Menschenbild gekoppelt, die menschliche Sozialität vernachlässigt und von angeborenen (guten) Potentialen ausgeht, die sich, sofern die Umwelt nicht besonders schädige, so oder so entfalten würden. Diese Sicht von Entwicklung beherrschte die traditionsreichen Reifungstheorien, gilt aber mittlerweile als überwunden[47]. Für Kohlberg ist es vielmehr „the

---

[41] Kohlberg 1981 (Anm. 28), 100; zum philosophiegeschichtlichen Hintergrund, dem angelsächsischen Empirismus: Fetz (Anm. 37), 53–70.

[42] So das berühmt-berüchtigte Wort von John Watson (zit. aus Elkind, D.: Das gehetzte Kind, Hamburg 1991, 40). Solche pädagogischen Allmachtsphantasien laufen oft auf technokratische Dressur und Indoktrination hinaus.

[43] Kohlberg 1974 (Anm. 28), 13; ders.: Child Psychology and Childhood Education, New York & London 1987, 239–242.

[44] Beispielhaft: Eysenck, H.J.: Das Gewissen – ein bedingter Angstreflex. In: G. Schreiner (Hg.): Moralische Entwicklung und Erziehung, Braunschweig 1983, bes. 36.

[45] Rousseau, J.J.: Emile oder Über die Erziehung, Paderborn 1981, 72 f.

[46] Kohlberg 1987 (Anm. 43), 46; dazu Ewers, H.H.: Kindheit als poetische Daseinsform, München 1989.

[47] Exemplarisch. Gesell, A.: Das Kind von fünf bis zehn, Bad Nauheim 1954; dazu Trautner, H.M.: Lehrbuch der Entwicklungspsychologie, Band 2, Göttingen 1991, 26–63; Flammer 1988 (Anm. 28), bes. 48–52.

active child, who structures his or her perceived environment"[48]. In der Interaktion mit seiner Mitwelt muß das Kind die Stufen moralischer Entwicklung selber erklimmen. Ausschlaggebend ist die Logik des Tuns, die Selbsttätigkeit des Kindes, denn – so ein Wort von Kohlbergs Lehrer Piaget, das nicht ernst genug genommen werden kann – „auf moralischem besitzt man wie auf geistigem Gebiet nur das wirklich, was man selbst erobert hat"[49]. Wie Piaget sieht auch Kohlberg im Kinde einen Moralphilosophen, dem in einem positiven Sinne zuzumuten ist, auf moralische Fragen selber Antworten zu finden[50].

– *Prinzip Kognition:* Wiederholt bezeichnete Kohlberg seine Theorie als „cognitive-developmental". Noch und noch hat ihm dies – gerade von TheologInnen – den Vorwurf der kognitivistischen Engführung eingetragen[51]. Dem ist entgegenzuhalten, daß „cognitive" im angelsächsischen Sprachraum eine breitere und ganzheitlichere Bedeutung auf sich vereinigt als im deutschen, wo „kognitiv" noch immer an dürre Rationalität denken läßt. Gegenstand der zumal in den USA entwickelten „Kognitiven Psychologie", die momentan zu einer eigentlichen „Kognitionswissenschaft" ausgebaut wird, sind die „Sinnesinformationen und ihre Verarbeitung im weitesten Sinne"[52]. Gerade in der Moral ist Kognition unerläßlich, soll sie nicht der Beliebigkeit des subjektiven Gefühls anheimfallen, wodurch sie sich der diskursiven Verständigung entzöge[53]. Zudem gehört es zu den gesicherten Wissensbeständen der Emotionspsychologie, daß „kognitive und emotionale Entwicklung einander bedingen und nicht als völlig separate Dimensionen des menschlichen Lebens betrachtet werden dürfen[54].

[48] Kohlberg 1981 (Anm. 28), 134. Bereits Campe, J.: Über die früheste Bildung junger Kinderseelen, Frankfurt/M. u.a. 1985 (erstmals 1785) insistierte auf die „Selbstbeschäftigung" des Kindes und sah schon im Säugling ein aktives Wesen.
[49] Piaget, J.: Das moralische Urteil beim Kinde, Frankfurt/M. 1973, 415.
[50] Kohlberg, L.: The Child as a Moral Philosopher. In: Psychology Today 7 (1968), September 24–30; ders. 1987 (Anm. 43), 14; vgl. auch Valtin, R.: Mit den Augen der Kinder, Reinbek 1992. Mittlerweile gibt es eine auch moralpädagogisch anregende Bewegung für Kinderphilosophie: Freese, L.: Kinder als Philosophen, Weinheim 1989.
[51] Höhn 1990 (Anm. 24), 195.
[52] Dazu Neisser, U.: Kognitive Psychologie, Stuttgart 1974, 1; zur Kognitionswissenschaft: Gardner, H.: Dem Denken auf der Spur. Der Weg der Kognitionswissenschaft, Stuttgart 1992.
[53] Dazu Habermas 1983 (Anm. 29), 131.
[54] Exemplarisch: Kruse, O.: Emotionsentwicklung und Neurosenentstehung, Stuttgart 1991, 31–35; Euler, H.A. & Mandl, H. (Hg.): Emotionspsychologie, München u.a. 1983,

– *Prinzip Interdisziplinarität:* „When I started my research on the psychology of moral development, I was aware of the necessity for orienting to philosophical concepts of morality" formulierte Kohlberg in seinem gewichtigen Aufsatz „From Is to Ought" rückblickend auf seine Dissertation aus dem Jahre 1958[55]. Gegenüber der bis dato üblichen psychologischen Erforschung der Moral, soweit sie in der durch den Behaviorismus geprägten amerikanischen Psychologie überhaupt betrieben wurde – immerhin schloß der extreme Behaviorismus ethisch unverzichtbare Konzepte wie „Verantwortlichkeit" als der wissenschaftlichen Reflexion nicht würdig bzw. nicht zugänglich aus[56] –, war dieses Programm revolutionär: „Kohlberg brach bewußt mit den herrschenden moralpsychologischen Traditionen, die weitgehend durch philosophische Naivität … gekennzeichnet waren"[57].

Allerdings setzte er sich damit zwischen Stuhl und Bank: PhilosophInnen und auch TheologInnen beanstandeten, er betrachte das moralisch Richtige bloß von seiner psychischen Genese her, was auf einen naturalistischen bzw. psychologistischen Fehlschluß hinauslaufe[58], Psychologen hingegen kritisierten die angeblich fehlende Validität von Konstrukten wie „Gerechtigkeit", so Kurtinez und Greif, deren Kritik Kohlberg über Jahre hinweg schwer getroffen hat (bis hin zur Streichung von Forschungsgeldern)[59].

Aber Kohlberg hat sich darin nicht beirren lassen, daß eine adäquate Erforschung der Moralität eine komplementäre Arbeitsteilung von Moralpsychologie und Moralphilosophie erfordert[60], was zwischenzeitlich auch Habermas ‚abgesegnet' hat und gerade für die (empirische) Methodologie der Moraltheologie eine Herausforderung bedeutet. Dabei bestimmte Habermas die Aufgabe der Moralphilosophie unter anderem

bes. 72–80. Kohlberg 1981 (Anm. 28), 139: „all mental events have both cognitive and affective aspects"; ders. 1987 (Anm. 43), 32 f.; Montada, L.: Moralische Gefühle. In: Edelstein u.a. 1993 (Anm. 24), 259–277, bes. 263 und 169.

[55] Kohlberg 1981 (Anm. 28), 102.

[56] Skinner, B.F.: Wissenschaft und menschliches Verhalten, München 1973, bes. 15 f., 225.

[57] Blasi, A.: Psychologische oder philosophische Definition der Moral. In: Edelstein & Nunner-Winkler 1986 (Anm. 28), 55.

[58] Dykstra 1978 (Anm. 34), 57.

[59] Kurtinez, W. & Greif, E.B.: The Development of Moral Thought: Review and Evaluation of Kohlberg's Approach. In: Psychological Bulletin 81 (1974), 453–470.

[60] Kohlberg 1984 (Anm. 28), 222 f.; vgl. Garz, D.: Theorie der Moral und gerechte Praxis, Wiesbaden 1989, 79–81.

48

darin, zu prüfen, ob eine ontogenetisch spätere Stufe in der moralischen Entwicklung auch philosophisch angemessener ist; die der Psychologie hingegen darin, zu testen, „ob die Moralkonzeption eines Philosophen phänomenologisch mit den psychologischen Tatsachen zusammenpaßt"[61].

2.3. Das Moralische am moralischen Urteil

Was entwickelt sich in der moralischen Entwicklung? Zweifellos beinhaltet die Antwort darauf *die* Weichenstellung moralpsychologischer Forschung. Wird Moralität als Wissen um Gut und Böse identifiziert, dann ist moralische Entwicklung als Kummulation entsprechender Wissenspartikel zu konzeptualisieren. Kohlberg wies aber diesen Ansatz, wie er in der ethischen Erziehung als „Tugendvermittlung" weit verbreitet ist, zurück. Solches Wissen verbürgt nicht, daß entsprechend gehandelt wird. Die frühe und großangelegte Untersuchung von Hartshorne und May belegte dies eindrücklich: Kinder, die in der Sonntagsschule intensiv lernten, daß Betrügen falsch, Lügen unstatthaft ist etc., mogelten in einem anschließenden Test nicht weniger als die Kontrollgruppe, die diese Instruktion nicht über sich ergehen ließ[62]. Darüber hinaus sind viele Tugenden historisch und kulturell kontingent und damit relativ (was oftmals auch sein Gutes hatte und hat). Aufgrund der Wertrelativität wurde aber hin und wieder die generelle Forderung abgeleitet, Moralerziehung aus den Curricula öffentlicher Bildungseinrichtungen zu entfernen[63]. Allerdings würde dies den heimlichen Lehrplan („hidden curriculum") – in diesem Falle einen beliebigen ‚moralischen' Individualismus – nicht außer Kraft setzen.

Demgegenüber beharrte Kohlberg entschieden darauf: „Cultural relativity of ethics ... is an error"[64]. Worin dann aber bestimmte er ein Nicht-Relatives, ein moralisch Unbedingtes? Unter Bezugnahme auf „die „formalistische" und „deontologische" Tradition, die von Immanuel Kant ausgeht und bis John Rawls und Jürgen Habermas reicht[65],

---

[61] Habermas 1983 (Anm. 29), 48.

[62] Hartshorne, H. & May, M.A.: Studies in the Nature of Character, 3 Bände, New York 1928–1930; dazu Kohlberg 1987 (Anm. 43), 272; ders. & Turiel 1978 (Anm. 28), 48.

[63] Kohlberg & Turiel 1978 (Anm. 28), 24; dazu Hall, R.T.: Unterricht über Werte, München 1979, bes. 10; Oser, F.: Werterziehung in einer pluralistischen Gesellschaft, Hochschule Sankt Gallen, Aula-Vorträge 35, 1988.

[64] Kohlberg 1981 (Anm. 28), 105–114, hier 105.

[65] Kohlberg, L.: Moralische Urteilsfähigkeit und demokratische Erziehung. In: Lind & Raschert 1987 (Anm. 28), 31.

identifizierte er dieses in der Gerechtigkeit: „… virtue is not many, but one, and its name is justice"[66]. Er spricht von einem „focus on moral justice stages" und nennt als deren „rational and universal principles … liberty, equality, equity and the respect of persons"[67]. Infolgedessen ist das moralische Urteil in erster Linie ein Gerechtigkeitsurteil. Konkret beinhaltet es, wie Personen unter diesem Gesichtspunkt Konflikte zwischen Individuum und Gesellschaft lösen bzw. wie sie mit konfligierenden Ansprüchen argumentativ umgehen.

Verdeutlicht werden kann dies an dem mittlerweile klassischen Heinz-Dilemma, das Kohlberg und seine MitarbeiterInnen ihren Versuchspersonen vorlegten, um deren moralische Urteilsstufe zu bestimmen: Die Ehefrau von Heinz ist an einem Karzinom erkrankt. Der Ausgang ist lethal, wenn Heinz nicht ein neues Medikament beschaffen kann, das ein Apotheker in der Stadt entwickelt hat. Er verlangt einen Preis, den Heinz nicht bezahlen kann. Soll er einbrechen?[68]

In diesem Dilemma konfligieren das Recht auf Eigentum des Apothekers und der Anspruch von Heinz, dem Recht auf Leben seiner Frau Geltung zu verschaffen. Die entwicklungspsychologisch relevante Frage lautet: Wie lösen Personen unterschiedlichen Alters diesen Konflikt? Dabei interessierte sich Kohlberg von Anfang an weniger für die inhaltlichen Aspekte der Antworten, sondern vielmehr für die Begründungen und Rechtfertigungen. Denn wenn entschieden wird, er müsse einbrechen, kann dies sehr unterschiedlich begründet werden: „Stehlen, denn wenn er es nicht tut, hat er niemanden mehr, der ihm das Essen kochen kann"[69], oder: „Stehlen, weil das Recht auf Leben, unantastbar und unbedingt, über dem auf Eigentum steht".

Dies impliziert, zwischen Inhalt und Struktur moralischer Argumente zu unterscheiden. Inhalte sind kulturell und geschichtlich kontingent und damit zumindest teilweise relativ. Von den moralischen Denkstrukturen hingegen wird angenommen, man finde sie „in jeder Kultur" in

[66] Kohlberg 1981 (Anm. 28), 39.
[67] Kohlberg 1987 (Anm. 43), 292.
[68] Das Heinz-Dilemma findet sich u.a. bei: Colby, A. & Kohlberg, L.: The Measurement of Moral Judgment, New York 1987, wo auch geschildert wird, wie die Stufen des moralischen Urteils empirisch erhoben werden; Kurzdarstellung: Garz 1989 (Anm. 28), 164–176.
[69] Beispiel aus Garz 1989 (Anm. 28), 157; zahlreiche weitere Beispiele in: Colby & Kohlberg 1987 (Anm. 68).

der gleichen Form[70]. Darüber hinaus unterstellte Kohlberg, auch deren Entwicklung folge solchen Stufen, die eine „culturally universal invariant sequence"[71] bilden würden. Um welche Stufen handelt es sich konkret?

2.4. Die sechs Stufen des moralischen Urteils

Kohlberg unterteilt die moralische Entwicklung in insgesamt 3 Ebenen (levels), die als „präkonventionell", „konventionell" und „postkonventionell" präzisiert werden. Diese Ebenen setzen sich ihrerseits aus 2 Stufen (stages) zusammen, so daß sich insgesamt 6 Stufen ergeben[72].

Präkonventionelle Ebene:
Sofern man mit Kant für Moralität einverlangt, daß Maximen von allen „Triebfedern" unabhängig sind, kann bezüglich der *Stufe 1* von einem moralischen Urteil noch nicht die Rede sein. Denn dieses orientiere sich am Einhalten von Gehorsam und am Vermeiden von Strafe. Für das Kind existiere „eine Art ‚moralisches Universum', welches aus Geboten und Verboten besteht", und gemäß dem das Gute belohnt, das Böse quasi automatisch bestraft wird[73]. Bezeichnend ist die Antwort eines Siebenjährigen zum Heinz-Dilemma[74]:

Er sollte es (das Medikament) nicht stehlen, weil er nachher ins Gefängnis kommt. Das ist nämlich gar nicht gut. Weil das so viel Geld kostet. Er könnte Sachen stehlen, die ganz wenig kosten, vielleicht eine Weinflasche.

---

[70] Kohlberg & Turiel 1978 (Anm. 28), 47; kritisch: Nisan, M.: Content and Structure in Moral Judgement. In: W.M. Kurtinez & J.W. Gewirtz (Ed.): Morality, Moral Behavior, and Moral Development, New York 1984. 208–233; Döbert, R.: Wider die Vernachlässigung des „Inhalts" in den Moraltheorien von Kohlberg und Habermas. In: Edelstein & Nunner-Winkler 1986 (Anm. 28), 86–125.

[71] Kohlberg 1981 (Anm. 28), 130

[72] Stufenbeschreibungen finden sich in: Kohlberg 1974 (Anm. 28), 60 ff.; Kohlberg 1981 (Anm. 28), 115–130; Oser, F.: Moralisches Urteil in Gruppen, Frankfurt/M. 1981, 326–329; Schreiner, G.: Auf dem Weg zu immer gerechteren Konfliktlösungen – Neue Anmerkungen zur Kohlbergtheorie. In: ders. (Hg.): Moralische Entwicklung und Erziehung, Braunschweig 1983, 107–110; Flammer 1988 (Anm. 28), 165–168; Garz 1989 (Anm. 28), 154–163; Oser & Althof 1992 (Anm. 27), 48–71.

[73] Lickona 1989 (Anm. 28), bes. 154; zum „moralischen Universum" und Strafanimismus: Piaget 1973 (Anm. 49), bes. 285; Jose, P.E.: Just World Reasoning in Children's Immanent Justice Judgments. In: Child Development 61 (1990), 1024–1033.

[74] Beispiel aus einer eigenen Untersuchung, ebenso die folgenden.

Hand in Hand mit der moralischen Urteilsstruktur entwickle bzw. erweitere sich die soziale Perspektive. In den letzten Jahren hat die Entwicklungspsychologie deren Genese, zumal die Fähigkeit, die Perspektiven anderer zu übernehmen und in die Rolle von alter (= andere Person) zu schlüpfen (role-taking), intensiv untersucht[75]. Auf Stufe 1 sei die soziale Perspektive „egozentrisch" im Sinne Piagets[76], d.h. der (Interessen-)Standpunkt von alter wird noch kaum wahrgenommen, sondern mit der eigenen Perspektive vermengt. Der oben zitierte Junge meinte denn auch, für jemanden anders als seine Frau müsse Heinz das Medikament nicht stehlen: er kenne ihren Namen nicht, und für ihn gekocht habe sie auch noch nie.

Auf *Stufe 2* orientiere sich das „moralische" Urteil an instrumentellen Zwecken, sofern sie für die Befriedigung eigener Bedürfnisse geeignet sind, und am fairen Austausch. Dies läßt nicht nur an das englische Sprichwort „Tit for Tat" denken, nicht nur an das römische „do ut des" oder das alttestamentliche „Aug um Auge, Zahn um Zahn", sondern auch an den hypothetischen Imperativ, wie ihn Kant vom kategorischen Imperativ abgrenzt. Als ‚moralisch' richtig gilt, Regeln einzuhalten, damit daraus ein konkreter Nutzen erwachse, sei es für sich selber, sei es für andere, speziell die unmittelbaren Bezugspersonen, auf die das Subjekt angewiesen ist. Stehlen gilt nicht mehr deshalb als verboten, weil dies die Eltern gesagt haben (Stufe 1), sondern weil man selber auch nicht bestohlen werden möchte. Oder beim Heinz-Dilemma:

Die Frau hat sicher viel für ihn getan. Jetzt muß er sich für sie halt auch einsetzen, sonst ist das nicht fair.

Auf dieser Stufe sei die soziale Perspektive „konkret individualistisch". Die Bedürfnisse von alter werden zwar erkannt, aber strategisch für die Erfüllung der eigenen in Rechnung gestellt. Als philosophisch-ethisches Pendant kann ein naiver individualistischer Hedonismus aufgeführt werden.

---

[75] Dazu Bennet, M. (Ed.): The Child as Psychologist. An Introduction to the Development of Social Cognition, New York 1993; vgl. auch das Lehrbuch von Damon, W.: Die soziale Entwicklung des Kindes, Stuttgart 1989; Selman, R.: Die Entwicklung des sozialen Verstehens, Frankfurt/M. 1984; Geulen, D. (Hg.): Perspektivenübernahme und soziales Handeln, Frankfurt/M. 1983.

[76] Piaget, J.: Urteil und Denkprozeß des Kindes, Frankfurt/M. u.a. 1981, 23, 202–209.

Konventionelle Ebene:

Auf *Stufe 3* orientiere sich das „moralische" Urteil an den „interpersonalen Erwartungen", an „Beziehungen und an Konformität". Richtiges moralisches Handeln zielt an, in den Augen der anderen als „good boy" oder „nice girl" dazustehen, und besteht in der Loyalität zu Gleichgesinnten und nahestehenden Menschen. So äußerte sich eine vierzehnjährige Schülerin:

Zum Beispiel für einen Menschen, der einem nahesteht, da muß man seine ganze Kraft, jede Kraft einsetzen, um ihm zu helfen. Andere Menschen, Fremde, die muß man gar nicht so ernst nehmen.

Dieser Urteilsform entspricht eine soziale Perspektive, die die Gefühle und Bedürfnisse der anderen, speziell einer überschaubaren Gruppe erkennt und anerkennt und diese gemäß der „Goldenen Regel" mit den eigenen verknüpft und koordiniert. Entsprechend besteht Gerechtigkeit darin, vor allem den Menschen beizustehen, mit denen man besonders verbunden ist. Insofern handelt es sich um eine Gesinnungsethik auf Gruppenebene, wie sie beispielhaft in peer-groups oder in Cliquen in Erscheinung tritt.

Auf *Stufe 4* orientiere sich das Subjekt in seinem moralischen Urteil an der Erhaltung des sozialen Systems. Moralisch richtiges Handeln besteht darin, die Gesetze und Normen des Staates, der Gesellschaft oder der Religion etc., die als den Regeln der Gruppe (Stufe 3) vorausliegend erkannt werden, konsequent einzuhalten. „Law and order" ist eine ebenso kurze wie treffende Bezeichnung dieser Stufe. Paradigmatisch sind folgende Aussagen eines 18jährigen Gymnasiasten:

Wenn jemand sagt, er (Heinz) muß das stehlen, dann kann man damit rechnen, daß die ganze Gesellschaft zusammenbricht. Dann muß man ja für alles einbrechen und stehlen.

Die soziale Perspektive löst sich aus der Eingebundenheit in zwischenmenschliche Beziehungen (die jedoch aufgehoben bleiben) und wird dahingehend erweitert, daß zwischen den interpersonellen Abmachungen und dem (anonymen) gesellschaftlichen Standpunkt unterschieden werden kann. Gerechtigkeit bedeutet, den Gesetzen des Staates, der Religion, der Gesellschaft zu genügen und dafür einzutreten, daß sie mitsamt den Systemen erhalten bleiben.

Postkonventionelle Ebene:[77]

Die beiden Stufen, die auf dieser Ebene liegen, weisen eine engere Affinität zu anerkannten moralphilosophischen Positionen auf. So bezieht sich auf *Stufe 5* das moralische Urteil auf den Sozialvertrag (Rousseau), der staatlich-demokratischen Gesetzen zugrundeliegt. Fortan können diese kritisch darauf geprüft werden, ob sie mit elementaren Grundwerten wie „Recht auf Leben" und „Freiheit" übereinstimmen. Moralisches Urteilen orientiert sich nicht mehr an konkreten Normen, sondern an allgemeingültigen Prinzipien, dies – wenn es sein muß – auch gegen die herrschenden Gesetze. Legalität wird fortan kritisch an der als höherwertig erkannten Moralität gemessen. So äußerte sich ein 26jähriger Student (X) dem Befrager (I) gegenüber folgendermaßen:

I: Wenn Heinz stiehlt, verstößt er gegen das Gesetz. Ist sein Tun deshalb moralisch falsch?

X: Es ist moralisch sehr richtig.

I: Warum?

X: Weil er in diesem Moment ein Menschenleben rettet. Vielleicht ist es gerade deswegen noch richtig, weil er sich durch diese Schranken zum Gesetzbrechen hat durchkämpfen müssen. Er hat sich auf eine Art davon loslösen müssen, um gerade trotzdem das Menschenleben zu retten. Ich würde das als ein Stück moralisch höherstehender betrachten.

Genau so löste auch Kohlberg selber das Heinz Dilemma, unterstellte er doch dem Apotheker, „Prinzipien zu verletzen, ... er könnte nicht wollen, daß seine Handlungsmaxime zum allgemeinen Gesetz würde"[78]. – Die soziale Perspektive greift über die Gesellschaft und die in ihr herrschenden Verbindlichkeiten hinaus. Der Wert des Lebens wird im Sinne eines unantastbaren „universal human right" bestimmt und nicht mehr von Bezugsgrößen wie Rasse, Staat, Bedürfnisse etc. abhängig gemacht.

Die Bestimmung des „terminus ad quem" von Entwicklung ist ein kruziales Problem aller strukturgenetischen Theorien. Da dieser Endpunkt auch „zur Festsetzung jener Kriterien (führt), aufgrund deren

---

[77] Zwischen den beiden Ebenen liegt eine Übergangsstufe 4: Kohlberg, L.: Eine Neuinterpretation der Zusammenhänge zwischen der Moralentwicklung in der Kindheit und im Erwachsenenalter. In: R. Döbert u.a. (Hg.): Entwicklung des Ichs, Köln 1977, 225–252.

[78] Kohlberg. In: Lind & Raschert 1987 (Anm. 28), 32.

allererst die Annahme verteidigt werden kann, daß die Stufenabfolge eine zunehmende Angemessenheit der moralischen Urteilsbildung zum Ausdruck bringt"[79], wird er unweigerlich normativ. Kohlberg postuliert eine *sechste Stufe* [80], deren Beschreibung sich zumal deshalb als schwierig gestaltet, weil kaum ProbandInnen zu finden seien, die über die entsprechenden Kompetenzen verfügten. Der Kern der Beschreibung von 1971 besteht darin, daß jede Person als Zweck an sich respektiert wird (die dritte Fassung von Kants Kategorischem Imperativ), und daß sich das moralische Urteil an universalen Prinzipien orientiert, die in ihrem Anspruch als unbedingt erfahren werden[81]. In der späteren Beschreibung tauchen zusätzlich moralische Kategorien wie „Wohlwollen" (benevolence) und „Wohltätigkeit" (beneficience) auf und heißt es, die/der autonom moralisch Handelnde setze sich zum Ziel, „für moralische Probleme eine Lösung zu entwickeln, die die Rechte anderer Individuen respektiert und dennoch das Wohlergehen aller Betroffenen fördert", was Kohlberg selber auf die Kurzformel „Das Gute für jedermann in gleicher Weise" bzw. „Liebe deinen Nächsten wie dich selbst" brachte[82].

Diese Modifikation wurde durch eine Kritik an Kohlberg ausgelöst, die sich durchaus mit der vergleichen läßt, die Schiller in seiner Xenie „Gerne diene ich den Freunden ..."[83] und nach ihm Schopenhauer an Kant richteten: Eine zu formalistische Ethik verfochten zu haben. In diesem Falle trug sie eine frühere Mitarbeiterin Kohlbergs vor: Carol Gilligan. Allerdings blieb es nicht bei dieser einen Kritik und einen Modifikation; darauf ist nach kurzen Hinweisen auf die statistischen Befunde einzugehen.

[79] Kohlberg, L. u.a.: Die Wiederkehr der sechsten Stufe. In: Edelstein & Nunner-Winkler 1986 (Anm. 28), 207.

[80] Zur sechsten Stufe: Höffe 1986 (Anm. 35) sowie in Edelstein & Nunner-Winkler 1986 (Anm. 28) die Aufsätze von Habermas und Puka. Ausführlich: Garz, D.: Die Diskussion um eine höchste Stufe der Moral: In: Oser & Althof (Anm. 27), 256–292.

[81] Kohlberg 1981 (Anm. 28), 157–168.

[82] Kohlberg u.a. 1986 (Anm. 79), 213.

[83] „Gerne dien ich den Freunden, doch tu ich es leider mit Neigung, / Und so wurmt es mir oft, daß ich nicht tugendhaft bin"; Schillers Werke in zwei Bänden, Salzburg 1951, I, 336.

2.5. Empirische Validierung

Kohlberg und seine MitarbeiterInnen legen Daten aus Longitudinalstudien vor, die in den USA, Mexiko, Taiwan, Israel und der Türkei durchgeführt wurden und einen signifikanten (statistisch überzufälligen) Alterstrend belegen[84]. Durchgängig zeigte sich, daß Stufe 1 bis ins 10. Lebensjahr deutlich abnimmt und in der späteren Kindheit auch die Anteile an Stufe 2 sukzessiv zurückgehen. Die Stufe 3 hingegen legt in der Adoleszenz deutlich zu, desgleichen Stufe 4, die im Erwachsenenalter vorherrscht. Nur eine Minderheit urteile auf der postkonventionellen Ebene. In den Stichproben in der Osttürkei sowie in Yucatan wurde diese Ebene ohnehin nicht erreicht: in überschaubaren und wenig komplexen Gesellschaften ist es noch nicht erforderlich, daß sich moralisches Urteilen von konkreten Normen löst bzw. sich an abstrakten Prinzipien orientieren kann. In den meisten Stichproben ließen sich bezüglich der Moralentwicklung keine bemerkenswerten Unterschiede zwischen „Katholiken, Protestanten, Juden, Muslims und Atheisten" nachweisen[85], auch nicht zwischen Männern und Frauen, obgleich sich dieses Vorurteil nicht zuletzt aufgrund der entsprechenden Behauptung von Gilligan hartnäckig gehalten hat[86].

2.6. Im Kreuzfeuer der Kritik

Es ist in diesem Rahmen schlechterdings unmöglich, sämtliche Kritiken zu benennen, geschweige denn ausführlich zu diskutieren, die an Kohlbergs Theorie gerichtet wurden[87]. Drei seien herausgegriffen:

---

[84] Kohlberg & Turiel 1978 (Anm. 28), 44–48; Colby, A. u.a.: A Longitudinal Study of Moral Judgment. In: Monograph of the Society for Research in Child Development, No. 200, Vol. 48, 1983. Vgl. auch den Überblick von Snarey, J.R.: Cross-Cultural Universality of Social Moral Development: A Critical Review of Kohlbergian Research. In: Psychological Bulletin 97 (1985), 202–232.

[85] Kohlberg 1981 (Anm. 28), 123. Zu Indien: Vasudev, J.: Kohlbergs Universalitätspostulat aus indischer Sicht. In: Edelstein & Nunner-Winkler 1986 (Anm. 28), bes. 173.

[86] Gilligan, C.: Die andere Stimme, München 1984. Frauen stünden zumeist auf der Stufe 3. Dazu Walker, L.J.: Geschlechtsunterschiede in der Entwicklung des moralischen Urteils. In: G. Nunner-Winkler (Hg.): Weibliche Moral, Frankfurt/M. 1991, 109–120. In 130 von 152 Stichproben ließen sich keine signifikanten Unterschiede nachweisen, in 13 verzeichneten die männlichen Befragten einen höheren Wert, in neun davon jedoch die weiblichen.

[87] Dazu Oser, F.: Die Theorie von Lawrence Kohlberg im Kreuzfeuer der Kritik. In: Bildungsforschung und Bildungspraxis 3 (1981), 51–64; Kohlberg u.a. 1983 (Anm. 28), Oser & Althof 1992 (Anm. 27), bes. 188–223; sowie die weiteren in Anm. 28 aufgeführten Sammelbände.

2.6.1 Eine männliche Moral?

Diesen Vorwurf erhob die bereits genannte frühere Mitarbeiterin Kohlbergs, Carol Gilligan, die vom Frauenmagazin Ms 1983 sogar zur „Frau des Jahres" erkoren wurde und zumal in der feministischen Theologie keine Unbekannte mehr ist. Der angeblich „männlichen" Gerechtigkeits- und Prinzipienmoral, die die Sozialität des Menschen vernachlässige, stellte sie eine „weibliche" Moral der Fürsorglichkeit (care) entgegen. Aufgrund einer empirischen Untersuchung mit 29 Frauen, die um die Entscheidung rangen, ein Kind auszutragen oder nicht, postulierte sie eine Entwicklungssequenz von care, die sich aus drei Stadien und zwei Übergangsstadien zusammensetzt[88].

Die starke These, es gäbe – in einem biologischen Sinn – eine maskuline und eine feminine Moral, kann zwischenzeitlich als widerlegt gelten. Nunner-Winkler wies nach, daß junge Männer bezüglich der Abtreibungsproblematik zwar prinzipienorientierter urteilten als die Frauen, daß aber in Fragen der Problematik von Wehrdienstverweigerung genau das Umgekehrte der Fall war: hier argumentierten die Frauen kurz und bündig mit formalen Prinzipien[89]. Selbst Gilligan räumt mittlerweile ein, daß die beiden moralischen Orientierungen (justice bzw. care) bei beiden Geschlechtern vorhanden sind[90], je nach persönlicher Betroffenheit und je nach Situationsspezifität kommt die eine oder andere zum Zuge. Zudem konstatierte sie selber, daß Kohlberg ihre Kritik aufgearbeitet hat, indem er „das Vorhandensein einer Perspektive der Fürsorge im moralischen Denken einräumte"[91].

2.6.2. Urteil und Handeln?

Kohlberg hat schon 1963 darauf hingewiesen, auch die Beziehung zwischen moralischem Urteilen und Handeln müsse gründlich erforscht werden[92]. Nicht zuletzt aufgrund scharfer Kritik konzeptualisierte er

---

[88] Gilligan 1984 (Anm. 86) sowie der dort genannte Sammelband von Nunner-Winkler.

[89] Nunner-Winkler, G.: Two Moralities? In: Kurtinez & Gewirtz 1984 (Anm. 70), 348–361.

[90] Gilligan, C. & Attanucci, J.: Two Moral Orientations: Gender Differences and Similiarities. In: Merril-Palmer-Quarterly 34 (1988), 223–237.

[91] Gilligan, C.: Moralische Orientierung und moralische Entwicklung. In: Nunner-Winkler 1991 (Anm. 86), 83; Kohlberg u.a. 1983 (Anm. 28), bes. 125. Dazu: Frankena, W.K.: Analytische Ethik, München 1972, 62–71; Brell, C.D.: Justice and Caring and the Problem of Moral Relativism. In: Journal of Moral Education 18 (1989), bes. 102 ff.

[92] Kohlberg, L.: The Development of Children's Orientation toward a Moral Order. In: Vita Humana 6 (1963), 11–33.

dieses Verhältnis nicht immer gleich[93]. Bekannt geworden ist die Annahme einer „monotonic relationship": je höher die Stufe, desto wahrscheinlicher die moralisch richtige Handlung[94]. In einer Befragung zum My Lai Massaker lehnten es sämtliche Personen auf Stufe 2 ab, Leutnant Calley, verantwortlich für das Gemetzel, müsse vor Gericht gestellt werden; aber von den Personen auf Stufe 5 forderten dies 89% ausdrücklich[95]. In einem Experiment, in dem Studenten ein (gespielter) Hilfebedürftiger begegnete, half diesem aus der Gruppe mit einem prä- bzw. konventionellen moralischen Urteil kein einziger; aber immerhin 20% jener, die postkonventionell argumentierten. Daß das Problem aber nicht wirklich gelöst ist, zeigte sich daran, daß von den Postkonventionellen 83% angaben, sie hätten helfen sollen[96]. Zudem erhöht komplexere moralische Urteilsfähigkeit nach Kohlberg auch die Kompetenz, moralisches Fehlverhalten oder die Nichterfüllung positiver Pflichten nachträglich als ‚moralisch' zu rechtfertigen. Insgesamt: „Wir können nicht aufhören zu betonen, daß noch viel Arbeit in diesem Gebiet (Urteil – Handeln, A.B.) zu leisten ist"[97].

2.6.3. Sind Kinder vormoralisch?

Diese Interpretation legte Kohlberg in der Tat nahe, indem er die beiden ersten Stufen als präkonventionell, mitunter sogar als „premoral" be-

[93] Dazu den wichtigen Aufsatz von Blasi, A.: Bridging Cognition and Moral Action. A Critical Review of the Literature. In: Psychological Bulletin 88 (1980), 1–45; sowie: ders.: Die moralische Persönlichkeit. In: Oser, Althof & Garz 1986 (Anm. 28), wo diesbezüglich ein moralisches Selbst eingeführt wird, auf dessen Fehlen Herzog 1991 (Anm. 38), bes. 389 hinweist. Dazu auch Keller, M. & Edelstein, W.: Die Entwicklung eines moralischen Selbst von der Kindheit zur Adoleszenz. In: W. Edelstein u.a. (Hg.): Moral und Person, Frankfurt/M. 1992, 307–334.
[94] Kohlberg, L. & Candee, D.: The Relationship of Moral Judgment to Moral Action. In: Kohlberg 1984 (Anm. 28), 498–581; Kohlberg 1987 (Anm. 43), 259–328.
[95] Candee, D.: Structure and Choice in Moral Reasoning. In: Journal of Personality and Social Psychology 42 (1976), 1293–1301.
[96] McNamee, S.M.: Moral Behavior, Moral Development, and Motivation. In: Journal of Moral Education 7 (1977), 27–31.
[97] Oser & Althof 1992 (Anm. 27), 188. A.a.O. listen die Autoren zehn weitere Modelle des Zusammenhangs zwischen moralischer Kognition und moralischer Handlung auf, unter anderem „das moralische Exhaustionsmodell nach Oser", wonach in einer moralisch relevanten Situation der konkrete Handlungsentscheid jeweils spontan gefällt und dieser erst im nachhinein mehr oder weniger exhaustiv begründet und legitimiert wird: Oser, F.: Das Wollen, das gegen den eigenen Willen gerichtet ist. In: H. Heckhausen (Hg.): Jenseits des Rubikon. Der Wille in den Sozialwissenschaften, Berlin u.a. 1987, 255–285.

zeichnet[98]. Die Kritik, moralische Entwicklung erscheine „eigenartig verspätet", konnte nicht ausbleiben[99]. Döbert protestierte, Kohlberg habe einfach nicht das Recht, die ersten beiden Stufen für prämoralisch zu halten[100]. Dagegen spreche, daß Kinder schon sehr früh, bereits um das vierte Lebensjahr, deutlich zwischen sozialen Konventionen und unbedingten moralischen Forderungen zu unterscheiden vermögen. Sollensforderungen wie „niemanden zu verletzen" stufen sie in der Tat für wichtiger ein als Konventionen wie „Spagettis sind mit Gabel und Löffel zu essen"[101], auch wenn die Eltern dies ausdrücklich verlangen.

In der Tat sind Begriffe wie „premoral" unglücklich. Sie leisten der moralischen Unterschätzung des Kindes Vorschub, wie sie aufgrund einer entsprechend (miß-)verstandenen Erbsündenlehre gerade in der religiösen Erziehung eine lange Tradition hat. Allerdings hat Kohlberg an anderer Stelle auch formuliert: „Stage 1 is clearly already a moral stage", und er hat den Kindern „a concern for the life of others" zugesprochen, worin er die Basis von Moralität überhaupt bestimmte[102]. – Doch auch diese Kritik stellt den Kern seiner Theorie nicht in Frage. In vielem entspricht ihr der in der Moraltheologie vertretene Ansatz einer „Autonomen Moral im christlichen Kontext", worauf nun einzugehen ist.

3. Kohlberg und die Moraltheologie

Das zumal von Alfons Auer entwickelte Modell einer „Autonomen Moral in einem christlichen Kontext" hat die moraltheologische Diskussion der beiden letzten Jahrzehnte nachhaltig beeinflußt. Gegenüber der sogenannten Glaubensethik, wonach „christliche Sittlichkeit ... nicht autonom (ist), sondern aus dem Glauben entwickelt werden

[98] Bspw. Kohlberg, L.: Moral Education in the Schools: A Developmental View. In: School Review 74 (1966), 7.
[99] Herzog 1991 (Anm. 38), 386. Vgl. auch Beck, C.: Is there Really a Development? An Altemative Interpretation. In: Journal of Moral Education 18 (1989), 174–185.
[100] Döbert, R.: Horizonte der am Kohlberg orientierten Moralforschung. In: Zeitschrift für Pädagogik 33 (1987), bes. 497.
[101] Überzeugend nachgewiesen von Turiel, E.: Die Entwicklung sozial-konventionaler und moralischer Konzepte. In: W. Edelstein & M. Keller (Hg.): Perspektivität und Interpretation, Frankfurt/M. 1982, 146–187.
[102] Kohlberg 1987 (Anm. 43), 21.

(muß)"[103], hat sie sich weitgehend durchgesetzt. Selbst Laun räumt ein, es gäbe „nach der Überzeugung der katholischen Theologie ... eine wirkliche, legitime Erkenntnis sittlicher Verpflichtungen ohne die Hilfe der Offenbarung"[104]. Auer, Böckle, Fuchs, Schüller, Mieth u.a.m. bestehen denn auch darauf, das Sittliche sei als autonom zu respektieren und dem Menschen die Autonomie zuzumuten, Normen zu finden[105].

Die „Autonome Moral im christlichen Kontext" wird bekanntermaßen in drei Thesen entfaltet: der „ethischen", der „theologischen" und der des „Lehramtes"[106]. Konvergenzen mit Kohlberg bestehen zumal hinsichtlich der ethischen These. Wenn Auer von einer „Rationalität der Wirklichkeit" und der „Sittlichkeit" ausgeht und die „Überzeugung" vertritt, „daß diese Wahrheit bzw. diese Vernünftigkeit annähernd erkennbar, aussagbar und mitteilbar ist"[107], zeigen sich förmliche Parallelen. Hier wie dort wird der Vernunft zugebilligt, moralische Urteile zu fällen und diese rational begründen zu können. Fragt man nach den Ursachen dafür, stößt man auf die Naturrechtstradition, die in der „Autonomen Moral" fortlebt[108], und zu der sich auch Kohlberg bekannte: „It is such ‚natural law' morality, that is the fit focus of moral education in public schools"[109]. In der moraltheologischen Diskussion seiner Theorie in den USA wurde ihm folgerichtig attestiert:

---

[103] Zit. aus Auer, A.: Autonome Moral und christlicher Glaube, Düsseldorf ²1984, 206. Zur Glaubensethik: vgl. den instruktiven Überblick von Gillen, E.: Wie Christen ethisch handeln und denken: Zur Debatte um die Autonomie der Sittlichkeit im Kontext katholischer Theologie, Würzburg 1989, 105–109.

[104] Laun 1991 (Anm. 19), 24.

[105] Vgl. Auer 1984 (Anm. 103); ders.: Hat die autonome Moral eine Chance in der Kirche? In: G. Virt (Hg.): Moral begründen – Moral verkünden, Innsbruck & Wien 1985, 9–30; ders.: Der Mensch als Subjekt verantwortlichen Handelns. In: J. Gründel (Hg.): Leben aus christlicher Verantwortung. Ein Grundkurs der Moral 1, Düsseldorf 1991; Böckle, F.: Fundamentalmoral, München 1981, bes. 70 ff.; Fuchs, J.: Autonome Moral und Glaubensethik. In: Mieth & Compagnoni 1978 (Anm. 25), 46–74; Schüller, B.: Eine autonome Moral, was ist das? In: Theologische Revue 78 (1982), Sp. 103–106; Mieth, D.: Quellen und normierende Instanzen in der christlichen Ethik. In: J. Blank & G. Hasenhüttl (Hg.): Erfahrung, Glaube und Moral, Düsseldorf 1982, 36–50. Merks, K.W.: Autonomie. In: J.P. Wils & D. Mieth (Hg.): Grundbegriffe der christlichen Ethik 1992, bes. 263–265.

[106] Dazu Auer, A.: Zur Kritik an der Rezeption des Autonomie-Begriffs in der theologischen Ethik. In: Blank & Hasenhüttl 1982 (Anm. 105), 24–26.

[107] A.a.O. 24; vgl. Auer 1984 (Anm. 103), 28 ff.

[108] Schüller, B.: Zur Diskussion über das Proprium einer christlichen Ethik. In: Theologie und Philosophie 51 (1976), 330 ff.; dazu auch Gillen 1989 (Anm. 103), 34 f.

[109] Kohlberg, L. & Power, C.: Moral Development, Religious Thinking, and the Question of a Seventh Stage. In: Zygon 16 (1981), 205.

„Kohlberg offers to resuscitate the ailing natural law tradition, which has served as the major vehicle for religious ethical thought in the West at least since the Stoics. According to this tradition, all essential ethical principles are knowable by persons of ‚sound reason‘, apart from special revelation."[110]

Kohlbergs Theorie und die „Autonome Moral" treffen sich auch in der Annahme, daß das Sittliche „autonom" ist. Kohlberg hatte diese Autonomie gegen Reduktionismen verteidigt, wie sie beispielsweise den Umgang des Behaviorismus mit dem „Sittlichen" charakterisieren, wonach hinter Begriffen wie „good" oder „wrong" nicht-ethische Sachverhalte stehen (in diesem Falle positive Bekräftigungen bei einem mechanistisch aufgefaßten Menschen).

Autonom sei die Moral aber nicht nur vom wissenschaftlichen und politischen Diskurs, sondern auch von der Religion. Bevor sittliche Erziehung in Angriff genommen werde, müsse die Frage: „Is there a heaven? Is there a hell?", nicht beantwortet werden, wie dies Kohlberg von einem „Cambridge teacher" kritisch vorgehalten wurde[111]. Heteronome Indoktrination von Normen im Namen eines religiösen Glaubens bzw. aufgrund der „divine command theory" lehnte Kohlberg entschieden ab[112]. Auch darin trifft er sich mit Auer:

„Der Begriff Autonomie beinhaltet die Vorstellung, daß der Mensch sich selbst Gesetz ist, daß sittliche Normen also dem Menschen nicht von außen im Sinne einer heteronomen Inpflichtnahme auferlegt, sondern von ihm selbst mit der Kraft seiner Vernunft entwickelt werden."[113]

Damit deutet sich eine weitere Konvergenz an: bezüglich der Autonomie des Menschen selbst. Der Anspruch darauf besteht spätestens seit der Aufklärung. Allerdings hat dies schon bei Kant nicht zu einer Auffassung von Autonomie geführt, wie sie gerade aus der Sicht der Glaubensethiker gelegentlich gerügt wird: als „selbstherrliche Willkür"[114]. Im Gegenteil: unter „Autonomie des Willens" verstand Kant „die Beschaffenheit des Willens, dadurch derselbe ihm selbst (unabhängig von aller Beschaffenheit der Gegenstände des Wollens) ein

[110] Wallwork 1980 (Anm. 34), 270.
[111] Kohlberg & Power 1981 (Anm. 109), 204.
[112] A.a.O. 203 ff.
[113] Auer 1984 (Anm. 103), 206.
[114] Zit. aus Gillen 1989 (Anm. 103), 24; vgl. Stöckle, B.: Grenzen der autonomen Moral, München 1974, bes. 38. Die wohl umfassendste Untersuchung zum Autonomiebegriff im Kontext der „Autonomen Moral" bietet Hilpert, K.: Ethik und Rationalität, Düsseldorf 1980.

Gesetz ist"[115]. Dies vertritt auch Kohlberg, was nicht nur an der Stufe 6, dem normativen Endpunkt moralischer Entwicklung, deutlich wird, wo sich das Subjekt an universellen Prinzipien orientiert, sich ihnen unterwirft, sondern auch darin, daß die Basis für Moralität in der Empathie, der Gerechtigkeit und im „concern for the life of others" bestimmt wird[116]. Moralische Autonomie im Sinne Kohlbergs und auch der „Autonomen Moral" hat mit der vielpropagierten Selbstverwirklichung, die oft narzißtisch in Erscheinung tritt und von Wertrelativismus begleitet wird, nichts zu tun[117]. Einer solchen Auffassung von Autonomie als Selbst-Verpflichtung „stimmen" – so Gillen – auch „kritische Leser der Diskussion um die Autonomie des Sittlichen zu"[118].

Eine weitere Konvergenz besteht in anthropologischer Hinsicht. Sowohl die „Autonome Moral" als auch Kohlberg muten dem Menschen zu (zu-muten heißt auch „Mut zusprechen"), Normen und das Sittlich-Gesollte nicht nur einzusehen, sondern in gewisser Hinsicht „selbst mit der Kraft seiner Vernunft (zu) entwickeln"[119]. Dies freilich nicht von solipsistischen Menschen, sondern solchen, die eingebettet sind in die Sozialität, die Kultur und in die Geschichte. Dies beinhaltet geradezu den Kern von Kohlbergs interaktionistisch-konstruktivistischem Ansatz, der in den Menschen nicht bloße EmpfängerInnen sieht, sondern aktive, handelnde und schaffende Subjekte. Als Konsequenz ergibt sich daraus, daß moralische Inhalte zusammen mit den Subjekten zu betrachten sind, die sie rezipieren, indem sie sie an ihre bisher gebildeten Strukturen assimilieren. Nach Lee beste scholastische Tradition:

„It seems to me that what Kohlberg is affirming is an extension of the familiar Scholastic principle that all learning occurs according to the mode of the learner. A child learns the Ten Commandments according to his or her own developmental activity, and not according to the logical structure or eternal import of the Ten Commandments themselves."[120]

---

[115] Kant, I.: Grundlegung zur Metaphysik der Sitten, A 88.

[116] Kohlberg 1987 (Anm. 43), 21.

[117] Herzog 1991 (Anm. 38), bes. 325, 407; dazu Nuber, U.: Die Egoismus-Falle, Zürich 1992.

[118] Gillen 1989 (Anm. 103, 19); er bezieht sich auf Rhonmeier, M.: Natur als Grundlage der Moral, Innsbruck – Wien 1987.

[119] Auer 1984 (Anm. 103), 206.

[120] Lee, J.M.: Christian Religious Education and Moral Development. In: Munsey 1980 (Anm. 28), 345. Vgl. dazu auch die von den gleichen Annahmen geleitete empirische Untersuchung über die Rezeption synoptischer Gleichnisse von Bucher, A.: Gleichnisse verstehen lernen, Fribourg 1990.

Und nicht zuletzt bestehen zahlreiche inhaltliche Konvergenzen zur Bibel. Zwar ist es fragwürdig spekulativ, ihre einzelnen Abschnitte bestimmten Stufen zuzuordnen, beispielsweise den Bundesschluß der Stufe 2, die Richter- und Königszeit den Stufen 3 und 4, Propheten wie Amos schließlich der postkonventionellen Ebene[121]. Aber Konvergenzen bestehen unter anderem darin, daß Jesus durchaus in der Kategorie der Universalität dachte und eine am persönlichen Nutzen orientierte Moral zurückwies (Mt 5,43-45), daß er zudem die inneren Motive für entscheidend hielt (Mt 5,22), und daß Paulus ebenfalls eine universale Perspektive einnahm (Gal 3,28). Oder mit Clouse formuliert: „It is apparent that the cognitive approach to morality and the revelation of God to his people have many similarities"[122].

Während zwischen dem Konzept der Autonomen Moral und Kohlberg bezüglich der ethischen These weitestgehende Übereinstimmung herrscht, trifft dies für die beiden weiteren Thesen nicht zu. Allerdings kann von einer sozialwissenschaftlichen Theorie der Moral niemand erwarten, die Frage nach dem „proprium christianum ethicum" zu stellen. Im Konzept der „Autonomen Moral" wird es zunächst mit der „theologischen These" eingeholt, wonach „das eigentlich Christliche ... nicht in einer besonderen Struktur von Rationalität (besteht), sondern im neuen Sinnhorizont (eröffnet durch die christliche Botschaft von Jesu Tod und Auferstehung, A.B.) und der daraus sich ergebenden spezifischen Motivation"[123]. Sodann durch die These des Lehramtes, dem eine integrierende, stimulierende und kritisierende Funktion zukommt[124]. Kritik ist zumal gegenüber Zeitströmungen angebracht, die das Humanum unterlaufen, den Menschen verzwecken und verplanen, oder ihn narzißtisch absolut setzen (was in manchen Spielarten des Psychobooms der Fall ist) oder ihn seiner Würde und Gewissensfreiheit berauben. Kritik ist umso glaubwürdiger, je überzeugender die Selbstkritik ausfällt.

Dennoch ergeben sich von der (Moral-)Theologie aus umso mehr kritische Rückfragen an Kohlberg, als er sich auf die Diskussion reli-

---

[121] Solche Versuche stammen von Pressau, J.: I'm Saved, you're Saved – Maybe, Atlanta 1977; Motet, D.: Kohlbergs Theory of Moral Development and the Christian Faith. In: Journal of Psychology and Theology 6 (1978), 18–21.

[122] Clouse 1985 (Anm. 34), 157.

[123] Auer 1982 (Anm. 106), 25; vgl. Mieth, D.: Autonome Moral und christlicher Kontext. In: Orientierung 40 (1976), 31–34.

[124] Auer 1984 (Anm. 103), 185–197.

giöser Sachverhalte nicht nur eingelassen, sondern dabei genau die Frage aufgeworfen hat, auf die innerhalb der Autonomen Moral die theologische These eine Antwort anbietet. Im wichtigen, gemeinsam mit Clark Power verfaßten Aufsatz „Moral Development, Religious Thinking, and the Question of a Seventh Stage" wird „Why be moral?" als „a question at the heart of religion" bezeichnet[125]. Als Lösung präsentieren die Autoren das Konzept einer als metaphorisch ausgegebenen, siebten Stufe, die *über* den moralischen Prinzipien liege und eine kosmische Perspektive beinhalte, die die universale humanistische Stufe-6-Perspektive noch einmal umgreift[126]. Konkretisiert wird sie mit philosophisch-metaphysischen Weltbildern, beispielsweise dem Pantheismus von Spinoza.

Fragwürdig ist die offensichtliche Verkürzung des Religiösen auf eine elitäre Restkategorie. Das Problem ist auch dann nicht behoben, wenn Kohlberg unter Bezugnahme auf die Forschungen von Fritz Oser in der Schweiz und James W. Fowler in den USA die Existenz von „stages of religious reasoning" anerkennt[127]. Die Annahme, eine bisher erreichte Stufe der Moralität sei zwar nicht hinreichend, aber unabdingbar notwendig, um zu einem entsprechenden religiösen Bewußtsein zu gelangen[128], macht Religiosität zu einem Derivat, einem ‚Ableger' der Moralität. Demgegenüber ist darauf zu insistieren, daß die von der theologischen These akzentuierte Motivation zu sittlichem Handeln aufgrund des Bezugs zu Gott oder des Entschlusses zur imitatio Christi auf prinzipiell allen Stufen zum Zuge kommen kann, und daß religiöses Bewußtsein mehr ist als die Adaption moralischer Urteilsstrukturen[129].

Zudem ist bei Kohlberg anzufragen, ob er angemessen berücksichtigt, was die Theologie traditionellerweise als „Sünde" bezeichnet: „One of the critical problems with Kohlberg's theory of moral development stems from the fact that he does not take human sinfulness

[125] Kohlberg & Power 1981 (Anm. 109), 213.
[126] A.a.O. 233.
[127] A.a.O. bes. 229–233; Fowler 1991 (Anm. 34); Oser, F. & Gmünder, P.: Der Mensch – Stufen seiner religiösen Entwicklung, Gütersloh ³1992.
[128] A.a.O. 226 f.; zur Thematik: Oser, F. & Reich, K.H.: Moral Judgment, Religious Judgment, Worldview, and Logical Thought. In: British Journal of Religious Education 12 (1990), 94–101. Etwas anderes ist es, wenn Fernhout, H.: Moral Education as Grounded in Faith. In: Journal of Moral Education 18 (1989), Kohlberg zu Recht attestiert, seiner Theorie liege der implizite religiöse Glaube an „the intrinsic worth of persons" zugrunde.
[129] Wallwork 1980 (Anm. 34), 273; Oser & Gmünder 1992 (Anm. 127), bes. 57–66.

seriously."[130] Gehört es nicht zu den menschlichen Grunderfahrungen, daß das Gute und sittlich Gesollte zwar eingesehen, nicht aber getan, sondern bewußt pervertiert wird? Es ist ein Faktum, daß Menschen sich schuldig fühlen, daran leiden, oftmals sogar erkranken, wovon bei Kohlberg so gut wie nicht die Rede ist[131]. Hinter der Annahme, ein höheres moralisches Urteil führe quasi automatisch zu einem moralischeren Verhalten, steht vielmehr ein Optimismus, der den Menschen leicht zur „inhumanen Überschätzung" gereicht[132]. Damit verbunden vermißt man, was traditionellerweise „Reue" oder „Verzeihen" heißt[133]. Für ein moralisch gutes Leben und für moralische Entwicklung sind sie insofern wichtig, als sie psychohygienisch befreiend wirken und Zukunft eröffnen.

Auch weitere Tugenden und Haltungen, die nicht nur für ein christliches Ethos zentral sind, sondern zur conditio humana gehören, werden bei Kohlberg nicht eigens thematisiert: die Hoffnung (ein Proprium christlichen Lebens!), aber auch das Symbolische und die Imagination.[134]

4. Eine strukturgenetische Moralpädagogik?

Wer Kohlberg nur als Moralpsychologen betrachtet, wer mit ihm bloß die geschilderten Entwicklungsstufen assoziiert, wird ihm nicht gerecht. Seine psychologischen Forschungen hat er nie als Selbstzweck verstanden, sondern ab initio in moralpädagogischer Absicht durchgeführt. David Boyd hatte Recht, in seinem Nachruf auf Kohlberg zu formulieren, „the moral education" (und nicht nur die Moralpsychologie, A.B.) habe „one of its strongest advocates" verloren[135].

[130] Dykstra, C.A.: What are People Like? An Alternative to Kohlberg's View. In: D. Joy (Ed.): Moral Development Foundations, New York 1983, 153.

[131] Neuerdings beschäftigten sich mit dieser auch psychologischen Thematik: Montada, L. u.a.: Urteile über Gerechtigkeit, „existenzielle Schuld" und Strategien der Schuldabwehr. In: Oser, Althof & Garz 1986 (Anm. 28), 205–225; vgl. auch Hoffman, M.L.: Empathy, Role-Taking, Guilt, and the Development of Altruistic Motives. In: T. Lickona (Ed.): Moral Development and Behavior, New York 1976, 124–143.

[132] Die Kritik stammt von Rendtorff, T.: Theologische Problemfelder der christlichen Ethik. In: Handbuch der christlichen Ethik I, 214, und war an die Autonome Moral gerichtet. Sie stimmt genau mit Dykstras 1978 (Anm. 34) Kritik überein: „Kohlberg's theory is optimistic about our capacities to achieve an authentic mode of moral existence through intelligence and force of will …".

[133] Dykstra 1983 (Anm. 130), bes. 157 f.

[134] A.a.O. 158 ff.

[135] Boyd, D.: Lawrence Kohlberg as Mentor. In: Journal of Moral Education 17 (1988), 167.

4.1. Indoktrinär – romantisch – progressiv?

Kohlberg hat einen neuen moralpädagogischen Ansatz entwickelt, den er selbst als „progressiv" bezeichnete, „progressiv" weniger im Vergleich zu anderen Konzepten als vielmehr in der Sache selbst[136]. Aus den bisherigen Darlegungen dürfte schon greifbar geworden sein, worin dieser besteht und von welchen Ansätzen er sich abgrenzt: zunächst von all jenen, die moralische Erziehung mehr oder weniger exklusiv mit der Vermittlung moralischer Werte gleichsetzen, welche als inputs betrachtet werden und ein genau kalkuliertes Response-Verhalten auslösen sollen. Diese „ideology of cultural transmission", die sich oftmals als „behavior modification", mitunter als Indoktrination konkretisiert, ist nach Kohlberg zumal deshalb unzureichend, weil auch moralische Inhalte nicht tale quale weitergegeben werden können: „A program of reinforcement, then, cannot directly change the child's causal structures since it is assimilated by the child in terms of his present mode of thinking."[137] Eine bloß auf Verhaltensmodifikation abzielende Moralerziehung steht, weil die Innenseite des Handelns, das moralische Urteil nicht berücksichtigt wird, zudem in der Gefahr, dem Konformismus Vorschub zu leisten: Hinter dem erwünschten Verhalten kann sich kühle Berechnung ebenso verbergen wie die Einsicht in die moralische Notwendigkeit. Kohlberg diametral entgegengesetzt sind zudem die anthropologischen Basisannahmen dieses Konzepts: Letztlich wird der Mensch als Maschine aufgefaßt (und nicht als „moral philosopher"), oder als gefügiges Wachs, in das die Umwelt ihre (auch ‚moralischen') Siegel einprägt[138], worin sich, wie neuerdings von Herzog gezeigt, das im Behaviorismus fortlebende Descart'sche Paradigma manifestiert, das aber Moralität im Sinne freiheitlicher Selbstverpflichtung nicht zuläßt[139].

[136] Kohlberg, L. & Mayer, R.: Development as the Aim of Education. In: Kohlberg 1987 (Anm. 43), 45–85; Power, C., Higgins, A. & Kohlberg, L.: Lawrence Kohlberg's Approach to Moral Education, New York 1989; weitere moralpädagogisch relevante Arbeiten aus der Kohlbergschule finden sich im Sammelband von Portele 1978 (Anm. 28), 171–259, sowie bei Lind & Raschert 1987 (Anm. 28). Sekundärliteratur: Oser & Althof 1992 (Anm. 27), 337–458; Oser 1981 (Anm. 72), bes. 319–416; Garz 1989 (Anm. 60); weitere Ansätze: Schmidt, H.: Didaktik des Ethikunterrichts I, Grundlagen, Stuttgart 1983.

[137] Kohlberg & Mayer 1987 (Anm. 136), 52.

[138] A.a.O. 50; zudem unterliegt dieses Konzept einem psychologistischen Fehlschluß, wenn das moralisch Gute einfach mit „positiver Bekräftigung" gleichgesetzt wird; so tendenziell bei Skinner, B.F.: Beyond Freedom and Dignity, New York 1971, 104.

[139] Herzog 1991 (Anm. 38), bes. 233–236.

Unzureichend ist auch der bereits erwähnte „romantische Ansatz". Ihm liegt ein organologisch-„biologisches" Verständnis von Entwicklung zugrunde: Sofern die Umgebung bzw. die pädagogische Provinz permissiv genug sei, entfalte sich das im Menschen angelegte Gute von selbst, komme das Böse von selbst unter Kontrolle[140]. Die Gefahr dieser „Gärtnerpädagogik" besteht nicht nur darin, das Kind zu idealisieren, wenn nicht zu vergöttlichen, wodurch es in seiner (auch negativen) Spontaneität gerade eingeschnürt wird[141], sondern auch darin, daß, was die Kinder wollen, unversehens in den Rang dessen gehoben wird, was sie sollen – ein verhängnisvoller pädagogischer Fehlschluß! Intentionale moralische Erziehung wird verunmöglicht, das Kind mit seinen „unantastbaren" Werten sich selbst überlassen[142] und letztlich einem Menschenbild Vorschub geleistet, das die Sozialität vernachlässigt und den Wertrelativismus sowie die zunehmende Vereinzelung des Menschen fraglos hinnimmt. Daß die momentan aktuelle Antipädagogik hier ebenso einzureihen ist wie solipsistisch enggeführten Konzeptionen von „Selbst-Verwirklichung" wurde bereits vermerkt[143].

Kohlbergs eigener Ansatz versucht diese Klippen zu umgehen. Er ist keineswegs eine genuine Neuschöpfung, sondern in den „pragmatisch funktional genetischen Philosophien des ausgehenden neunzehnten Jahrhunderts" angelegt, insbesondere bei Dewey: Erziehung soll die EdukandInnen befähigen, „to mature and pass into higher functions in the freest and fullest manner"[144]. Entsprechend erheben Kohlberg und Mayer „development" zum „aim of education". Das eigentliche Ziel besteht aber nicht nur – wie gelegentlich unterstellt – in der jeweils höheren Stufe, was insofern zulässig sei, als auch in moralphilosophischer Sicht „a higher stage ... a more adequate or morally better stage"

[140] Kohlberg & Mayer 1987 (Anm. 136), bes. 47. Als pädagogische Klassiker sind diesbezüglich Rousseau und Neill zu nennen (a.a.O. 42–44).

[141] Vgl. Bucher, A.: Kinder als Theologen? In: RL – Zeitschrift für Religionsunterricht und Lebenskunde 21 (1992), bes. 20; unüberholt: Korzcak, J.: Wie man ein Kind lieben soll, Göttingen 1974, bes. 74 f.

[142] Dies auch als Kritik am Konzept der „Value-Clarification", wenn sie sich darauf beschränkt, beispielsweise aus 25 vorgegebenen Werten die besonders sympathischen und ansprechenden auszuwählen, ohne sie kritisch zu reflektieren; vgl. Raths, L. u.a.: Werte und Ziele, München 1976; eher kritisch: Mauermann, L.: Methoden der Werterklärung. In: Schreiner 1983 (Anm. 72), der den Wertrelativismus der angelsächsischen Protagonisten von „Value Clarification" als „moralisch unhaltbar" zurückweist (93); vgl. auch Oser & Althof 1992 (Anm. 27), 475–516.

[143] Kohlberg & Mayer 1987 (Anm. 136), bes. 55 f.

[144] Zit. aus a.a.O. 49; vgl. Dewey, J.: Demokratie und Erziehung, Braunschweig 1964.

sei[145], sondern vielmehr im Prozeß, in dem die Heranwachsenden bisherige moralische Deutungsmuster in Frage stellen und auf mehr Komplexität hin rekonstruieren: Das Ziel ist auch der Weg. Solche Transformationen verändern die Struktur der Inhalte. Selman zeigte dies bereits 1971 anhand der „Goldenen Regel": Kinder auf Stufe 2 verstanden sie dahingehend, man müsse, wenn man einen Hieb erhalte, zurückschlagen, während die Probanden auf Stufe 3 diese „Tit-for-Tat" Interpretation ablehnten[146]. – Wie aber sollen nun solche Prozesse initiiert werden?

4.2. Diskussion moralischer Dilemmata?

Der pädagogische Weg, den Kohlberg diesbezüglich selber gegangen ist, wird pointiert aus dem Titel eines posthum erschienenen Aufsatzes ersichtlich: „From moral discussion to democratic governance"[147]. In der Tat waren die früheren moralpädagogischen Umsetzungsversuche von Kohlbergs strukturgenetischer Moralpsychologie auf die Diskussion teils hypothetischer, teils realer moralischer Dilemmata fokussiert. Denn Entwicklung werde durch Konflikte bzw. Disäquilibria (Piaget) stimuliert. Als besonders inspirierend erwies sich der „Blatt-Effekt", genannt nach einem Mitarbeiter Kohlbergs, der einer Gruppe von Schülern, nachdem er ihre moralische Urteilsstufe erhoben hatte, über zwölf Wochen hinweg moralische Dilemmata vorlegte und in die Diskussion Argumente einfließen ließ, die der nächsthöheren Stufe entsprachen. Im Nachtest zeigte sich, daß 64% der Teilnehmer eine Stufe höher standen[148].

Um einen kurzen Einblick in diese Form moralischer Erziehung zu

---

[145] Kohlberg 1987 (Anm. 43), 292; vgl. a.a.O. 295, wo die Kriterien dafür aufgelistet werden, inwiefern eine höhere Stufe „besser" sei: „more inclusive sociomoral perspective and ... more reversible". Allerdings besteht er auch darauf: „We do not mean that someone giving a higher stage response is morally more worthy than someone giving a lower stage response" (a.a.O. 292). Indikator für „moral worthiness" sei „moral action, not verbal judgments", was an Mt 7,16 (an ihren Früchten werdet ihr sie erkennen) denken läßt und nur zu unterstreichen ist.

[146] Selman, R.: Taking Another's Perspective: Role Taking Development in Early Childhood. In: Child Development 42 (1971), 1721–1734.

[147] In Power, Higgins & Kohlberg 1989 (Anm. 136), 5–32.

[148] Blatt, M. & Kohlberg, L.: The Effects of Classroom Moral Discussion upon Children's Moral Judgment. In: Journal of Moral Education 4 (1975), 129–161; vgl. auch Kohlberg & Turiel 1978 (Anm. 28), bes. 60–69.

geben, sei ein Beispiel aus einer ähnlich angelegten Intervention von Caldwell und Berkowitz skizziert[149]:

Zu Beginn der Lektion erhielten die Schüler einen Text, in dem das Dilemma von Präsident Truman dargelegt wird, nachdem es gelungen war, die Atombombe zu entwickeln. Sollte er sie auf Japan abwerfen lassen? Anschließend waren vier Argumente „dafür" und vier „dagegen" aufgelistet, die den unterschiedlichen Stufen zugeordnet werden können. So entspricht die Meinung, Truman solle die Bombe abwerfen lassen, weil die Japaner Pearl Harbor ja auch überfallen hätten, dem Vergeltungsdenken der Stufe 2. Die Schüler wurden gebeten, zu diesen Argumenten selbständig Stellung zu nehmen und schließlich zu einem eigenen Standpunkt zu gelangen, den sie in der Diskussion mit Andersdenkenden argumentativ zu verteidigen hatten. Das „Strukturgenetische" dieses Vorgehens besteht darin, daß der Lehrer es unterläßt, die seiner Ansicht nach richtige Interpretation zu vermitteln, sondern die Schüler anstiftet, selber eine Meinung zu erarbeiten und diese argumentativ zu vertreten – ein Vorgehen, das auch im Religions- oder Ethikunterricht durchaus legitim ist und ernst nimmt, „daß eine Entwicklung nicht durch direkte Belehrung oder Unterweisung stimuliert wird"[150].

Entsprechende Interventionsprogramme und Curricula schossen wie Pilze aus dem Boden[151], zeigten aber bald auch die Grenzen dieses Ansatzes.

4.3. Gerechte Schulen – gerechte Gesellschaft?

Schon 1971 sahen Kohlberg und Turiel ein, „die auf rationaler Diskussion beruhenden Methoden müßten … Teil einer breiter und längerfristig angelegten Strategie der Aktivierung der Schüler für die sozialen und moralischen Belange der Schule sein"[152]. In der Tat besteht eine

[149] Caldwell, J.A. & Berkowitz, M.L.: Die Entwicklung religiösen und moralischen Denkens in einem Programm zum Religionsunterricht. In: Unterrichtswissenschaft 15 (1987), 165 f.
[150] Kohlberg & Turiel 1978 (Anm. 28), 61.
[151] Überblicke: Schläfli, A.: Förderung der sozial-moralischen Kompetenz, Bern u.a. 1986; Oser & Althof (Anm. 27), 147–180; Rest, J.: Development in Judging Moral Issues, Minneapolis 1979. In mehreren Studien wurde versucht, zusätzliche moralisch relevante Variablen wie „moralische Sensibilität", „Toleranz und Offenheit" zu verändern; beispielhaft: Oser, F. & Schläfli, A.: „Und sie bewegt sich doch". Zur Schwierigkeit der stufenmäßigen Veränderung des moralischen Urteils am Beispiel Schweizer Banklehrlinge. In: Oser, Fatke & Höffe (Anm. 16), 217–252. Entsprechende Anregungen für den Philosophie- und Ethikunterricht bei Regenbogen, A.: Kognitive Bedingungen der Entwicklung ethischer Urteilsfähigkeit. Eine Studie zum Beitrag der Philosophie zur Moralerziehung in der Schule. In: Franke & Mokrosch 1989 (Anm. 20), 106–123.
[152] Kohlberg & Turiel 1978 (Anm. 28), 68.

Gefahr der Moralerziehung, sofern sie – wie auch in der Bundesrepublik üblich – in vereinzelten Lektionen praktiziert wird, in der Segmentierung der Moral: In den entsprechenden Stunden bemühen sich die SchülerInnen zwar um eine angemessene Lösung moralischer Dilemmata; aber die wirklichen moralischen Konflikte im Leben der Schule selber bleiben davon zumal deshalb unberührt, weil auf ihre Lösung nicht Einfluß genommen werden kann. Das Ziel der moralischen Erziehung wurde von Kohlberg denn auch dahingehend erweitert, „to be a change in the life of the school as well in the development of individual students"[153]. Eine Frucht davon ist die „Just-Community", nicht nur als (utopisches) Konzept, sondern auch als realisierte Alternativschule[154].

Die Idee der Just-Community fußt auf dem für die strukturgenetische Pädagogik zentralen Axiom, das Kohlberg folgendermaßen umschrieb: „... the fundamental aim of education is development and development requires action or active experience"[155]. Wenn die SchülerInnen moralisch und gerecht werden sollen, müssen sie entsprechend handeln und Entsprechendes erfahren können[156]. Gewährleistet werde dies durch die konkrete Umsetzung der Prinzipien „Partizipation", „Demokratie" und „Kooperation", wie sie einer Just-Community Schule zugrundeliegen. Konkret manifestieren sie sich darin, daß in solchen Schulen, die von ihrer Mitgliederzahl her überschaubar sein müssen, damit ein Klima der Wirhaftigkeit möglich wird, im Diskurs zwischen LehrerInnen und SchülerInnen gemeinsam eine Verfassung festgelegt wird[157]. Über wich-

---

[153] Power, Higgins & Kohlberg 1989 (Anm. 135), 20.
[154] Die Literatur zur Just-Community ist Legion: Kohlberg, L. u.a.: Die gerechte Schul-Kooperative. In: Portele (Anm. 28), 215–259; ders.: Der ,Just-Community'-Ansatz der Moralerziehung in Theorie und Praxis. In: Oser, Fatke & Höffe (Anm. 16), 21–55; ders.: Moralische Entwicklung und demokratische Erziehung. In: Lind & Raschert (Anm. 135), bes. 38–43; ders.: High School Democracy and Educating for a Just Society. In: R.L. Mosher (Ed.): Moral Education – a First Generation of Research and Development, New York 1980, 20–57; Power, Higgins & Kohlberg (Anm. 135); Oser & Althof 1992 (Anm. 27), 337–458.
[155] Kohlberg 1980 (Anm. 154), 215 f.
[156] Dazu gehört auch, an konkreten Modellen und Vorbildern sehen zu können, was moralisches Engagement oder Zivilcourage ist. Das Lernen am Modell, wie es vor allem Bandura, A.: Lernen am Modell. Sozial-kognitive Lerntheorie, Stuttgart 1976 bekannt gemacht hat und von Stachel (Anm. 30), 97–106 für die ethische Erziehung propagiert worden ist, widerspricht dem strukturgenetischen Paradigma nicht: dazu Piaget, J.: Nachahmung, Spiel und Traum, Stuttgart 1975.
[157] Kohlberg u.a. 1978 (Anm. 154), 215 f.

tige Fragen der Schulordnung, der Verwaltung sowie über gravierende Verstöße gegen die Regeln etc. wird jeweils in der allwöchentlich stattfindenden Vollversammlung entschieden, bei der alle, LehrerInnen wie SchülerInnen, eine Stimme haben[158]. Diese Versammlung wird von einer Projektgruppe vorbereitet und von dieser moderiert. Wichtige Lernorte sind auch die einzelnen Ausschüsse (Disziplin, Curricula etc.), deren Mitglieder in Intervallen von acht bis zehn Wochen ersetzt werden. Selbstverständlich wird an solchen Schulen nicht nur ,Moral diskutiert', sondern auch Mathematik etc. gelernt, wobei in Fächern wie Literatur und Geschichte die moralischen Aspekte akzentuiert werden, bei der Behandlung der Biographie von Abraham Lincoln beispielsweise die Frage im Vordergrund steht, ob es richtig war, für die Aufhebung der Sklaverei einen Bürgerkrieg in Kauf zu nehmen.

Ohne die Struktur und Organisation einer solchen Just-Community weiter zu entfalten und das Schulleben zu beschreiben: Die Effekte sind nicht nur bezüglich der üblichen Schulleistungen ermutigend, sondern auch im Hinblick auf Variablen wie Prosozialität, positive Erfahrung von Gemeinschaft: Die Mitglieder der Alternativschulen wiesen höhere Werte auf[159]. In einem Land, in dem bereits 1975 jedes Jahr über 100 000 LehrerInnen und mehrere hunderttausend SchülerInnen Opfer von Tätlichkeiten wurden, in dem der Vandalismus an den Schulen pro Jahr mehrere hundert Millionen Dollar verschlingt und die „Ich-Bezogenheit" die These von Lasch bezüglich einer Kultur des Narzißmus weitgehend bestätigt[160], sind weitere Anstrengungen zur Realisierung der Just-Community nur zu unterstützen, nicht weniger in der Bundesrepublik, wo die genannten Probleme akuter und akuter werden und mittlerweile in Nordrhein-Westfalen, nicht ohne zahlreiche Widerstände, ähnliche Bemühungen in Angriff genommen worden sind[161].

---

[158] Anschauliche Beschreibungen bei Oser & Althof 1992 (Anm. 27), 345–360.
[159] Kohlberg 1986 (Anm. 154), bes. 44. Auf die moralpädagogische Bedeutsamkeit konkreter Kooperation verweisen Herzog 1991 (Anm. 38), bes. 406–409 sowie Lickona, T.: Kooperation als Ziel und Methode moralischer Erziehung. In: Schreiner (Anm. 72), 175–209.
[160] Dazu Lickona 1989 (Anm. 28), 13 f.; ebd, ist nachzulesen, 90% der amerikanischen SchülerInnen sähen im Mogeln nichts Unrechtes; Lasch, C.: Das Zeitalter des Narzißmus, München 1982.
[161] Nunner-Winkler, G.: Was bedeutet Kohlbergs Theorieansatz für die moderne bildungspolitische Situation in der Bundesrepublik. In: Lind & Raschert 1987 (Anm. 28), 16–24; Oser, F.: Die gerechte Gemeinschaft und die Demokratisierung der Schulwelt. In: Vierteljahrsschrift für die wissenschaftliche Pädagogik 64 (1988), 59–79.

5. Konsequenzen

Dieser kleine Beitrag verstand sich als ein Plädoyer für eine verstärkte Interdisziplinarität zwischen der Moraltheologie und der Moralpsychologie. Dabei zeigte sich, daß Kohlbergs Theorie vor allem mit der Autonomen Moral Konvergenzen aufweist und mehrere ihrer zumindest implizit psychologischen Annahmen (entwicklungs-)psychologisch untermauert. An erster Stelle die, daß der Mensch ein vernunftbegabtes Wesen ist, dem präsupponiert werden kann, selbständig moralische Urteile zu fällen und in seiner Interaktion mit der Mitwelt Normen finden zu können. Dies führt zur Forderung, an der Subjektivität der Gläubigen (was mit Subjektivismus nicht identisch ist) festzuhalten und ihrer moralischen Vernunft zu vertrauen, besonders aber, ihre Dignität gegenüber autoritären Ansprüchen zu verteidigen, die im Menschen ein sich zu fügendes und heteronomes Objekt und nicht ein zur Freiheit befreites Subjekt sehen. Damit wird das Wirken des Heiligen Geistes nicht bestritten, was Kohlberg gelegentlich vorgeworfen wurde[162]; vielmehr ist – so Lee – auch bezüglich der moralischen Entwicklung „the Holy Spirit ... already immanently in and with and through all reality in all its being and becoming"[163].

Vom Ansatz Kohlbergs aufgegriffen werden könnte vor allem folgendes:
1. 1964 beklagte der Pädagoge Werner Loch, Religionspädagogik und Theologie verleugneten das Kind[164]. In der Tat begegnet in der Moraltheologie das Kind nur selten; zu sehr ist diese momentan mit den gewiß vordringlichen Fragen wie der Gentechnologie und Reproduktion beschäftigt. Dennoch wäre es zu wünschen, daß auch von moraltheologischer Seite her vermehrt ein Blick auf die Menschen in ihrer Entwicklung, vorzüglich auf das Kind und die momentan aus verschiedenen Gründen bedrohte Kindheit geworfen würde[165].
2. Die Rezeption der strukturgenetischen Moraltheorie Kohlbergs kann die Moraltheologie um ihre genetische Dimension erweitern. Sofern das von Kohlberg selber erhobene und befolgte Postulat

---

[162] Lee 1980 (Anm. 120) 328.
[163] A.a.O. 349.
[164] Loch, W.: Die Verleugnung des Kindes in der evangelischen Pädagogik, Essen 1964.
[165] Battegay, R. & Rauchfleisch, U. (Hg.): Das Kind in seiner Welt, Göttingen 1991; Rolff, H.G. & Zimmermann, P.: Kindheit im Wandel, Weinheim 1990; Spanhel, D. & Hotamanidis, S. (Hg.): Die Zukunft der Kindheit: die Verantwortung des Erwachsenen für das Kind in einer unheilen Welt, Weinheim 1988.

nach komplementärer Arbeitsteilung von Entwicklungspsychologie und Moralphilosophie bzw. -theologie befolgt wird, sind psychologische bzw. genetische Fehlschlüsse nicht zu befürchten. Genetisch zu entfalten wäre Moraltheologie zumal in ontogenetischer Perspektive, indem sie das Werden der sittlich autonomen Person nachzeichnet und rekonstruiert, wie sich moraltheologische Inhalte hinsichtlich ihrer Strukturierung im Verlauf der stufengemäßen Entwicklung des Subjekts transformieren. So rezipiert ein Kind auf Stufe 1 beispielsweise die 10 Gebote anders als ein Erwachsener, was auch auf andere moraltheologisch relevante Inhalte mehr zutreffen dürfte.

3. Kohlbergs moralische Entwicklungstheorie macht deutlich, daß moraltheologische Inhalte von den Subjekten stufenspezifisch rekonstruiert und moralische Urteile entsprechend der disponiblen kognitiven Strukturen begründet werden, was für das jeweilige Subjekt aber adäquat und „wahr" ist, ihm Plausibilität und Identität verbürgt. Insofern birgt dieses Paradigma das Postulat in sich, mit der sogenannten „Wahrheit an sich" entkrampfter umzugehen. Eine völlig „theonome Moral", wonach man den Geboten allein deshalb gehorchen müsse, weil Gott dies gesagt habe und anderenfalls ‚mache, daß ein Unglück passiert', was von Kindern auf der präkonventionellen Ebene vielfach vertreten wird, kann dann nicht mehr einfachhin als falsch zurückgewiesen werden. Vielmehr muß diese Auffassung zusammen mit dem sie generierenden und vertretenden Subjekt und in seiner jeweiligen Lebenssituation gesehen werden, was aber die Geltung unbedingter moralischer Forderungen wie „niemanden zu verletzen" etc. in keiner Weise außer Kraft setzt.

4. Die bisherigen Überlegungen implizieren eine Intensivierung empirischer Bemühungen[166]. Dem Moraltheologen kann und darf es nicht gleichgültig sein, welche moralischen Probleme die Menschen in unterschiedlichen Lebenssituationen und auf unterschiedlichen Entwicklungsstufen bedrängen[167]. Es gilt aufmerksam zu sein für die „Zeichen der Zeit" und damit auch für die „Alltagsmoral", die in den moraltheologischen Diskurs einzubeziehen ist, ohne aber

---

[166] Dazu Van der Ven, J.: Entwurf einer empirischen Theologie, Kampen 1991.
[167] Besonders relevant für eine erfahrungsorientierte Moralpädagogik: Virt, G. & Schmölz, M.: Christliche Moral im Religionsunterricht. In: A. Biesinger & Th. Schreijäck (Hg.): Brennpunkt Religionsunterricht, Freiburg i.Br. 1989, bes. 122.

naturalistischen Fehlschlüssen anheimzufallen, indem die Alltagsmoral unbesehen in den Sollensstatus überführt würde.

5. Zielperspektive einer an Kohlberg orientierten Moralpädagogik ist moralische Autonomie im Sinne freiheitlicher Selbst-Verpflichtung. Dies ist auch theologisch legitim: „Wir sollen nicht mehr unmündige Kinder sein, ein Spiel von Wellen, hin und her getrieben von jedem Widerstreit der Meinungen", schrieb Paulus an die Epheser (4, 14). Vor allem das pädagogische Werk von Kohlberg und MitarbeiterInnen bietet zahlreiche Anregungen, die EducandInnen anzustiften, ihr moralisches Bewußtsein weiterzuentwickeln, wobei das Prinzip der Selbsttätigkeit, das Tun den Kern bildet. Solche moralpädagogischen Bemühungen sollten auch von moraltheologischer Seite her unterstützt und kritisch begleitet werden.

6. Und nicht zuletzt könnte sich diese strukturgenetische Moralpsychologie als Instrumentarium moraltheologischer Selbstreflexion erweisen. Zahlreiche Konflikte innerhalb der Moraltheologie im besonderen und der Kirche im allgemeinen sind nicht nur durch inhaltliche Meinungsunterschiede bedingt, sondern auch dadurch, daß Personen mit unterschiedlichen moralischen Tiefenstrukturen aufeinander stoßen. Wer über das Gesetzesdenken der Stufe 4 nie hinauskommt, tut sich schwer, gerade den Laien in einem positiven Sinne Freiheit zuzumuten. Wer ängstlich an einzelnen juristischen Paragraphen festhält, vermag nicht übergreifende moralische Prinzipien anzuwenden. Wer das Do-ut-des-Muster der Stufe 2 auf Gott überträgt, wird ChristInnen, die Gott als den Ursprung der Freiheit erfahren, schwerlich begreifen können. – Moraltheologische Konflikte wären denn auch darauf zu prüfen, ob sie nicht durch Divergenzen der moralischen Tiefenstrukturen bedingt sind, die sich aber erfahrungsgemäß nur schwer verändern und auf mehr Freiheit hin transformieren lassen.

7. Eine letzte und ekklesiologisch brisante Konsequenz ergibt sich aus dem Just-Community-Gedanken. Er impliziert, vertikale Autoritätsstrukturen aufzubrechen, um einer Gemeinschaft Raum zu verschaffen, in der Demokratie, Partizipation und transaktiver Dialog möglich sind[168]. Im Grunde meinten dies auch die Konzilsväter:

---

[168] Dazu Berkowitz, M.L.: Die Rolle der Diskussion in der Moralerziehung. In: Oser, Fatke & Höffe 1986 (Anm. 16), 124–148. Von daher ergibt sich auch als Desiderat, die Diskursethik, wie sie speziell mit Habermas 1983 (Anm. 29) verknüpft ist, nicht nur qua Theorie zu rezipieren, sondern ihr qua Praxis Geltung zu verschaffen.

Immer aber sollen sie (Parteien mit unterschiedlichen Auffassungen) in einem offenen Dialog sich gegenseitig zur Klärung der Frage zu helfen suchen; dabei sollen sie die gegenseitige Liebe bewahren und vor allem auf das Allgemeinwohl bedacht sein" (Gaudium et spes 43).

Auch die Amtskirche, die Verkündigerin der Frohbotschaft, sollte als Just-Community erfahren werden können, wie sie Kohlberg sogar in der Bronx zu verwirklichen suchte.

Wert, Tugend und Identität: zur Gestaltung und Vermittlung sittlicher Kompetenz

Ein Beitrag zur Revitalisierung einer Tugendethik

Georg Beirer

Der Ruf nach Werten und nach einem neuen Wertbewußtsein ist so unüberhörbar wie das damit einhergehende Klagen über den Wertverfall, den Wertverlust und die Krise der Moral in der gegenwärtigen Gesellschaft. Die Rede vom *Wertverfall* und vom *Wertverlust* beklagt zunächst die Abwesenheit eines für eine bestimmte Gruppe von Menschen verstehbaren, sinnvollen (meist traditionellen) Wertkonzeptes, wobei über die Qualität der alten wie der neuen Werte noch nichts gesagt ist. Meist ist sie geäußertes Unbehagen über die Veränderung der Hierarchie der Werte und der damit verbundenen gesellschaftlichen Veränderungen.

Die *Krise der Moral* spricht die Krise der in unserer Gesellschaft vermittelten, teils auch gelebten Werte und Normen und deren oft nicht überschaubare Veränderung an[1]. Die gesellschaftlichen, kulturellen, politischen und wirtschaftlichen Veränderungen bedingen aber nicht nur einen *Wertewandel*[2], vielmehr scheint die feststellbare Beschleunigung des sozialen Wandels den Prozessen der Sedimentierung und Traditionsbildung tragender Wertmuster, – besonders aber deren Konkretionen in

---

[1] Die Reflexion über den Dissens zwischen Reden und Handeln scheint mir besonders bedeutsam. Werte, die das Denken und Reden bestimmen, werden nicht selten „Sachzwängen" geopfert und im Handeln kaum transparent bzw. sind im Handeln ganz andere Werte bestimmend.

[2] Vgl. hierzu die Studien: Hillmann, K.-H.: Wertwandel. Zur Frage soziokultureller Voraussetzungen alternativer Lebensformen, Darmstadt ²1989; Inglehart, R.: Kultureller Umbruch. Wertwandel in der westlichen Welt, Frankfurt/M. 1989; Klages, H.: Wertorientierungen im Wandel. Rückblick, Gegenwartsanalyse, Prognosen, Frankfurt/M. 1984; Klages, H.: Wertedynamik. Über die Wandelbarkeit des Selbstverständlichen, Zürich 1988; Klages, H./Hippler, H.-J./Herbert, W. (Hg.): Werte und Wandel. Ergebnisse und Methoden einer Forschungstradition, Frankfurt/M. 1992; Klages, H./Kmieciak, P. (Hg.): Wertwandel und gesellschaftlicher Wandel, Frankfurt/M. ³1984.

Alltagshandeln hinein, – als konstitutive Momente sozialer Lebenswelten nicht mehr genügend Zeit zu lassen[3]. Veränderlichkeit selbst scheint ein Wert geworden zu sein.

Das gelebte Ethos ist vor allem durch die pluralistische Vielfalt und die Konkurrenz der Wertangebote in Bewegung geraten. Unterschiedliche Menschenbilder und Werte schaffen ein vielschichtiges Wertbewußtsein – teils mit der Tendenz zur Beliebigkeit. Die entstehenden Wertkonflikte bedingen eine *Wertrelativierung*. Die eigenen Werte und Wertkonzepte werden in Frage gestellt, und nicht selten deckt diese Hinterfragung die Krise der Plausibilität eigener Einsichten und Orientierungen auf. Die Person selbst gerät mit ihrem Lebensentwurf in die Krise.

Diese existentielle Verunsicherung zeigt sich als tiefgreifende *Orientierungskrise*. Die plurale „Überproduktion an Werten" und das offene Orientierungsangebot führen zum „Zwang der Wahl", und nicht wenige Menschen kapitulieren ohnmächtig vor ihren Möglichkeiten (Handlungskrise). Sie haben keine Kriterien zur Wert- und Lebenswahl; denn ein Wertediskurs findet nicht statt, und trotz ihres Bedürfnisses nach Orientierung verweigern sie sich der Annahme von Orientierungen. Die Wertkrise offenbart so die *Sinnkrise* des modernen Menschen[4].

Pluralität und die mit ihr einhergehende Unübersichtlichkeit relativieren grundlegend lebenstragende Haltungsbilder (Tugenden). Diese Krise der Tugenden ist zunächst eine Krise ihrer Deutungen bzw. der Eigenschaften, die mit Tugend in Verbindung gebracht werden[5]. Sie ist die Krise ihrer Inhalte, die „weder den vorherrschenden ideologischen Grundlagen der nachmodernen Gesellschaft noch den fortschrittlichen Institutionen der Industriegesellschaft entsprechen"[6]. Man kann durchaus von einer Desorientierung sprechen, wenn es um Tugend geht; denn

[3] Vgl. Kaufmann, F.-X.: Religion und Modernität. Sozialwissenschaftliche Perspektiven, Tübingen 1989, 44.

[4] Vgl. Mieth, D.: Was die Sinnkrise übersteht: Ethische Perspektiven für eine menschliche Zukunft, in: Jonas, H./Mieth, D.: Was für morgen lebenswichtig ist. Unentdeckte Zukunftswerte, Freiburg i.Br. 1983, 33–80, hier 36–42.

[5] Zum Problem, von einer Krise der Tugend zu sprechen, und der Schwierigkeit, Tugend zu rehabilitieren, vgl. Schüller, B.: Zu den Schwierigkeiten, die Tugend zu rehabilitieren, in: Schüller, B.: Pluralismus in der Ethik. Zum Stil wissenschaftlicher Kontroversen, Münster 1988, 83–104.

[6] Coleman, J.: Werte und Tugenden in fortgeschrittenen modernen Gesellschaften, in: Conc 23 (1987) 179–187, hier 179. Zur Krise der Tugend in der fortgeschrittenen modernen Gesellschaft, vgl. a.a.O. 180–185.

die Widersprüchlichkeit ihrer Erfahrungen reichen von Handlungsmustern der herrschenden Moral[7] bis zu lebensförderlichen, identitätsbildenden und -stabilisierenden Grundhaltungen. Dies verdeutlicht, wie sehr Tugend selbst im Wandel begriffen ist.

Die Krisen offenbaren das Scheitern der Herstellbarkeit gelingenden Lebens. Es scheint, daß die pädagogische Funktionalisierung emanzipatorischer Impulse nicht die Selbstverantwortung des einzelnen und seine Selbstgestaltungskompetenz gefördert haben. Pluralität[8] aber provoziert zur Selbstgestaltung. Sie kommt der Gestaltungsoffenheit des Menschen entgegen. In der Erfahrung der Selbstzuständigkeit (Autonomie) kann er die Gestaltungsaufgabe und -verantwortung für sein Leben übernehmen und sich der dem Sein immanenten Dynamik stellen. Wie aber kann sich Identität mit der für sie notwendigen Selbstkompetenz unter den Bedingungen der Pluralität ausbilden? Welche Handlungs- und Haltungsmuster fördern Identität? – Die Fragen nach der Beziehung von Wert, Tugend und Identität, nach der Relevanz der Tugend für die Identitätsgestaltung und nach Perspektiven für eine (identitätsfördernde) Werterziehung und -vermittlung drängen sich so geradezu auf.

1. Wert, Tugend und Identität. Zur Klärung der Begriffe und ihrer Beziehungen

1.1. Identität[9]

Identität läßt sich definieren als *„die Einheit aus Selbstkonzept, Selbstwertgefühl und Kontrollüberzeugung* eines Menschen, die er *aus sub-*

[7] Vgl. hierzu, neben den Arbeiten von E. Fromm, die nach wie vor treffliche Analyse und Kritik von Plack, A.: Die Gesellschaft und das Böse. Eine Kritik der herrschenden Moral, Frankfurt/M. [12]1977, bes. 33–36.

[8] Zur Deutung der Pluralität vgl. die Ausführungen von V. Eid in diesem Band, 149–153.

[9] Zur Diskussion von Identität und Selbstverwirklichung vgl.: Beirer, G.: Selbst Werden in Liebe. Eine Begründung christlicher Ethik im interdisziplinären Dialog, St. Ottilien 1988, 88–319 (vgl. hier auch die Begriffsklärung von Selbstverwirklichung und Identität); Eisenstein, M.: Selbstverwirklichung und Existenz – ethische Perspektiven pastoralpsychologischer Beratung unter besonderer Berücksichtigung S. Kierkegaards, St. Ottilien 1986, 18–194; Nidetzky, W.: Mensch werden im Glauben. Dimensionen einer christlich geformten Selbstverwirklichung als kritische Perspektive seelsorglicher Begleitung, Diss. Würzburg 1986. Zu den verschiedenen Aspekten sei exemplarisch verwiesen auf: De Levita, D.J.: Der Begriff der Identität, Frankfurt/M. [2]1976, 198–240; Erikson, E.H.: Iden-

jektiv bedeutsamen und betroffen machenden Erfahrungen über Selbst-
wahrnehmung, Selbstbewertung und personale Kontrolle entwickelt und
fortentwickelt und die ihn *zur Verwirklichung von Selbstansprüchen,*
zur Realitätsprüfung und zur Selbstwertherstellung im Verhalten moti-
vieren"[10]. Als eine „innere, selbstkonstruierte, dynamische Organisation
von Trieben, Fähigkeiten, Überzeugungen und individueller Geschichte"[11] ist sie „mehr als Wissen um die eigene Existenz, ist mehr als
Selbstwertgefühl, ist mehr als Überzeugung von den eigenen Handlungsmöglichkeiten, und ist doch zugleich auch all dieses"[12].

Identität ist die ständige Strukturierung und Konstituierung der eigenen Person, eine ständige Balanceleistung[13]. Sie ist ein durchgehendes
inneres Selbstgefühl von Einheit, Kontinuität und Können, das nur in
Beziehungen zu anderen entsteht und sich dauernd in einem Prozeß
befindet, der durch die Spannungen in den Beziehungen vorangetrieben
wird[14]. Sie ist so das Ineinander von personal und sozial relevanten
Komponenten im Subjekt selbst und Ausdruck der intersubjektiven
Konstituierung des einzelnen, dynamische Beschreibung des dauernden
Unterwegsseins des Menschen zu sich selbst[15].

Identität ist letztlich – im Bewußtsein endlicher Freiheit – Entschiedenheit zur Gestaltung des eigenen Lebens und so Basis menschlicher

tität und Lebenszyklus. Drei Aufsätze, Frankfurt ²1974; Fromm, E.: Die Revolution der
Hoffnung. Für eine Humanisierung der Technik, in: Fromm, E.: Gesellschaftstheorie.
Gesamtausgabe Bd. 4, Stuttgart 1980, 255–377, bes. 322–325; Habermas, J.: Moralent-
wicklung und Ich-Identität, in: Habermas, J.: Zur Rekonstruktion des Historischen Mate-
rialismus, Frankfurt/M. ²1976, 63–91; Habermas, J.: Können komplexe Gesellschaften
eine vernünftige Identität ausbilden?, in: A.a.O. 92–126, bes. 93–94 und 120–121; Haußer,
K.: Identitätsentwicklung, New York 1983; Hunold, G.W.: Identität, in: Wils, J.-P./Mieth,
D. (Hg.): Grundbegriffe der christlichen Ethik, Paderborn 1992, 31–44; Krappmann, L.:
Soziologische Dimensionen der Identität. Strukturelle Bedingungen für die Teilnahme an
Interaktionsprozessen, Stuttgart ⁵1978.
[10] Haußer, K.: Identitätsentwicklung (Anm. 9), 103. Vgl. das aufschlußreiche Modell auf
den Seiten 104–105; ebenso die Erläuterungen zu diesem Modell von A. Maurer in diesem
Band, 32–35.
[11] Marcia, J.E., zitiert nach Haußer, K.: Identitätsentwicklung (Anm. 9), 21.
[12] A.a.O., 11.
[13] Vgl. Krappmann, L.: Soziologische Dimensionen (Anm. 9), 70–84 und Beirer, G.:
Selbst Werden (Anm. 9), 182–184.
[14] Vgl. Klessmann, M.: Identität und Glaube. Zum Verhältnis von psychischer Struktur
und Glaube, Mainz 1980, 63.
[15] Identität spricht sowohl die Bedeutung des Sozial-Kommunikativen wie die Aspekte
des Individuell-Psychischen für die Selbstwerdung an. Der Blickwinkel der folgenden
Ausführungen geht mehr auf das einzelne Subjekt ein, jedoch in immer wieder angedeu-
teten Hinweisen auf die entscheidende Bedeutung der „Mitwelt".

Selbstbestimmung. Sie ist an dem für den Menschen wirklich Möglichen orientiert und meint die handelnde Verwirklichung gelingenden Lebens für das Individuum und die Gemeinschaft, in und mit der sich der einzelne gestaltet.

1.2. Wert(e)

1. Allgemein wird all das als *Wert* angesehen, was nach individueller und kollektiver Einschätzung als erstrebenswert, gut, bereichernd, beglückend, nützlich und fördernd gilt[16] und aufgrund der Hochschätzung und Anerkennung Verbindlichkeit stiftet[17]. Der Wert ist so ein „Orientierungsbegriff für das im allgemeinen Gute und Richtige"[18] und kann beschrieben werden „als die Verpflichtung eines erkannten und anerkannten Sinnes von menschlichem Dasein"[19]. Er ist unterfangen von einem (individuellen und/oder gesellschaftlichen) Sinnkonzept, das existentiell im Selbstentwurf des einzelnen verankert ist.

2. *Sittliche Werte* sind Gesinnungen, Überzeugungen, Einstellungen und Handlungen, an denen der Mensch sein Verhalten ausrichtet. Als „tragenden Sinninhalte"[20] prägen sie den personal-subjektiven Lebensbereich entscheidend und haben als Motive und Ziele sittlichen Handelns normativ-auffordernden Charakter. Sie sind aber nicht selbst sittliche Normen, welche Anweisungen für konkretes Verhalten darstellen. Allerdings richten sich sittliche Normen immer auf die Durchsetzung sittlicher Werte.

---

[16] Vgl. Eid, V.: Art.: Wert" in: Stoeckle, B. (Hg.), Wörterbuch christlicher Ethik, Freiburg i.Br. 1975, 270–275, hier 270.

[17] Vgl. Geyer, C.-F.: Art.: Wert, in: Wörterbuch des Christentums, Gütersloh 1988, 1360–1361, hier 1360. R. Reinhardt schlägt folgende Definition vor: „Unter einem Wert verstehen wir einen in einer bestimmten Population wirksamen Modus der Bevorzugung oder der Zurücksetzung von Objekten oder von sozialen Zuständen, der in der Motivationsstruktur der Einzelindividuen verankert werden kann, dessen Inhalt einen hohen Grad von Allgemeinheit (Generalisierung) aufweist und mindestens potentiell auch bei einer größeren Population wirksam werden könnte. Werte haben meist kognitive, emotive und volative Aspekte" (Wertstrukturen im Gesellschaftssystem – Möglichkeiten makrosoziologischer Analysen und Vergleiche, in: Klages, H./Kmieciak, P. (Hg.): Wertwandel und gesellschaftlicher Wandel, Frankfurt/M. ³1984, 23–40, hier 24).

[18] Mieth, D.: Kontinuität und Wandel der Wertorientierungen, in: Conc 23 (1987) 210–216, hier 210.

[19] A.a.O. 211.

[20] Eid, V.: Art.: Wert(e), in: Schütz, Ch. (Hg.), Praktisches Lexikon der Spiritualität, Freiburg 1988, 1430–1433, hier 1431; vgl. auch a.a.O. 1432.

Es gibt nicht nur sittliche bzw. moralische Werte, sondern z.B. auch religiöse, geistige, künstlerische, ästhetische, wissenschaftliche, ökonomische und politisch-soziale Werte und Güter. Sie alle sind wichtig für das Gelingen von Leben, Mitleben und Leben in Umwelt, für eine Bedürfnisbefriedigung, bei der es nicht auf konsumistischen Verbrauch, sondern auf förderlichen Gebrauch, auf die produktive Gestaltung menschlichen Lebens ankommt.

Werte sind so Dinge, Eigenschaften und Verhaltensweisen, die Menschen für gut, „wert"-voll erachten und die auf breiter Basis anerkannt sind. Sie sind nicht „an sich", sondern dienen dem Menschen zu seiner Selbstverwirklichung und Menschwerdung. Sie bilden sich im Rahmen der Sozialisation und Identitätsgewinnung heraus oder werden bewußt gesetzt, gestaltet und konkret in Geschichte und Gesellschaft hinein ausgelegt. Es sind Standorte, die ihrerseits Werturteile und sittliche Entscheidungen voraussetzen. Werturteil meint dabei die Wahl einer Perspektive und Lebensorientierung, die nicht mehr ausschließlich an der bloßen Faktizität abzulesen ist[21].

3. Werte sind Teil des jeweiligen Daseins- und Weltverständnisses. Sie gründen in den *Erfahrungs-Werten*, die sich zu (objektivierbaren) Lebensentwürfen ausgestalten und Antworten auf situative Lebensanforderungen sind. Sie sind geprägt von weltanschaulichen, sozialen und ökonomischen Voraussetzungen, von Kultur, Religion und Glaubensüberzeugung und wirken immer auch verändernd auf die sie bedingenden Verhältnisse zurück. Gleichzeitig unterliegen sie in der Realisierung der aktualisierenden Veränderung.

4. Werte werden diskursiv, in fortschreitender intersubjektiver Auseinandersetzung gefunden (herbeigeführt). Als entscheidende Gestaltungselemente menschlichen Lebens und Gelingens müssen *Werte begründet* werden und diese Begründung bestimmten Kriterien genügen.

– Werte müssen *vernünftig* sein. Sie müssen rational und existentiell (ganzheitlich) überzeugen. Der sie tragende Sinngehalt ist reflexiv zu hinterfragen und auszulegen, in kritischer Selbstreflexion das erkenntnisleitende Interesse offenzulegen und die Möglichkeit gelingender Antwort auf die Herausforderungen der Wirklichkeit aufzuzeigen.

– Werte müssen *transparent* sein. Die Begründungsvoraussetzungen und die aus ihnen abgeleiteten Konsequenzen sind durch- bzw. ein-

---

[21] Vgl. Geyer, C.-F.: Wert (Anm. 17), 1360.

sichtig zu machen und sollten in der Lebenswirklichkeit des Menschen (existentiell) greifen.

- Werte müssen *kommunikabel* sein, mitteilbar und in ihrer Begründung kommunikativ nachvollziehbar. Sie sollen auf die zu gestaltenden Situationen hin dialogisch offen sein (Äquifinalität).
- Werte müssen *gestaltungsoffen* sein. Im Bewußtsein ihrer geschichtlichen und gesellschaftlichen Bedingtheit (Konditionalität) sind sie je neu kontext- und situationsbezogen zu konkretisieren im Wissen, daß der Wert selbst nie in der Wirklichkeit aufgeht bzw. normativ festgelegt werden kann. In seiner Offenheit hält der Wert je neu vom Menschen auszugestaltende Antworten (Ver-antwortung) zum Gelingen seines Seins bereit.
- Werte müssen *plausibel* sein, d.h. sie müssen Leben, Welt, Gegenwart ... bewältigen und gestalten helfen.

5. Das Zusammenleben in der Gesellschaft erfordert einen inhaltlichen Konsens darüber, welche Werte ein gelingendes Leben für alle Menschen einschließen. Werte bilden so einen Handlungs- und Denkkonsens, der Interaktionen, das Zusammenleben „abschätzbar", antizipierend berechenbar macht, Kommunikation ermöglicht und je Identitätsbildung fördert.

Werte sind Grundlinien menschlicher Daseinsgestaltung. Sie ermöglichen Sinngebung und sind Legitimation für die konkrete Lebensgestaltung, indem sie die eigene Identitätsfindung in den sozialen, kulturellen und religiösen Kontext stellen. Gleichzeitig sensibilisieren sie für die Wirklichkeit (Lebenswelt). Sie fordern zur Stellungnahme und zum gestaltenden Handeln heraus. Sie wecken Interesse und beeinflussen motivierend Denken und Handeln. Sie haben sich allerdings in der Alltagswirklichkeit zu bewahrheiten, indem sie ein mehr an Lebensqualität im Sinne der Verwirklichung des Humanum ermöglichen[22].

1.3. Tugend(en)

1. *Tugend* ist zunächst zu definieren als „eine erworbene menschliche Eigenschaft, deren Besitz und Ausübung uns im allgemeinen in die Lage

[22] Zu handlungstheoretischen Orientierungen vgl. Wiehn, E. R./Birner, J.M./Schuhmacher, K.: Grundwerte in Europa. Zum sozialhistorischen und soziologischen Kontext eines eurosoziologischen Problems und Forschungsprogramms, in: Klages, H./Kmieciak, P. (Hg.): Wertwandel und gesellschaftlicher Wandel, Frankfurt/M. ³1984, 367–380, hier 378–380.

versetzt, die Güter zu erreichen, die einer Praxis inhärent sind, und deren Fehlen wirksam verhindert, solche Güter zu erreichen"[23]. Praxis impliziert ein kommunikativ-konstruktives Verhältnis zu anderen Beteiligten und meint, sich in einen konkreten sozialen und historischen Kontext einzulassen[24]. Tugend bestimmt so die prinzipielle Unbestimmtheit der Handlungsmöglichkeiten in der Ernstnahme der Kontexte[25] und gibt gestaltend Antwort auf die Erfahrungen der Wirklichkeit. Das Ergebnis der Ausübung einer Tugend ist dann eine Wahl, die sich im richtigen Handeln niederschlägt[26].

2. „Tugend ist die Haltung, kraft derer der Mensch geneigt ist, das Gute zu tun."[27] Sie gibt nicht Antwort auf die Frage nach dem sittlich Guten, „sondern wie sittliches Handeln gelingen und erfülltes Leben glücken kann"[28]. Sie ist ein erworbener *Habitus*, der zu bestimmten wertvollen Tätigkeiten, zum guten Handeln qualifiziert[29]. Als eine erworbene sittliche Fähigkeit bedingt sie sittliche Kompetenz[30]. Als konstitutive Merkmale enthält sie Freiheit, Autonomie und Verantwortung und bringt diese in systematischen Zusammenhang[31].

3. Tugend ist „eine besondere Weise des Sich-selber-Habens, des Selbstbesitzes, wodurch sich der Mensch dessen, was er ist, erst eigentlich versichert"[32]. Als Habitus ist sie „ ,auf dem Sprunge' ..., das Können in wirkliches Tun und Sein umzusetzen"[33]. Sie ist „inhärente Stärke" und „aktive Qualität"[34] und so grundlegend *Kraft zur Selbstge-*

---

[23] MacIntyre, A.: Der Verlust der Tugend. Zur moralischen Krise der Gegenwart, Darmstadt 1988, 255–256 (im Original kursiv). Vgl. auch a.a.O. 362.

[24] Vgl. a.a.O. 259.

[25] Vgl. Wils, J.-P.: Tugend und Strukturveränderung, in: JCSW 30 (1989) 35–60, hier 36–37.

[26] Vgl. MacIntyre, A.: Verlust (Anm. 23), 201.

[27] Pieper, J.: Art.: Tugend, in: HThG IV, 282–286, hier 284.

[28] Demmer, K.: Art.: Tugenden, in: Schütz, Ch. (Hg.), Praktisches Lexikon der Spiritualität, Freiburg i.Br. 1988, 1315–1318, hier 1315.

[29] Vgl. Anzenbacher, A.: Einführung in die Ethik, Düsseldorf 1992, 137–138.

[30] Vgl. Wils, J.-P./Mieth, D.: Tugend, in: Wils, J.-P./Mieth, D. (Hg.): Grundbegriffe der christlichen Ethik, Paderborn 1992, 182–198, hier 184.

[31] Engelhardt, P.: Erziehung zur Tugend. Ein Vorschlag zur moralpädagogischen Diskussion, in: Bondolfi, A./Heierle, W./Mieth, D. (Hg.), Ethos des Alltags. Festgabe für St.H. Pfürtner zum 60. Geb., Zürich 1983, 161–183, hier 162–163.

[32] Pieper, J.: Tugend (Anm. 27), 284. Tugend ist so nicht nur für die Identitätsgestaltung relevant, sondern hat auch identitätssichernde Funktion.

[33] A.a.O. 284.

[34] Vgl. Erikson, E.H.: Die menschliche Stärke und der Zyklus der Generationen, in: Erikson, E.H.: Einsicht und Verantwortung. Die Rolle des Ethischen in der Psychoanalyse,

staltung, ist Identität im Vollzug. Als „Neigung zu" provoziert sie die Freiheit der Entscheidung, ist Bewegung des freien Willens, originärer Ausdruck des eigenen Selbst und so vor allem „Neigung zu sein" bzw. „Neigung zum Sein". Sie ist die existentielle Erfahrung des Könnens, die unmittelbar erlebte Mächtigkeit, ein Gesolltes und Gewolltes zu tun[35]: eben das tun wollen und können, was man erkannt hat, daß man es tun soll.

Es geht also nicht nur darum, in einer einzelnen Entscheidung Tugend zu verwirklichen; vielmehr geht es um das ganze Leben des Menschen: selbst gut zu werden und ein gutes Leben zu führen[36]. Als Haltung des ganzen Lebens soll sie sich überall zur Geltung bringen[37] und den Handelnden selbst gut machen[38]. Tugend fragt so nicht nur nach dem, was wir tun und wie wir handeln sollen, sondern vor allem danach, wie wir *sein* sollen[39].

Hier wird deutlich, daß Tugend als Habitus „sich nicht aus dem freien und daher widerrufbaren Handeln des Subjekts, nämlich aus der Gründlichkeit der Übung"[40] ergibt und nicht eine Fertigkeit ist, die man intentional durch erfolgreiche Ausübung erreichen könnte[41]. Zwar ist sie „ein durch Übung mitbewirktes und stabilisiertes Können"[42]; sie ist aber um so mehr, um so fester Habitus, je mehr sie mit dem Sein des Menschen unlösbar verbunden ist[43].

4. Tugenden sind die ganze Persönlichkeit durchdringende Intentionen[44], an denen sich das Handeln orientiert. Als ganzheitliche Erfahrun-

---

Frankfurt/M. 1971, 95–140, hier besonders 95–97; Erikson, E.H.: Jugend und Krise. Die Psychodynamik im sozialen Wandel, Stuttgart ²1974, 243.

[35] In Erweiterung zu Scheler, M.: Der Formalismus in der Ethik und die materiale Wertethik. Neuer Versuch der Grundlegung eines ethischen Personalismus. Gesammelte Werke Bd. 2, Bern ⁶1980, 213.

[36] Vgl. Anzenbacher, A.: Einführung (Anm. 29), 138.

[37] Vgl. Guardini, R.: Tugenden. Meditationen über Gestalten sittlichen Lebens, Mainz ³1987, 12.

[38] Vgl. Demmer, K.: Tugenden (Anm. 28), 1315.

[39] Vgl. Weber, H.: Allgemeine Moraltheologie. Ruf und Antwort, Graz 1991, 320.

[40] Pesch, O.H.: Die Theologie der Tugend und die theologischen Tugenden, in: Conc 23 (1987) 233–245, hier 236.

[41] Vgl. MacIntyre, A.: Verlust (Anm. 23), 363.

[42] Mieth, D.: Die neuen Tugenden. Ein ethischer Entwurf, Düsseldorf 1984, 16.

[43] Vgl. Pesch, O.H.: Theologie der Tugend (Anm. 40), 236. Als grundlegende Frage bleibt, in wieweit sich nicht jedes Handeln mit dem Sein des Menschen verbindet und es „eindrücklich" mehr oder weniger prägt.

[44] Vgl. Hildebrand, D. von: Christliche Ethik, Düsseldorf 1959, 428.

gen sind sie im Bewußtsein wie im Gefühl des Handelnden als *Grundhaltungen* verwurzelt. Sie sind Lebensorientierungen, die der Mensch aus seinem Handeln heraus gestaltet. Als Haltungen sind sie „Leitbilder seines Handelns"[45], „Modelle konkreter sittlicher Existenz"[46].

Tugenden sind *gelebte Überzeugungen*, die sich in der Begegnung gestalten. Sie gründen, – auch was die konkrete inhaltliche Gestaltung im Handeln angeht, – in gemeinsamen Tätigkeiten und gewinnen Gestalt in Beziehungen. Die Beschränkung der Tugend auf den einzelnen Menschen aber würde den Ausschluß jeder Möglichkeit bedeuten, ein Gut außerhalb seiner selbst zu finden[47].

Tugend ist nur im konkreten Handeln und so im sozialen Kontext wahrnehmbar. Als ein „gesellschaftliches Phänomen"[48] ist sie gemeinschaftskonstituierend. Sie intendiert Gestaltung und Erhaltung des Humanum und ist Konstanz eines lebensförderlichen Verhaltens.

Tugenden sind Grundhaltungen, „*Haltungsbilder*", die ein bestimmtes Ethos im konkreten Lebensvollzug veranschaulichen. Sie sind aber nicht nur Haltungsbilder, sondern ebenso „*Handlungsbilder*", die situativ die Wirklichkeit kreativ gestalten helfen. Sie sind von der jeweiligen Zeit und Kultur geprägt und abhängig und der Gefahr ausgesetzt, daß jeweils nur bestimmte Gruppen, gewöhnlich die einflußreichen, das Bild der jeweiligen Tugend festlegen. Tugenden bedürfen so einer immer neuen und kritischen Überprüfung.

1.4. Tugend als Werthaltung und Wertorientierung

1. Ein Wert ist „die personale Verbindlichkeitsseite eines anerkannten Sinngehalts der Wirklichkeit"[49]. Die durch den als Verpflichtung anerkannten Wert erwachsende Herausforderung wird zur Orientierung für das identische Handeln des Subjekts. Diese *Wertorientierung* operationalisiert sich in Handlungen, indem sie den Wert mit den konkreten Anforderungen der Daseinsgestaltung verknüpft. Ist diese Einstellung als solche auch vollzogen und damit Werthaltung geworden, spricht man von Tugend im Sinne einer verbindlichen Grundhaltung. Die Wert-

45 Weischedel, W.: Skeptische Ethik, Frankfurt/M. 1980, 202.
46 Wils, J.-P.: Tugenden – und kein Ende, in: rhs 31 (1988) 3–12, hier 9.
47 Vgl. MacIntyre, A.: Verlust (Anm. 23), 344.
48 Patrick, A.: Die erzählte Geschichte und die gesellschaftliche Dynamik der Tugend, in: Conc 23 (1987) 223–232, hier 223.
49 Wils, J.-P./Mieth, D.: Tugend (Anm. 30), 195.

orientierung verwandelt sich in eine Tugend, die trotz ihrer großen Beweglichkeit im handelnden Vollzug sich in Kontinuität gestaltet.

2. *Werthaltungen* sind Einstellungen, die sich autonom in Auseinandersetzung mit der Wirklichkeit entwickeln und sich konkret aus Erfahrungen gestalten. Sie gehen aber gleichzeitig als Bedingung in alle Erfahrungen mit ein[50]. Sie sind kompetente Stellungnahmen zu sich selbst und die die Person tragenden Überzeugungen. Zur Tugend im Sinne einer sittlichen Grundhaltung werden sie, wenn zur Anerkennung des Sinnverhalts als Verpflichtung die durch den wiederholten Vollzug ausgewiesene Haltung kommt. „Die Wertorientierung wird zur Haltung durch den Vollzug; erst durch Übung wird das Gesinnungsmoment zur Tugend"[51]. Als „faktisch gelebte Überzeugung" stellt Tugend die Einheit sowohl von Sollen und Können als auch von Wollen und Tun her und wird Ausdruck identischer Selbstdarstellung[52].

3. *Quellen der Wertorientierungen* sind die bleibenden Grundbedürfnisse des Menschen[53], die lebendige Überlieferung der geschichtlichen Erfahrung des Guten und Richtigen in allgemeinen Lebenszusammenhängen (Orientierungen gelungenen Lebens) und als aktuelle Quellen die kommunikative Vernunft und die konkrete Erfahrung, insbesondere die Kontrasterfahrungen an den defekten Strukturen der Realität und an destruktiven Orientierungen des „sozialen Charakters".

4. Tugenden als „Niederschlag der einzelnen Wertantworten"[55] veranschaulichen praktisch gelebt (als „wert"-volles Verhalten) die den Menschen tragenden Wertüberzeugungen. Als Haltungsbilder sind sie konkrete Inkarnation von Werten und Ausdruck bestimmter Wertpräfe-

[50] Vgl. Eid, V.: Tugend als Werthaltung, in: Gründel, J./Rauh, F./Eid, V. (Hg.), Humanum. Moraltheologie im Dienst des Menschen, Düsseldorf 1972, 66–83, hier 79–80.

[51] Mieth, D.: Die neuen Tugenden (Anm. 42), 61.

[52] Vgl. Eid, V.: Tugend als Werthaltung (Anm. 50), 78–83.

[53] Vgl. beispielhaft: Gasiet, S.: Menschliche Bedürfnisse. Eine theoretische Synthese, Frankfurt/M. 1981; Maslow, A.H.: Motivation und Persönlichkeit, Olten ²1978, 74–162; Goble, F.: Die Dritte Kraft. A.H. Maslows Beitrag zu einer Psychologie seelischer Gesundheit, Olten 1979, 57–78; Funk, R.: Mut zum Menschen. Erich Fromms Denken und Werk, seine humanistische Religion und Ethik, Stuttgart 1978, 89–96.

[54] Vgl. Mieth, D.: Kontinuität (Anm. 18), 211. Zur Analyse des „sozialen Charakters" vgl.: Mieth, D.: Seelische Grundhaltungen unserer Gesellschaft in der Charakter-Lehre Erich Fromms und in theologisch-ethischer Reflexion, in: Holderegger, A. (Hg.): De dignitate hominis, Fribourg 1987, 317–335; bes. auch Fromm, E.: Haben oder Sein. Die seelischen Grundlagen einer neuen Gesellschaft, in: Fromm, E.: Analytische Charakterlehre. Gesamtausgabe Bd. 2, Stuttgart 1980, 269–414, hier v.a. 364–388.

[55] Eid, V.: Tugend als Werthaltung (Anm. 50), 72.

renzen im Leben. Als im Handeln ausgewiesene Wertorientierung ist Tugend aber keine Verhaltensregel, „sondern eine den Ansprüchen des Verhaltens in bestimmten Fällen vorausgehende Handlungskompetenz[56]. Sie besteht in der Fähigkeit, „die eigene Lebenswelt und die eigene Biographie unter Wertgesichtspunkten zu rekonstruieren und *dann* zu kontinuieren"[57]. Als übergreifende Ausrichtung auf einen Wert konstituiert die praktische Realisierung von Wertorientierungen Identität und genügt handelnd der Aufforderung zur Selbstverwirklichung und Weltgestaltung.

5. Tugend ist „*innovatorische Wertexploration*"[58], weil im adäquaten Gestalten der Tugend Werte identisch interpretiert werden. Ihre handelnde Verwirklichung garantiert Offenheit, Situationsgerechtigkeit und Flexibilität der Werte und deren konkrete Gültigkeit. Tugend ist so für die Wertgestaltung zweifach entscheidend: nicht nur, daß Werte sich in der Tugend und dem aus ihr hervorgehenden Handeln konkretisieren und eine kontinuierliche Vergewisserung der Werte (und damit auch Selbstvergewisserung) bedeuten; es zeigt sich im Handeln, ob die Deutung der Werte wirklich den ganzen Menschen in seiner Entfaltung meint oder die diversen Interessen derer, die sie im sozialen Kontext vertreten, oder gar die dahinterliegenden gesellschaftlichen, oft ökonomischen Interessen (z.B. Rentabilitätsförderlichkeit). Tugend provoziert so zu einem kritischen Überprüfen der Werte und ihrer Deutungen. Sie kritisiert deren Funktionalisierung und widersteht einer Instrumentalisierung, indem sie durch ihre permanente Offenheit auf Veränderung hin diskursiv die Werte daraufhin befragt, inwieweit sie der Lebensförderlichkeit und den Entfaltungsmöglichkeiten des Subjekts dienen. Aufgrund dieser Rückkoppelung hat Tugend wertgestaltende Funktion, motiviert zu neuen Wertperspektiven und modifiziert gleichzeitig die aktuellen Haltungsbilder. Werte brauchen so Tugenden, und Tugenden bedürfen der Werte.

[56] Mieth, D.: Die neuen Tugenden (Anm. 42), 61.
[57] Wils, J.-P.: Tugend und Strukturveränderung (Anm. 25), 59.
[58] Wils, J.-P.: Bedingungen des Wertewandels zwischen Kultur und jugendlicher Subkultur, in: Conc 23 (1987) 246–254, hier 253.

2. Tugend und die Selbstgestaltung des Menschen

2.1. *Selbstwert und Tugend: Wertverwirklichung als Selbstverwirklichung*

1. Die Gestaltung der Werte und ihre handelnde Verwirklichung durch die Tugenden gründet in dem Bewußtsein und der realen Erfahrung, daß der Mensch sich selbst frei gestalten, frei auf den inneren Anspruch der Werte eingehen kann (Freiheit zur Tugend). Die Aufgabe der Wertverwirklichung besteht so entscheidend darin, sich selbst als Wert zu ergreifen und sich selbst „selbstverständlich" zu machen.

Wertverwirklichung als Wachsen zur eigenen Sinnerfüllung und Selbstverwirklichung geht mit einem konkreten Ethos der Selbstliebe Hand in Hand[59]. Sie bedeutet zunächst, sich selbst aus der „Verhaftung" der Welt (das mystische „Welt-Lassen") heraus zu gestalten, Abschied von der Haben-Mentalität zu nehmen und der Gewöhnung an die Unfreiheit und dem Verlust des Selbstwerts zu widerstehen. Die Motivation auf das „Sein" hin hält dabei die Sehnsucht nach der Freiheit wach und bringt den Menschen mit dem eigenen Selbst und der Verantwortung in Kontakt. Wertverwirklichung ist dann willentliche Stellungnahme zu sich selbst und zu seiner Mitwelt und beinhaltet den Entschluß zur konkreten Gestaltung der Tugend.

2. Bei der realen Verlebendigung der Werte ist der Mensch konkret durch die „*Tyrannei der Werte*"[60] gefährdet. „Jeder Wert hat – wenn er einmal Macht gewonnen hat über eine Person – die Tendenz, sich zum alleinigen Tyrannen des ganzen menschlichen Ethos aufzuwerfen, und zwar auf Kosten anderer Werte"[61]. Durch die Machtergreifung der Werte wird das eigene Personsein von dem(n) dominierenden Wert(en) in den Hintergrund, der Mensch aus seiner Mitte gedrängt. Es kommt zu psychischen Fehlentwicklungen, wenn die Person nicht in ihrem Selbstwert über den Werten steht. Sinnerfahrungen bleiben aus und Wertverwirklichung verkommt zur moralischen Leistung, weil der Mensch immer mehr den Kontakt zu sich selbst verliert, nach Werten draußen

---

[59] Vgl. Beirer, G.: Selbst Werden (Anm. 9), 143–151 und 277–302. Vgl. auch Beirer, G.: „... wer in der Liebe bleibt, bleibt in Gott, und Gott bleibt in ihm" (1 Joh 4,16). Die vergessene Einheit von Selbst-, Nächsten- und Gottesliebe, in: Gottes Volk. Bibel und Liturgie im Leben der Gemeinde 2/1994, 99–118.
[60] Vgl. hierzu bes. Schelz, S. (Hg.): Die Tyrannei der Werte, Hamburg 1979.
[61] Hartmann, N.: Ethik, Berlin ³1949, 576.

greift oder die alten Werte verklärt. Gefühle der Leere, des Ausgebrannt-
seins sind deutliche Zeichen, daß Werte über die Person herrschen.

Wenn also der Mensch sein Personsein, sich selbst nicht in die Welt
einbringt (einbringen kann), droht ständig die Gefahr der Tyrannei der
Werte, weil er sich selbst und seine ihn tragenden Werte nicht in der
Realität verifizieren, überprüfen und verändern kann und sich so einmal
„bewährte" Wertmuster dominant verselbständigen.

3. Tugend als Wertverwirklichung ist Ausdruck der dynamischen
Entfaltung des Selbst und offen für innovative Gestaltungen der Identität. Wird sie abgelöst vom Humanum, das in der Erfahrung des eigenen
Selbstwerts gründet, und verfällt einer Ideologisierung ihrer selbst,
nimmt sie inhumane Züge an[62]. Tugend schlägt um, und das vermeintliche Tugendhandeln gefährdet die Identität des Menschen:

– Eine individuelle wie gesellschaftliche Funktionalisierung der Tugend (ideologische Engführung) verfremdet die Tugend und entfremdet die Menschen von einander und den einzelnen von sich selbst.

– Wird Tugend (krankhaft) überspannt, unterdrückt sie jede Initiative.
Will man die Tugenden bis zum äußersten, wird Moral zum Gott des
Menschen, werden Tugenden grausam und erweisen sich als Laster[63].
In der (egoistischen) Übersteigerung der Tugend, im selbstdistanzier-
ten „Tugend-Haben" verkehren sich durchaus richtige und lebensför-
derliche Fähigkeiten ins Gegenteil. Der Zwang der/zur Tugend bringt
den Menschen aus seiner Mitte, und das von Leistung bestimmte
Tugendhandeln gefährdet seine Identität.

– Tugend verkommt auch da, wo man durch sie versucht, Macht über
andere und Einfluß zu gewinnen[64]. Sie wird pervertiert, wenn sie zur
egoistischen Selbstabilisierung und zur Durchsetzung eigener Interessen mißbraucht wird.

„In jeder Tugend steckt auch die Möglichkeit zur Unfreiheit"[65]. Sie steht
in der Polarität zweier Untugenden[66], und es ist daher von entscheiden-

---

[62] Vgl. Stoeckle, B.: Art.: Tugend, in: Stoeckle, B. (Hg.): Wörterbuch christlicher Ethik,
Freiburg 1975, 243–247, hier 245.

[63] Vgl. Pascal, B.: Über die Religion und über einige andere Gegenstände (Pensées),
Heidelberg ⁸1978, 170 (Fragment 357).

[64] Zur „Gefahr der Selbstlosigkeit" vgl. Beirer, G.: Selbst-Werden im Glauben: die
Menschwerdung des Menschen als sittliche Herausforderung, in: Gottes Volk. Bibel und
Liturgie im Leben der Gemeinde 1/91, 101–117, bes. 111–115.

[65] Guardini, R.: Tugenden (Anm. 37), 16.

[66] Vgl. MacIntyre, A.: Verlust (Anm. 23), 207. Im Rekurs auf Aristoteles erläutert er dies
anschaulich an einigen Beispielen.

der Bedeutung, den situativen Kontext entsprechend wahrzunehmen und zu beurteilen und im Handeln seine Identität, seinen Selbstwert je neu zu bestimmen. Die Ergänzung durch andere Tugenden und identitätsfördernden Fähigkeiten relativieren eine Überbetonung einzelner (oft gesellschaftlich erwünschter) Verhaltensweisen.

Die *Mesotes*-Lehre des Aristoteles gewinnt hier neue Aktualität nicht nur durch die Gewinnung der rechten Mitte zwischen zwei Extremen im abwägenden Reflektieren und überlegten Handeln, sondern in der Balance der Identität entfaltet und gestaltet sich das Selbst als (personale) *Mitte* des Menschen.

4. *Wertverwirklichung ist Selbstverwirklichung.* Werte sind dann relevant, wenn sie implizit den eigenen wie des anderen Selbstwert erfahren lassen und zur Sprache bringen, wenn in ihnen transparent wird, daß der Mensch in seinem So- und Dasein wertvoll ist. Sie haben unmittelbaren Bezug zum Selbst, zum Leben.

Werte entstehen und gestalten sich als Tugenden dort, wo der Mensch sich auf das Leben einläßt, wo er sich von Menschen ansprechen läßt und in Beziehung zu ihnen wie zu sich selbst lebt. Verliert sich aber der Wert des Selbstseins, verliert sich auch das Gespür für das Lebendige und die Fähigkeit, Werte des Lebens zu erspüren. Das persönliche Wachsen und die Entfaltung des Menschlichen im Leben des einzelnen wie der Gemeinschaft/Gesellschaft ist hier Kriterium der Unterscheidung.

2.2. Tugend und die Gestaltung der Identität

1. Tugend ist die dem Menschen spezifische Ausdrucksform seiner Identitätsgestaltung. Sie ist „auf die Herausbildung eines menschlichen Charakters und einer Identität aus, die auf Integrität beruhen".[67] Als Daseinsgestaltung entfaltet sie die dem Menschen identischen Möglichkeiten und ist als Antwort auf die existentielle Herausforderung zur Selbst- und Weltgestaltung handelnder Ausdruck seiner Lebenswahl. Sie ist nicht eine willkommene nützliche, brauch- und verwertbare Könnens-Erweiterung der Persönlichkeit (Habenmodus), sondern lebendige Wirklichkeit der „Kunst des Seins".

Tugend als gelebte Überzeugung ist so sichtbarer Ausdruck von Identität und Zeichen selbstkongruenter Existenz. Als freie personale Wahl

---

[67] Coleman, J.: Werte und Tugenden (Anm. 6), 183.

und Entscheidung zu selbstkompetentem Handeln ist sie Entscheidung zu sich selbst und gibt als Werthaltung durch feste Stellungnahme und überaktuelle Handlungsbereitschaft der Identität[68] das je individuelle und soziale Profil. Als anhaltende Tätigkeit in Übereinstimmung mit dem eigenen Lebensentwurf garantiert sie Kontinuität. In unaufhörlicher Gestaltung auf identische Verwirklichung[69] (Selbstverwirklichung) hin ist sie weit mehr als eine Form der Einübung pflichtgemäßen Handelns. Sie ist nicht nur vorbereitende Übung, sondern ein notwendiger und wesentlicher Teil eines ganzen, erfüllten Menschenlebens[70] und als wesentlicher Faktor zielsicheren menschlichen Reifens zu begreifen[71].

2. Die Frage nach der *Interdependenz von Identität und Tugend* spricht nicht nur das Subjekt an, sondern gerade das Gesamt der Subjekte und die Beziehungen der Subjekte mit- und zueinander. Tugend ist wie Identität in die Gemeinschaft eingebettet und verwirklicht sich nur in Mit-Menschlichkeit. Sie gestaltet sich im konkreten sozialen Mitsein anderer und dient so nicht nur der Identität dessen, der sie verlebendigt, sondern auch dem, der im sozialen Kontext von ihr „mitbetroffen" ist. Als „kommunikative Bilder"[72] gelingenden Zusammenlebens sind Tugenden du- und gemeinschaftsorientiert und fördern den in Interaktionssystemen sich vollziehenden sozialen Prozeß der Identitätsgestaltung aller.

Tugend als moralisches Können gewinnt ihre Gestalt im Sozialisationsprozeß. Der Sinn des einzelnen für Werte und Tugenden ist so zunächst stark von der gesellschaftlichen Realität beeinflußt. Doch ist Tugend nicht nur das, was die Gesellschaft vorgibt, sondern was sich im pluralen Konzert der Meinungen und Lebensstile als das dem Menschen und seiner Identität dienliche Handeln erweist. Identitätsgestaltung läßt sich dabei als ein Kreisprozeß kommunikativen Handelns verstehen, in dem das Subjekt sowohl *Initiator* ist, der mit zurechenbaren Handlungen Situationen bewältigt, als auch *Produkt*, das konkret

---

[68] In diesem Zusammenhang kann man von einer „präventiven Vorentschiedenheit von Handlungen im So-sein der Person" sprechen. Vgl. Mieth, D.: Norm und Erfahrung. Die Relevanz der Erfahrung für die ethische Theorie und sittliche Praxis, in: ZEE 37 (1993) 33–54, hier 33–34.
[69] Vgl. Pieper, J.: Tugend (Anm. 27) 285.
[70] Vgl. MacIntyre, A.: Verlust (Anm. 23), 201.
[71] Vgl. Eid, V.: Tugend als Werthaltung (Anm. 50), 67.
[72] Mieth, D.: Die neuen Tugenden (Anm. 42), 32.

durch das Feedback der sozialen Mitwelt und durch die sich ergebenden Veränderungen gestaltet wird[73]. „Tugend heißt dann die Fähigkeit, normative Anforderungen in der Synthesis eines individuell und sozial verantworteten Daseinsentwurfs zu verknüpfen"[74].

3. Tugend ermöglicht identitätsbezogenes Erfahren, Entscheiden und Handeln. *Erfahren* setzt Handeln voraus, ist aber zugleich Handeln des Subjekts. *Entscheiden* ist als Erfahrungsverarbeitung und Orientierung Ausdruck identischen Handelns. Im konkreten *Handeln* selbst werden neu Erfahrungen gemacht, die zur reflexiven Integration und zur Balancierung der Identität herausfordern. Diese dynamische Offenheit verwirklicht und modifiziert Tugend (und damit auch Identität) gleichzeitig. Sie garantiert eine kontinuierliche, diskursive Suche nach Alternativen von Haltungsbildern, die das Humanum mehr wirklich werden lassen. Tugend ist so Sein und Können[75], Anleitung zum Sein-Können unter den Bedingungen der Pluralität und (Post)Moderne.

Tugenden sind Handlungsbegriffe der Identität. Sie bestimmen unmittelbar die Identität und deren Entwicklung, gehen aber selbst je neu aus der Identitätsentfaltung hervor[76]. Sie sind dynamische Haltungen, durch die der Mensch handelnd seine Identität darstellt und in der Rückwirkung seines Handelns erkennt, was er (auch) noch sein kann, was von seinen Möglichkeiten Wirklichkeit werden kann.[77] In der Offenheit der Identität wird die Wirklichkeit je neu zur Möglichkeit, erschließt sich das dem Subjekt noch mögliche Selbst.

Tugenden sind nicht nur identischer Ausdruck der Person, sondern wirken auf die Person zurück und verändern sie durch die Erfahrungen des konkreten Handelns. Sie geben der Person so Konsistenz und ga-

---

[73] Vgl. Habermas, J.: Moralbewußtsein und kommunikatives Handeln, Frankfurt/M. 1983, 146.

[74] Wils, J.-P.: Tugenden (Anm. 46), 8.

[75] Vgl. Mieth, D.: Die neuen Tugenden (Anm. 42), 44.

[76] Vgl. hierzu ausführlich: Erikson, E.H.: Die menschliche Stärke (Anm. 34) und Engelhardt, P.: Erziehung zur Tugend (Anm. 31), 179–183. Vgl. hier auch die lebenszyklische Gewichtung und Bedeutung einzelner Tugenden, die in bestimmten Phasen des Lebens mehr bzw. weniger in den Vordergrund treten. Tugendvorstellungen und deren Relevanz für das eigene wie für das gesellschaftliche Leben unterliegen einem permanenten Prozeß der Veränderung und Neudeutung. Von bleibender Aktualität ist hierzu auch die Studie von Guardini, R.: Die Lebensalter. Ihre ethische und pädagogische Bedeutung, Mainz [10]1986, die den verschiedenen Lebensphasen jeweils die Werte und Haltungen zuordnet, die zur Reifung der Persönlichkeit notwendig sind.

[77] Vgl. zum Begriff „ultimum potentiae", das „Äußerste des Seinkönnens" (Pieper, J.: Tugend (Anm. 27), 284) vor allem Mieth, D.: Die neuen Tugenden (Anm. 42), 16 und 24.

rantieren ihr in der unlösbaren Interdependenz von Identität und Tugend personale Kontinuität und Selbstentfaltung. Denn die in der Identitätsentfaltung gewonnenen Grundhaltungen als konkrete Handlungsorientierungen haben identitätsstabilisierende Wirkung und wirken sich produktiv in dem Sinne aus, daß sich das einmal gewonnene Selbstwertgefühl (Ich-Stabilität) nicht so leicht durch Veränderungen in Frage stellen läßt, sondern schöpferisch Veränderungen integriert und nach neuen Möglichkeiten der Verwirklichung des Humanum sucht und diese handelnd entfaltet.

Tugend macht so nicht Identität, sondern läßt in der konkreten Gestaltung des Lebens immer mehr *den* hervortreten, der einer wirklich ist (Identität/Selbst). Tugenden bedürfen zwar der willentlichen Formung[78], doch wer Identität „machen" will, wird einem Bild von sich selbst verfallen. Tugenden verkommen dann zu verfestigten moralischen Leistungen, die zum Identitätsverlust führen. Die Offenheit für den Anspruch der Wirklichkeit und die Annahme der Gestaltungsherausforderung lassen so Abschiednehmen von allen Selbst-Illusionen und überhöhten Selbstbildern und den zur Sprache kommen, der man wirklich ist.

4. Durch die inhaltliche Bestimmung des sittlich Richtigen[79] leistet Tugend einen dreifachen Beitrag zur konkreten Gestaltung gelingender Identität.

a) „Die Tugend zeigt ein dem einzelnen Handeln vorausliegendes bewährtes und angebrachtes Verhalten an und drängt auf seine Verwirklichung"[80]. Sie hat erinnernde Funktion – durchaus im Sinne einer Kontrastfolie – in den konkreten gesellschaftlichen und geschichtlichen Kontext hinein und ist sozial rückgebunden. Sie ist „sittliches Verhalten nach Lage der Dinge"[81], gerade aber auch nach Lage der bisher gestalteten und gewonnenen Identität. Sie ist kommunikative Integration der Wirklichkeit in die Identität und Vergewisserung durch die Erinnerung.

b) „In der Tugend wird das sittliche Leistungsvermögen vorgestellt, das man voraussetzen kann"[82]. Immer ist das, was einer soll, auf

---

[78] Eid, V.: Tugend als Werthaltung (Anm. 50), 67.

[79] Vgl. Schmitz, Ph.: Tugend, in: ders.: Menschsein und sittliches Handeln. Vernachlässigte Begriffe in der Moraltheologie, Würzburg 1980, 107–132, hier 113–130.

[80] A.a.O. 113.

[81] A.a.O. 115.

[82] A.a.O. 113.

das bezogen, was er ist. Tugend ist so Ausdruck bereits gewonnener Identität und im damit verbundenen freien Können verantwortlicher Entwurf hin auf die Verwirklichung des dem einzelnen möglichen ganzen Menschseins.

c) Tugend zeigt in jedem Handeln „das hier und jetzt zu aktualisierende Optimum persönlicher Verwirklichung"[83]. Sie ist schöpferisches Finden und dynamische Realisierung des je eigenen Weges, ist gleichzeitig immer auch Veränderung, Wandlung und Bewußtseinsentwicklung (eines Könnens- und Machtbewußtseins zum Wollen und Tun[84]), in Kontinuität sein Selbst zu entfalten und zu gestalten. Tugend ist dann „Instrument der Identitätsfindung"[85] und Leben auf die personale Mitte hin, Identität selbst der innere Bezugspunkt der Tugenden (und Werte), „die Mitte in Bezug auf uns"[86].

Hier kommt erneut die *Aktualität der Mesotes-Lehre* des Aristoteles in den Blick. Tugend bringt „die gegensätzlichen Pole, die das Selbst bestimmen, zur Synthese"[87] und gestaltet Leben im dauernd sich korrigierenden Auspendeln zwischen den Polaritäten der individuellen und gesellschaftlichen Wirklichkeit. Die kreative Spannungseinheit zweier Haltungen –, „Tugenden lassen sich heute eigentlich nur noch als Gegensatzpaare fassen"[88], – führt sie ins situativ rechte Handeln, balanciert Identität und kommt so selbst in der Mitte zu ihrem Ziel. Diese Mitte ist erkennbar im Darstellen der eigenen Identität, führt aus der egoistischen Verhaftung falscher Selbstverwirklichung heraus zu einer Identität, die sich kommunikativ und intersubjektiv plausibel präsentieren kann[89].

---

[83] A.a.O. 113.
[84] Vgl. Scheler, M.: Zur Rehabilitierung der Tugend, in: Scheler, M., Vom Umsturz der Werte. Abhandlungen und Aufsätze. Gesammelte Werke Bd. 3, Bern ⁴1955, 13–31, hier 15.
[85] Schmitz, Ph.: Tugend (Anm. 79), 128.
[86] Aristoteles: Nikomachische Ethik. Übersetzt und kommentiert von F. Dirlmeier. Werke Bd. 6, Darmstadt ⁹1991, 37 (II, 6, 1107a).
[87] Eisenstein, M.: Selbstverwirklichung (Anm. 9), 433. Vgl. hierzu besonders die Deutungen psychologisch relevanter Reifekriterien, a.a.O. 433–435.
[88] Betz, O.: Alte Tugenden – neue Tugenden, in: Betz, O. (Hg.), Tugenden für heute. Zwischen Möglichkeit und Wirklichkeit, München 1974, 9–25, hier 15.
[89] Vgl. Krappmann, L.: Soziologische Dimensionen (Anm. 9), 168–173 und Beirer, G.: Selbst Werden (Anm. 9), 187–188.

3. Tugend leben: Wegzeichen zur Identität

Tugenden sind grundlegende menschliche Kräfte, die sich als handlungsrelevante Fähigkeiten in der gestaltenden Auseinandersetzung mit Institutionen und Traditionen herausgebildet haben[90]. Die inhaltliche Bestimmung sittlich relevanter Handlungsmuster hat zunächst „von tatsächlich in der Gesellschaft vorliegenden Haltungsbildern bzw. Verhaltensweisen auszugehen"[91]; denn bestimmte Lebensmuster der Tugenden werden vorgefunden.

Tugenden sind aber nicht nur an einen geschichtlichen und gesellschaftlich-kulturellen Ort gebunden, sondern entscheidend an die Existenz von Gemeinschaften, in denen sie gelernt werden und sich handelnd verlebendigen und gestalten. Hängen sie auch in ihrer Verwirklichung von den situativen Kontexten und dem personalen Gewordensein des einzelnen (Identität) ab, so garantieren sie doch in hohem Maße eine gegenseitig einschätzbare personale Verbindlichkeit und Verläßlichkeit. Die Erfahrungen umfassender Bedingtheit – sowohl der eigenen Identität wie der Fähigkeiten zur verantworteten Selbstgestaltung, – lassen von daher eine individualmoralische Verkürzung der Tugend nicht zu, auch deshalb nicht, weil die Handlungsfähigkeiten des einzelnen in ihrer verändernden Bedeutung als grundlegend für die Gesellschaft erkannt wurden und sein identisches Tugend-Leben die gesellschaftliche Wirklichkeit rückwirkend gestaltet.

Adäquat der „Konvergenz von Orientierungsschwäche und Identitätsverlust"[92] bedingen sich Identitätsfindung und Lebensorientierungen gegenseitig. Diese Interdependenz von Identität und Handlungsfähigkeiten des Menschen zeigt, daß Tugenden nicht nur handlungsrelevantes Ergebnis einer identischen Persönlichkeit sind, sondern ebenso Wegzeichen zur Einheit mit sich selbst. Denn den Handlungen des Menschen liegen Tugenden als Fähigkeiten der Selbstgestaltung zugrunde, die das personal Mögliche wahrscheinlich und im konkreten Handeln wirklich machen. So provoziert jeder Selbstentwurf zu Grundhaltungen, weil das zu Verwirklichende geschehen und situativ gestaltet werden soll und sich identisches Leben in diesen Grundhaltungen frei und schöpferisch aus dem eigenen Wesen heraus entfalten kann: Tugenden versetzen so

---

[90] Vgl. Erikson, E.H.: Die menschliche Stärke (Anm. 34), 95.
[91] Mieth, D.: Die neuen Tugenden (Anm. 42), 56.
[92] Mieth, D.: Seelische Grundhaltungen (Anm. 54), 333; vgl. bes. 333–335.

in die Lage, daß Leben glücken kann. Als Verhaltensweisen, die Leben gelingen lassen, ist ihre Ausübung „selbst ein entscheidender Bestandteil des guten Lebens für den Menschen"[93] und ihre Konkretionen Schritte zur Aneignung des Selbst. Tugenden sind so Ansatzpunkte der Selbstverwirklichung in der Lebenswelt des Menschen, sind verändernde Praxis und garantieren gerade unter den Bedingungen permanenter Modifikationen Kontinuität als grundlegendes Gestaltungsmoment von Identität. In den Tugenden verlebendigt sich das Selbst des Menschen und stellt sich in der gesellschaftlichen Wirklichkeit als identisch dar.

3.1. Die Grundfähigkeiten gelingenden Lebens als Handlungsmuster der Tugenden

1. Tugend ist der lebensrelevant handelnde Erwerb und Vollzug menschlicher Grundfähigkeiten[94], die auf Wertverwirklichung zielen. Diese Fähigkeiten verlebendigen und verwirklichen Tugenden. Sie geben ihnen situativ konkrete Gestalt, indem sie den Menschen auf seine eigene innere Dynamik hin öffnen und ihn erfahrungsoffen, kontextbezogen und ganzheitlich (in einer kognitiv-affektiven Einheit) handeln lassen.

2. Diese Grundfähigkeiten sind weitgehend erlernbar bzw. Ergebnis eines bestimmten Lebensstils. Als existentielle Orientierungsstrukturen bilden sie einerseits Identität, sind Ausrichtung auf das eigene eigentliche Menschsein und so Voraussetzung für eine verantwortliche Selbstbestimmung und -gestaltung. Gleichzeitig aber sind sie in ihren Konkretionen als identische „Verleiblichung" des Selbst Ausdruckshandlungen[95] bereits gewonnener Identität. Sie sind so unlösbar mit dem in der sozialen Welt Gestalt gewonnenen Selbst verbunden und gleichzeitig identische Gestaltung des Selbst. Als grundlegende Handlungsmuster eines sich selbstverwirklichenden Menschen fördern sie die Menschwerdung des Menschen und ermöglichen gelingendes Menschsein. Sie sind bzw. werden Tugenden, bleibende seelisch-geistige Ausrichtungen, die den einzelnen befähigen, das dem Menschen und seiner Verwirklichung Adäquate zu tun. Als wichtige Handlungsperspektiven auf Iden-

---

[93] MacIntyre, A.: Verlust (Anm. 23), 247.
[94] Zur konkreten inhaltlichen Bestimmung der Grundfähigkeiten vgl. Kap. 3.2.
[95] Vgl. hierzu ausführlich Ginters, R.: Die Ausdruckshandlung. Eine Untersuchung ihrer sittlichen Bedeutsamkeit, Düsseldorf 1976, bes. 73–99.

tität hin verdeutlichen sie, was auf dem Weg der Selbstwerdung auszubilden und zu entfalten ist und immer wieder erneut im praktischen Vollzug eingeübt und gestaltet werden muß, um sich aus der eigenen Mitte (Selbst) heraus zu orientieren und auf das wirklich Menschliche hin auszurichten. Als Grundfähigkeiten, die Leben (eher) gelingen lassen, sind sie weniger relativ und kontingent als die Inhalte, die sie zu verwirklichen haben.

3. Grundfähigkeiten sind in der Sozialisation gewonnene bzw. existentiell erarbeitete Verhaltensmuster, die sich nicht intentional, sondern per effectum zu Tugenden gestalten. Sie stimulieren, differenzieren und intensivieren Tugenden, werden aber gleichzeitig von diesen und den sie tragenden Werten inspiriert und motiviert. Sie sind so nicht nur angelernte Fertigkeiten und Tüchtigkeiten, sondern als soziale und geschichtliche Ausdrucksformen der Identität werden sie zu Tugenden und sind damit „*Qualität der Person* selbst "[96].

Die Ausübung der Tugend ist nie Mittel zum Zweck der Identitätsgewinnung, sondern notwendiger und wesentlicher Teil identischen Lebens[97]. Als konkrete Sinnerfüllung und Wertverwirklichung bewirken Tugenden in Begegnung und kongruenter Kommunikation (per effectum) Selbsterfüllung und Selbstverwirklichung[98], weil sie „den Menschen als Menschen" meinen, seine „Fähigkeit ein Mensch zu sein"[99]. Es ist unabdingbar notwendig, daß Tugenden und die sie verifizierenden Fähigkeiten in der Person selbst und den sie tragenden Werten verankert sind und nicht auf eine vorgestellte Identität hin instrumentalisiert werden. Denn erst wenn sich der Mensch *nicht* um jeden Preis erreichen will – und dazu Tugenden durch Instrumentalisierung und Funktionalisierung ihrer eigentlichen Bedeutung und damit Wirkung entfremdet[100], Tugend „zu einer geist- und seelenlosen Routine ... werden"[101] – wenn er seine einmal gewonnene Identität nicht mehr festhalten will,

---

[96] Scheler, M.: Rehabilitierung (Anm. 84), 16. Die Deutung hier ist umfassender gedacht als die verengende Interpretation M. Schelers an dieser Stelle.

[97] Vgl. MacIntyre, A.: Verlust (Anm. 23), 201.

[98] Vgl. Frankl, V.E.: Der Mensch auf der Suche nach Sinn. Zur Rehumanisierung der Psychotherapie, Freiburg 1972, 75–76.

[99] Klomps, H.: Tugenden des modernen Menschen, Regensburg ⁴1976, 7.

[100] Tugenden als solche kann man nicht zum Inhalt einer Willenshaltung oder Gesinnung machen; man kann sie nicht tugendhaft sein wollen. Sie sind Ausdruck einer einheitlich geistigen Haltung. Vgl. Apel, K.-O.: Kein Ende der Tugenden, in: Frankfurter Hefte 29 (1974) 783–794, hier 785, auch 794.

[101] Weber, H.: Allgemeine Moraltheologie (Anm. 39), 329.

sich vielmehr loslassen und seine Gestalt im je neuen Wagen seiner Identität und ihrer situativen Gestaltung aufgeben kann, gewinnt er die wirkliche Gestalt seines Menschseins. Tugenden sind dann in den sie konkretisierenden Grundfähigkeiten handelnde Antwort des ganzen Menschen, identischer Ausdruck personal kongruenter Existenz.

Tugenden kann man ebenso wenig wie Selbstverwirklichung „leisten", nicht machen und so auch nicht besitzen. „Tugenden ‚hat' man nicht, ... Tugenden haben uns"[102]. Sie gewinnen je neu Gestalt im konkreten Handeln, im realen Wagnis der eigenen Identität und werden eher „habituell" durch das Einüben lebenstragender und -fördernder Grundfähigkeiten, um die man sich je neu praktisch bemühen muß.

4. Menschliches Handeln steht immer im Kontext des ganzen Lebens: der eigenen Selbstverwirklichung und Entfaltung wie auch der Selbstwerdung des anderen. Der Weg zum Glücken des eigenen Lebens ist begleitet vom Erlernen lebenstragender und -ermöglichender Fähigkeiten und Handlungsperspektiven, die in Konsequenz befähigen, die unübersichtliche soziale Wirklichkeit zu strukturieren und zu bewältigen, sich in möglichst vielen Lebenssituationen auf die Fülle des Menschseins hin auszurichten und das zu tun, was der eigenen wie der Entfaltung des anderen dient und sie fördert. Gelingt es, eine der Fähigkeiten zu verlebendigen, kommt dies unmittelbar dem eigenen Selbstwerden zugute, indem sie Werte, Tugenden und die sie tragende Identität gestaltet.

3.2. Grundfähigkeiten zu identischem Sein

1. Die Grundfähigkeiten[103] zu identischem Sein sind erworbene, im einzelnen manifest gewordene Handlungskompetenzen. Als solche werden sie zu konkreten Haltungen[104]. Sie sind lebendiger Ausdruck der Kongruenz von Gesinnung und Können, des Engagements für das (ganze) Leben. Im Sinne eines praktischen Diskurses mit den verschiedenen Selbstverwirklichungs- und Identitätstheorien sind sie in unterschiedlicher Gewichtung als grundlegende Handlungsorientierungen für gelingendes Menschsein erarbeitet bzw. als wichtig erkannt worden. Sie scheinen Optionen zu sein, die sich aus dem Menschsein ergeben.

---

[102] Mieth, D.: Die neuen Tugenden (Anm. 42), 31.
[103] Es werden im folgenden einige exemplarisch genannt und andeutungsweise dargestellt.
[104] Vgl. bes. Weischedel, W.: Skeptische Ethik (Anm. 45), 188–220.

Im konkreten Handeln ermöglichen sie eher gelingendes Leben, fördern die Menschwerdung des Menschen und sind identischer Vollzug seines Menschseins. In der alltäglichen, lebensweltlichen Verlebendigung ist der Mensch auf sie hin bzw. mit ihnen auf sich selbst hin unterwegs, verwirklicht immer mehr sich selbst und gewinnt so seine Identität. Diese Grundfähigkeiten helfen, sich identisch in die heutige Zeit hinein, unter den heutigen Bedingungen zu realisieren, und schaffen eine Wertdisposition, in der der Mensch zu dem werden kann, der er ist. Sie sind allgemein menschliche Orientierungen zur Lebensgestaltung miteinander, zur solidarischen Hilfe füreinander und zur Gestaltung des eigenen Selbst[105].

– *Lernbereitschaft* und *Lernfähigkeit* ist die ganzheitliche Offenheit für die bedingenden Kontexte und Sensibilität für die Bedeutung von Ereignissen. Als eine soziale Fähigkeit (gemeinsam Lernen) bedeutet sie die Bereitschaft, sich wie auch die äußere Realität zu verändern und die Dynamik von Wandlung und Verwandlung wahrzunehmen und aktiv zu leben. Sie ist absolutes Interesse an dem und unbedingte Konzentration auf das, was man gerade tut. Sie zeigt sich in Disziplin, Mut und Geduld (v.a. mit sich selbst)[106].

---

[105] Zur Darstellung der einzelnen Fähigkeiten vgl. ausführlich Beirer, G.: Selbst Werden (Anm. 9), 377–385 und Beirer, G.: Erziehungsziele: Grundfähigkeiten gelingenden Lebens, in: In Familie leben und erziehen, hrsg. vom Diözesanerwachsenenbildungswerk im Erzbistum Bamberg, Bamberg 1993, 33–44. Bei der folgenden Darstellung kann nicht auf die umfangreiche weiterführende bzw. konkretisierende (v.a. psychologisch-therapeutische) Literatur verwiesen werden.
Die Zusammenstellung von relevanten Tugenden für gelingendes Leben heute verdeutlicht besonders die Interdependenz von Tugenden als Grundhaltungen und den Grundfähigkeiten der Identitätsgestaltung. Vgl. hierzu die folgenden Entwürfe: Betz, O. (Hg.): Tugenden für heute. Zwischen Möglichkeit und Wirklichkeit, München 1974; Bollnow, O.F.: Wesen und Wandel der Tugenden, Frankfurt/M. 1981 (99.–102. Tsd); Endres, J.: Menschliche Grundhaltungen. Ein Ordnungsbild der Tugenden, Salzburg 1958; Guardini, R.: Tugenden (Anm. 37); Hahn, V. (Hg.): Das Leben bestehen. Christliche Grundhaltungen, Limburg 1975; Hildebrand, D. von: Sittliche Grundhaltungen, Regensburg 1969; Klomps, H.: Tugenden (Anm. 99); Kutschki, N. (Hg.): Kardinaltugenden. Alte Lebensmaximen – neu gesehen, Würzburg 1993; Mayer, H.B.: Erfülltes Menschsein. Gedanken über christliche Grundhaltungen, Innsbruck 1975; Mieth, D.: Die neuen Tugenden (Anm. 42); Pieper, J.: Das Viergespann. Klugheit – Gerechtigkeit – Tapferkeit – Maß, München 1964; Rahner, K./Welte, B. (Hg.): Mut zur Tugend. Über die Fähigkeit, menschlicher zu leben, Freiburg 1979; Stenger, H.: Kompetenz und Identität. Ein pastoralanthropologischer Entwurf, in: ders. (Hg.): Eignung für die Berufe der Kirche. Klärung – Beratung – Begleitung, Freiburg ²1989, 31–133; Weischedel, W.: Skeptische Ethik (Anm. 45).
[106] Vgl. Fromm, E.: Die Kunst des Liebens, in: ders.: Sozialistischer Humanismus und Humanistische Ethik. Gesamtausgabe Bd. 9, Stuttgart 1981, 437–518, hier 503–509.

– *Kritik- und Konfliktfähigkeit.* Kritikfähigkeit ist die Bereitschaft zu konstruktiver Selbstkritik ebenso wie zur sachgemäßen, engagierten Kritik der bedingenden Kontexte, von Vorurteilen und Zwängen. Sie fördert die Fähigkeit zur Situationsgerechtigkeit und die Bereitschaft zu verändernden Korrekturen.

Konfliktfähigkeit meint zunächst das Wahrnehmen, Akzeptieren und Ertragen von Konflikten. Sie bedeutet, zu sich selbst zu stehen und zulassen zu können, daß man anders denkt, fühlt und handelt und andere es auch tun. Sie ist die Motivation, Konflikte wirklich lösen zu wollen und zu erkennen, welche Entwicklungschancen in ihnen stecken und welche Kräfte sie freisetzen können. Sie ist die Bereitschaft zum Kompromiß als Lösung, die eine Niederlage vermeidet. Sie ist die Fähigkeit zur fairen Auseinandersetzung und zum Einhalten der Schritte der Konfliktlösung.

– Die *Fähigkeit zu Zusammenarbeit und Kommunikation* verlebendigt sich in Dialogoffenheit und Kooperationsbereitschaft. Sie ist die Fähigkeit zur Selbst-, Rollen- und Normdistanz, ist Wille zum Kennenlernen des anderen, zu zwangsfreier Verständigung und wechselseitiger Anerkennung. Sie bedeutet Kongruenz von Sprache und Handeln (existentielle Glaubwürdigkeit) und ein permanentes Bemühen um identische Sprach- und kommunikative Kompetenz.

– Die *Fähigkeit zu Solidarität bzw. solidarischem Handeln* bedeutet engagiert dem anderen gerecht zu werden und seine Selbstgestaltung und Verantwortung in dem Maße zu fördern, wie sie (schon/noch) möglich ist (advokatorische Hilfe zur Selbsthilfe[107]). Sie ist soziales Interesse und Engagement, Sensibilität im Aufspüren der Behinderungen der (Mit-)Menschlichkeit. Sie beinhaltet Respekt vor dem anderen, unbedingte Wertschätzung und Achtung seiner Würde. Sie bedeutet aber auch kontinuierliches, verbindliches Mitsein an den Stellen, wo Strukturen aber auch menschliches Unvermögen Veränderungen kaum möglich erscheinen lassen und ist gleichzeitig reales, nicht entmündigendes, sondern den Selbstwert förderndes Hilfehandeln und zuwendendes Vertrauen, daß gerade auch in der Annahme eigener Angeschlagenheit das Leben neu gewagt und gestaltet werden kann.

– Die *Fähigkeit zu Selbstwahrnehmung und Selbsterkenntnis* meint den

---

[107] Vgl. hierzu die verschiedenen Studien von M. Brumlik, in: Brumlik, M.: Advokatorische Ethik. Zur Legitimation pädagogischer Eingriffe, Bielefeld 1992.

Mut, sich selbst als den wahrzunehmen, der man wirklich ist, sich mit sich selbst auseinanderzusetzen und Freiräume zu schaffen, in denen man sich selbst erleben kann. Im Bewußtmachen eigener Wünsche, im Ernstnehmen eigener Bedürfnisse und im konstruktiven Auflassen von Abwehrmechanismen lernt der Mensch seine Erwartungen, Einstellungen und Werte kennen, kann sich selbst gegenübertreten (Fähigkeit zur Selbstdistanz) und sich aushalten lernen. Das Wissen um den eigenen Standort, den eigenen Wert, befähigt zu selbstkompetentem Handeln.

– Die *Fähigkeit und Bereitschaft zu Selbstannahme, Selbstgestaltung und Selbstverantwortung* bedeutet zunächst die Annahme der eigenen Eltern, der eigenen Geschichte, des eigenen Gewordenseins[108]. Selbstliebe im Sinne unverstellter Selbstannahme ist meist wesentlich schwerer als Nächstenliebe. Dieser Mut, zu sich selbst stehen zu können, bedingt den Mut zur Selbstgestaltung, zu eigenem selbständigen Wollen und Handeln. Im Vertrauen auf die eigene (durch andere) gewonnene Kompetenz zur Selbstentfaltung wächst auch die Kraft, Selbstverantwortung zu übernehmen, zu Entscheidungen zu stehen, sich aber auch zu verändern. Der darin erfahrene Selbstwert und das gewonnene Selbstvertrauen lassen mit (im eigenen Leben) geschaffenen Traditionen und Strukturen frei umgehen und bedingen Kritik von Gehorsam und Autorität. In verantworteter Selbstkompetenz wird der einzelne zu einem Ort, der anderen auf ihre je eigene Identität hin motiviert und hilft.

– Die *Fähigkeit zur Einheit von Denken und Fühlen, von Verstand und Willen* beinhaltet die Kompetenz, die eigenen Gefühle zu erleben, nicht auszuleben, sich bewußt zu werden, wie sehr Gefühle menschliches Handeln bestimmen und wie eng sie mit den tragenden Wertvorstellungen zusammenhängen. Diese Fähigkeit widersteht einer einseitigen Überbetonung des Verstandes wie des Gefühls ebenso wie dem gegenseitigen Ausspielen von Denken und Fühlen. Sie ist ein rationales wie emotionales Aufarbeiten der Wirklichkeit, ein handelndes Annähern an die eigene Ganzheit (Integration) in den sie bedingenden Kontexten und ein kontinuierliches Arbeiten an der Kongruenz von Verstand und Willen (Selbstkongruenz).

– Die *Fähigkeit zu Freiheit und Verantwortung* ist Annahme der Gestaltungsaufgabe und Antwort auf die Erfahrung, für die eigene Frei-

---

[108] Vgl. Erikson, E.H.: Identität (Anm. 9), 118–119.

heit selbst verantwortlich zu sein. Sie ist die Fähigkeit, gesellschaftliche Leitbilder kritisch zu hinterfragen und den Diskurs zu suchen. Sie bedeutet orientierende Auseinandersetzung mit Werten und Normen, Konfrontation mit den seelischen Abbildern von Autorität, die sich im Laufe der eigenen Lebensgeschichte aufgebaut haben, und so produktiver Widerstand. Sie ist die immer neu erarbeitete Autonomie im Entscheiden und Handeln (Gewissensfreiheit), ist bewußte Entscheidung zu seinem Leben gegen die Sachzwänge und damit permanente Suche nach der existentiellen Wahrhaftigkeit (Selbstkongruenz), nach den „Handlungs- und Haltungsstilen, unter denen der Mensch angesichts der heutigen ethischen Herausforderungen überhaupt Verantwortung üben kann"[109]. Sie ist letztlich aber auch die Fähigkeit zum Perspektivenwechsel, zu Umdeutung und Erweiterung des eigenen Horizonts in Freiheit (Identitätstransformation).

– Die *Fähigkeit zu Annahme und Bewältigung von Schuld* ist die Fähigkeit zur reifen Schulderfahrung und zu adäquaten Schuldgefühlen. Wer die Bedeutung der Realität der Schuld für das eigene Leben erkennt, für den wird Schuldbewältigung Vermehrung der Lebensqualität in der Beziehung zu sich selbst, zum Mitmenschen und zu Gott, konstruktive Integration in das Gesamt der Lebensgeschichte. Die Erfahrung eigener Umkehr, Neuorientierung und Veränderung erschließt nicht nur die eigenen eigentlichen Lebensmöglichkeiten, sondern macht auch fähig zu Vergebung und Versöhnung und konstituiert eine Moral, die sich am Können, in der Herausforderung auf das je eigene existentielle Mehr, nicht am überfordernden Sollen orientiert.

– Die *Fähigkeit zu Abschied, Leid und Trauer* meint das Zurücklassen-, Loslassen-Können, das Lösen vom „alten Menschen", von bestimmten Lebensabschnitten und Selbstbildern. Sie beinhaltet ein Umgehen-Lernen mit widersprüchlichen Erwartungen und Erfahrungen und Toleranz für Erwartungsdiskrepanzen (Ambiguitätstoleranz). In der Annahme und Verarbeitung der Enttäuschungen des Lebens (Trauer) wird der Mensch durch das Leiden an sich selbst sensibel für das Leid anderer und das, was Leiden verursacht. Seine eigene Verletzlichkeit läßt ihn engagiert für die Reduzierung von Leid und Leidursachen

---

[109] Mieth, D.: Die Gottesfrage der Moral. Eine literaturtheologische Perspektive,in: Mertens, G./Kluxen, W./Mikat, P. (Hg.): Markierungen der Humanität. Sozialethische Herausforderungen auf dem Weg in ein neues Jahrtausend, Paderborn 1992, 91–103, hier 102.

eintreten. Diese Fähigkeit motiviert zur Hoffnung auf die eigene Kontinuität im aktiven Gestalten des je Neuen.

– Die *Fähigkeit zur Sinnannahme und Sinngestaltung* bedeutet zunächst Offenheit für die Sinngestalten des Lebens, für den Sinn, der auf den Menschen „zukommt". Sie bedingt Sensibilität für die entscheidenden Fragen des Lebens und die eigene existentielle Tiefe, für das sich in der Selbstverwirklichung immer mehr eröffnende Ziel des Lebens. Sie meint gleichzeitig aber immer auch Kritik lebenstragender Sinnbilder und Aufbrechen verengter Sinndeutungen und -verkürzungen. Die relevanten Sinnerfahrungen und die bewußte Gestaltung des Sinns verdichten sich in Überzeugungen, die im Handeln transparent werden, sich unter den Bedingungen der Wirklichkeit realisieren und entschiedener Ausdruck des ganzen Menschen sind.

3.3. Das Erlernen der Fähigkeiten: unterwegs zur Tugend

1. Auf dem Weg identischer Selbstgestaltung gilt es, überschaubar, in kleinen Schritten mit der Realisierung *einer* der Fähigkeiten zu beginnen und sich nicht mit einer Vielzahl zu überfordern; denn kein Mensch kann sich selbst mit gleicher Intensität auf allen Ebenen verwirklichen. Da aber die Grundfähigkeiten gelingender Identität in der handelnden Mitte des Menschen verwurzelt sind und jede Fähigkeit ein Vermögen realisiert, das den ganzen Menschen verwirklicht[110], werden in der konsequenten Arbeit an bzw. mit sich selbst im realen Alltag auch die anderen Fähigkeiten mit zunehmender Entfaltung des eigenen Selbst identisch aktualisiert und in den konkreten Lebensvollzug hinein verwirklicht. Die Fähigkeiten verweisen so aufeinander, und eine Fähigkeit zieht die andere nach sich. Da jeder aber nur von dem ausgehen kann, was er kann und worin er sich zu Hause fühlt[111], sollten die einzelnen Grundfähigkeiten nicht bewußt gewichtet werden, um jedem den seinen Möglichkeiten und Fähigkeiten adäquaten Zugang zur Selbstverwirklichung zu ermöglichen. Es ist so, überspitzt formuliert, einerlei, mit welcher Fähigkeit man beginnt. Entscheidend ist, *daß* man beginnt; denn alle diese Fähigkeiten sind ein Einüben in die Menschlichkeit, Schritte identischer Menschwerdung.

---

110 Vgl. Schmitz, Ph.: Tugend (Anm. 79), 122.
111 Vgl. Guardini, R.: Tugenden (Anm. 37), 19.

2. Das Lernen der Fähigkeiten durchwirkt alle Lebens- und Seinsbereiche und ist Selbstgestaltung, Hilfe zu Identität und Mündigkeit. Gelingt eine der Fähigkeiten etwa in der Partnerschaft (z.B. Konfliktfähigkeit), so wird dieser Mensch auch im beruflichen Alltag mit Spannungen besser umgehen können und Konfliktlösungen anstreben, die dem anderen ebenso seine Identitätsentfaltung ermöglichen. Und wenn er lernt, in seinen Beziehungen konstruktiv zu kommunizieren, wird auch die Kommunikation nach innen, mit sich selbst immer mehr gelingen.

Läßt sich eine (erlernte) Fähigkeit nicht in die anderen Lebensbereiche hinein verwirklichen, ist diese Fähigkeit noch nicht die wirklich eigene existentiell angeeignete Fähigkeit, sondern (zunächst) erlernt für bestimmte Situationen des eigenen Lebens. Um sie wirklich zur eigenen Fähigkeit und damit zur Grundhaltung werden zu lassen, muß sie in immer anderen Lebensbereichen und -situationen versucht und gelebt werden. Es geht so weniger um das Beherrschen einer Fähigkeit, als vielmehr um das sensible Wahrnehmen des eigenen Standortes, der tragenden Überzeugungen, und um das Einüben im radikalen Sehen dessen, was man (schon) vermag.

3. Tugenden (Grundhaltungen) bedürfen der Einübung. Sie erwachsen aus dem konkreten Tun identitätsfördernder Fähigkeiten und werden durch fortgesetzte Übung zu bleibenden seelischen Ausrichtungen, welche nun ihrerseits zu identischem (gutem) Handeln drängen[112]. Sie gestalten die eigenen Anlagen, Fähigkeiten und Möglichkeiten aus, sind aber nicht selten auch bewußt und mühsam bis zu einer gewissen Selbstverständlichkeit eingeübt"[113]. Im Offensein für den Anspruch des jeweiligen Augenblicks sind sie dann praktisch eingeübtes Gespür für die Situation und entlasten durch die Habitualisierung in der direkten Entscheidung.

Wie die Fähigkeiten berühren auch Tugenden einander und bringen sich gegenseitig zur Entfaltung. Sie sind notwendig aufeinander verwiesen und hängen von einander ab[114]. Sie entfalten sich in enger Verbindung mit der Gestaltung der Identität. Das Erlernen der Fähigkeiten als Konkretionen der Tugenden stabilisiert und stärkt aber auch die eigene Identität. Als handelndes Herausarbeiten des sittlich Guten

---

[112] Vgl. Eid, V.: Tugend als Werthaltung (Anm. 50), 67.
[113] Vgl. Guardini, R.: Tugenden (Anm. 37), 13.
[114] Vgl. Erikson, E.H.: Die menschliche Stärke (Anm. 34), 99.

bilden Tugenden (und Fähigkeiten) entscheidend die Persönlichkeit und im Handeln personale Kompetenzen aus.

4. Tugenden entfalten sich im handelnden Mitsein. Sie bedürfen als praktisch gelebte Haltungsbilder und handelnde Konkretion von Identität der anderen. Im reziproken Gestalten, in der aktiven Auseinandersetzung mit sich selbst, der Mit- und Umwelt steht permanent der eigene Lebensentwurf (nicht nur dessen Realisierung) zur Disposition. Das bedeutet nicht nur Überprüfen des eigenen Gewordenseins, sondern kontinuierliche Vergewisserung selbstkongruenten Werdens und immer erneutes Verlebendigen sich selbstverwirklichenden Seins. Als identisches Gestalten der Tugenden ist Handeln dann Bejahung des Unterwegs-Seins, „Ja zum eigenen Provisorium"[115], zum eigenen Unvollendetsein.

Unterwegs-Sein zur Tugend durch das Erlernen und handelnde Verwirklichen der identitätsfördernden Fähigkeiten ist ein Immermehr-fähig-Werden, die eigene Freiheit zu ergreifen, ein Sich-Einlassen auf das gestaltende Wählen überhaupt. Es wird zu einer Wahl des Selbst, die durch „einen lebenslangen Prozeß der ethischen Durchdringung und aktiven Gestaltung der eigenen Existenz"[116] und der (Mit-)Welt geschieht.

Der Weg ist so das Ziel. In der Gegenwart, im dauernden Sich-Herausfordern-Lassen von der Wirklichkeit versucht der Mensch, seinen Möglichkeiten und Fähigkeiten entsprechend identisch mit sich selbst zu leben. Er verwirklicht sich seinem jetzigen Sein entsprechend, in dem die ganze Wirklichkeit seines Selbst durchscheint, und an dem Ort, in der Realität, in der er jetzt steht bzw. in die er hineingestellt ist, sich selbst zu gestalten. Allein im Gehen des Weges, auf dem die Fähigkeiten helfende Wegzeichen sind, vermag er zu sich selbst und den Mitmenschen zu finden und in der Verwirklichung seiner je eigenen Identität mit den anderen zu leben.

5. Mit den Tugenden kommt man wie mit der Identität nie an ein Ende. Sie sind wie die Werte und Fähigkeiten in ihrer Idealität real nie voll auszuschöpfen, nie ganz zu verwirklichen. Als Lebensorientierungen halten sie den Menschen auf dem Weg zu sich selbst, auf das hin, was jeder Mensch immer *auch* sein kann und *werden* soll. Sie bleiben, weil der Mensch immer zu seiner Fülle unterwegs ist, Aufgabe und

---

[115] Mieth, D.: Die neuen Tugenden (Anm. 42), 81.

[116] Eisenstein, M.: Selbstverwirklichung (Anm. 9), 427.

Auftrag. Als Handlungsziele haben sie ihren Wert und Sinn nicht darin, daß sie erreicht bzw. in allem erfüllt werden, sondern sie sollen inspirieren, motivieren und herausfordern. Sie sollen auf dem Weg helfen und Wegweiser sein, sich eigenverantwortlich und engagiert am Menschen und seiner Selbstverwirklichung auszurichten. Sie bilden sich, in den Fähigkeiten gelebt und geübt, zu bleibenden Haltungen (Tugenden) aus, die zum Leben stimulieren, das eigene Selbst (aus)differenzieren und solidarisches Mitsein intensivieren.

3.4. Die Gestaltung von Identität und Tugend.
Zur Gewissensbildung und Vermittlung sittlicher Kompetenz

1. Die Ausbildung des Gewissens verläuft parallel zur Entfaltung der Persönlichkeit eines Menschen, parallel zu dessen Selbstwerdung[117]. In dem Maße, wie sich der Mensch entfaltet und verwirklicht, erhält auch das Gewissen seine je eigene Gestalt; je mehr aber der Mensch sein Gewissen bildend entfaltet und es zur Erfüllung bringt, um so mehr verwirklicht sich sein individuelles Selbst und gestaltet sich zum personalen Wertentwurf seines Seins.

Kommt es aber zu Verkürzungen der Selbstdeutung und zu Behinderungen der Selbstverwirklichung bzw. zu Identitätsbrüchen, verkürzt sich auch die Deutung und Funktion des Gewissens und hemmt eine identische, ganzheitliche Gewissensbildung. Wird andererseits das Gewissen und seine Bildung vernachlässigt oder beengt, ist die Erfahrung der Einheit des Selbst bedroht und gestört. Der Mensch gerät in eine Identitätskrise mit der Gefahr des Selbstverlust.

Ein gut ausgebildetes und funktionierendes Gewissen ist identitätsfördernd, -stabilisierend und damit -sichernd[118]. Es leitet den Menschen in der Offenheit auf Erfahrungen hin und in bewußter Integration der Wirklichkeit zu situationsbezogenem, identischem Handeln an; und in seiner „Sensibilität für das Humane" fordert es zur Fülle des Menschseins heraus, des eigenen wie des anderen Menschsein. Andererseits aber ist eine stabile, gut ausbalancierte Identität zur Ausbildung des Gewissens unablässig; denn das Gewissen ist zunächst nur soweit ent-

---

[117] Vgl. hierzu v.a. die verschiedenen Deutungsansätze in der Gestaltpsychologie, der Analytischen Psychologie, der Daseinsanalyse, der Humanistischen Psychologie und der Logotherapie (Existenzanalyse).
[118] Vgl. z.B. Schavan, A.: Person und Gewissen. Studien zu Voraussetzungen, Notwendigkeit und Erfordernissen heutiger Gewissensbildung, Frankfurt/M. 1980, 285–290.

wickelt, wie der Mensch mit sich selbst gekommen ist. Ist er aber in seiner Selbstverwirklichung offen auf die ganze Wirklichkeit und nicht verschlossen in der Idee eines Selbst, bildet er/sich sein Gewissen adäquat seiner Selbstgestaltung zu einem mündigen, selbständig-produktiven Gewissen aus. Er konkretisiert es in den situativen Vollzügen menschlichen Lebens, erlebt und gestaltet es real im gesellschaftlich-kommunikativen Handeln und füllt es mit verläßlichen Inhalten (Werte, Tugenden); dabei verliert er nie den Blick auf die ganze Wirklichkeit des Menschseins.

Wie Selbstverwirklichung ist Gewissensbildung ein lebenslanger Prozeß. Im Unterwegssein auf Identität hin bedarf der Mensch immer des ihn auf sein Selbst hin ansprechenden Gewissens. Gleichzeitig aber ist auch das Gewissen im Werden und unterwegs zu seiner vollen Gestalt. Es vollzieht sich nicht von selbst, sondern bedarf in den sozialen Konkretisierungen der Identität der aktiven Gestaltung durch den Menschen und bleibt ihm immer als Aufgabe gestellt.

2. Sollen Gewissensbildung als Entfaltung der Werte, Tugenden und Fähigkeiten und damit identische Selbstgestaltung gelingen, sind einige grundlegende moralpädagogische Aspekte zu berücksichtigen.

– Die Formung und Entfaltung des Gewissens ist Grundlage für eine weitere selbständige Verwirklichung und selbstverantwortliche Gestaltung des Menschen. Mit den materialen Inhalten (Normen) sind die Bedingungsbezüge (Konditionalität), die dahinterstehenden Werthaltungen und die entsprechenden Fähigkeiten (Können) mit zu vermitteln und einsichtig zu machen, um so den Grund für spätere Generalisierungen und Übertragungen, für eine relevanzbewußte Rekonstruktion und einen verantwortlichen Nachvollzug zu legen[119]. Diese in Erfahrung und Erleben gewonnene Identitätsbasis befähigt den einzelnen, die normativen Anforderungen[120] situationsgerecht in personaler und sozialer Verantwortung auszugestalten und eigenverantwortlich Identität in der je eigenen Entfaltung der Werte und Tugenden auszubilden.

Die zentrale Aufgabe der Gewissensbildung ist von daher, Menschen auf sich selbst hin zu motivieren, zu sich selbst auf den Weg zu bringen und für sich selbst und so auch für andere sensibel zu machen. Gewis-

---

[119] Vgl. hierzu V. Eid in diesem Band, 143.

[120] Normen fungieren dabei sls konkrete Modelle von Werteinsichten und Wertentscheidung, beinhalten aber gleichzeitig auch Weisungen für Verhaltensalternativen. Sie sind „wichtige Markierungen auf dem Weg des Menschen zu sich selbst" (Eisenstein, M.: Selbstverwirklichung [Anm. 9], 436).

sensbildung vermeidet, fertige Antworten vorzusetzen. Sie fragt, provoziert und problematisiert, um den einzelnen zu befähigen, aus der Reflexion seiner Werte und Erfahrungen heraus die verschiedensten Probleme und Situationen seines Lebens gelingend zu bewältigen. Sie fördert so die Entscheidungskompetenz und vermittelt das nötige Verständnis und Bewußtsein für das eigene Gewissen und das es tragende Selbst.

– Gewissensbildung ist Sensibilisierung für die Gestalt der je eigenen Identität. Sie ermutigt zur Freiheit, zur verantwortungsbewußten Übernahme der eigenen Existenz und ermöglicht, daß der Mensch sich selbst bejahen und annehmen kann, Mut gewinnt, das Wagnis, man selbst zu sein, auf sich zu nehmen und sein Leben gestaltend zu entwerfen. Sie öffnet den Menschen für das „Innewerden des eigentlichen Selbstseins"[121] und führt durch die Förderung und Ausbildung identitätsgestaltender Einstellungen und persönlichkeitsentfaltender Fähigkeiten von einer altersgemäßen Kasuistik zu einem ausbaufähigen persönlichen Moralkonzept[122].

– Wird das Gewissen in der Sozialisation nur auf eine gut funktionierende Verhaltenskontrolle reduziert, kommt es zur Selbstfixierung durch das Kontrollorgan Gewissen. Dem Menschen sind dadurch die Möglichkeiten weitgehend verbaut, sein wirkliches Selbst zu entdecken und zu entfalten. Er wird in einem festgefügten Normenraster funktionieren und jeden Anruf seines eigentlichen Selbst mit mehr Rigidität, noch grausamerer Kontrolle und irrationaler Über-Ich- bzw. Autoritätshörigkeit beantworten. Diesen Teufelskreis wird er nur unter größten Mühen durchbrechen können, da er sich gegen die internalisierte Autorität, die sich in seinem Gewissen festgesetzt hat und aufgrund psychischer Angstmechanismen meist einfordernder ist, auflehnen muß. Allzu leicht fällt er dabei nur in einen neuen Normenraster[123], in dem er sich im Prinzip gleich verhält, obwohl er glaubt, ganz anders zu handeln.

Das Ziel einer guten Gewissensbildung sollten so Handlungsorientie-

---

[121] Häfner, H.: Schulderleben und Gewissen. Beitrag zu einer personalen Tiefenpsychologie, Stuttgart 1956, 148.
[122] Vgl. Eid, V.: Weitergabe „christlicher Moral" im Religionsunterricht, in: Brune., J. (Hg.): Freiheit und Sinnsuche. Religionsunterricht, Ethik, Lebenskunde in der pluralen Gesellschaft, Berlin 1993, 41–62.
[123] Oft wird nur die bestimmende Autorität ausgetauscht und keine Entwicklung in Richtung Selbstkompetenz erzielt.

rungen (Perspektiven) sein: Die Kontrollfunktion des Gewissens sollte sich eindeutig der Weisungsfunktion des Gewissens unterordnen.

– Wird das Gewissen manipulativ ausgestaltet und ausgebaut, werden zentrale menschliche Werte wie Freiheit, Glück, Selbstverwirklichung und Liebe ebenfalls manipulativ. Sie sind aber so wenig wie Autonomie, Mündigkeit und kritisches Bewußtsein herstellbar. Viele Fehlformen des Gewissens (und damit auch Identitätsstörungen) haben so ihre Ursache im Versagen einer maß-geblichen Erziehungsinstanz oder der sozialen Umwelt, wenn diese autoritär-manipulativ Werte und Tugenden „pädagogisch" verordnen und nicht die im Menschen und der Gemeinschaft angelegten Selbstgestaltungskräfte entfalten, auf sie vertrauen und sie auf Selbstkompetenz hin fördern.

Von der Gesprächsbereitschaft, der Dialogfähigkeit und der offenen Kommunikation hängt in starkem Maße die Schärfung oder Verkrümmung des Gewissens ab. Nur Ich-Stärke, eine gelingende Selbstverwirklichung und die damit einhergehende personale Eingebundenheit und Bezogenheit zu Mensch und Welt verringern, ja verhindern die Anfälligkeit des einzelnen für Manipulation durch übergreifende Systeme und machen resistent gegen gewissens- und selbstdeformierende Einflüsse von außen (und auch von innen).

– Gewissensbildung fördert umfassend menschliche (emotionale, geistige, charakterliche ...) Kompetenzen. Kompetenzerwerb ereignet sich im konkret gestalteten Leben, in der offenen Annahme der auf den Menschen zukommenden Lebenswelt, deren Teil er schon immer ist und bleibt. Gewissensbildung bedeutet dann, Erfahrungsräume schaffen, Erfahrungen zulassen, in denen sich sittlich relevante Einstellungen und Fähigkeiten herausbilden und eingeübt werden können, so daß sittliche Haltungen durch personale Aneignung entstehen können. Sie ist so Sensibilisierung für die gegebene Realität in der Spannung zu deren Möglichkeiten.

– Da bestimmte Lebensmuster der Tugenden vorgefunden werden, bedeutet Gewissensbildung das Ausbilden von sittlicher Urteilskompetenz im Umgang mit der Tradition, um relevante Möglichkeiten der Rezeption zu entwerfen. Das beinhaltet ein Sensibilisieren für verdrängte und vergessene ethische Grundüberzeugungen und -haltungen, für neue Prioritäten und für das, was theoretisch zwar unbestritten gilt, in der Praxis aber noch zu wenig oder gar nicht verwirklicht ist.

Gewissensbildung fördert so nicht nur die kritische Distanz zur herrschenden Moral, sondern vermittelt vor allem Kompetenzen zur Auseinandersetzung mit der gesellschaftlich gelebten Moral. Unter den Bedingungen der Pluralität von Wertmustern ermöglichen sie, die personalen und sozialen Kontexte der Identitätsbildung zu reflektieren. Der Diskurs konkreter Lebensmuster schafft dann kommunikable Plausibilitäten für die Realisierung sozial und personal tragender Handlungsmuster, die im beschleunigten sozialen Wandel adäquat Identität ausdrücken, aber auch Identität je neu im Feld kontingenter Möglichkeiten konstituieren. Im kritischen Rekurs auf die internalisierte und zunächst autoritäre Moral wird dabei der einzelne zur Gestaltung einer personal verantworteten, mündigen Moral motiviert.

– Wer die Gewissensbildung des anderen fördern will, trage zunächst Sorge dafür, daß sein eigenes Gewissen möglichst gut und umfassend gebildet ist und er sich selbst echt und wahr lebt. Als sich selbstverwirklichender Mensch ist er ein glaubhaftes Modell identisch gelebten Gewissens[124]. Er wird Gewissen als Offenheit auf die je eigene Wirklichkeit dialogisch weitervermitteln, allerdings nicht im Sinne einer (äußeren) Nachahmung eines Ideals, sondern in der Freisetzung der inneren Dynamik und personalen Kompetenz des anderen auf Wandlung und Selbstgestaltung hin. Er wird nicht Werte einfordern, ohne die diesen adäquaten Tugenden und Fähigkeiten auszubilden und existentiell zu verlebendigen. Denn es ist sinnlos, Wahrheiten anzumahnen, ohne Wahrhaftigkeit (v.a. im Sinne der Selbstkongruenz) einzuüben und in der Erfahrung einer „durchdringenden" Motivation auf Menschwerdung hin ernsthaft zu versuchen.

Eigene Gewissensbildung ist gelebte Mitverantwortung in dem Sinne, daß andere zur selbstverantwortlichen Gestaltung motiviert und durch das Vorbild auch befähigt werden. Imitationslernen aber setzt voraus, daß sittlich kompetente Subjekte als Modelle erlebt werden. Imitation bedeutet dabei keinesfalls Identifikation mit Personen oder deren Handlungen, sondern reflexive Integration selbstrelevanter Persönlichkeitsaspekte. In einer Atmosphäre gemeinsamen Gestaltens[125] wird die erfahrene Selbstkongruenz des Vorbildes zur eigenen subjektiv-personalen Kompetenz umgestaltet.

Selbstgestaltung als Gewissensbildung fordert die anderen zu ihrer je

[124] Vgl. zur Selbstverwirklichung als „Erziehung des Erziehers", Beirer, G.: Selbstverwirklichung und Begegnung: Grundlagen pädagogischen Handelns, in: In Familie leben und erziehen, hrsg. vom Diözesanerwachsenenbildungswerk im Erzbistum Bamberg, Bamberg 1993, 19–32, hier 26–29.
[125] Zum pädagogischen Prozeß wechselseitigen Reifens, vgl. a.a.O. 29–31.

eigenen Identität heraus und schafft ihnen Raum, in dem sie sich handelnd entwerfen können; denn nur „wenn der andere sein darf, der er ist, vermag er zu werden, der er sein soll und kann"[126]. Selbstkompetenz offenbart sich so als umfassend sittliche Kompetenz und zeigt die unlösbare Konsistenz von Selbstbestimmung und Selbstverpflichtung. Sie verdeutlicht, daß der Mensch nicht nur *vor* seinem Gewissen, sondern vor allem *für* sein Gewissen, den Zustand des eigenen Gewissens (und Selbst) Verantwortung hat.

3. Gewissensbildung als Vermittlung eines Könnens, sich sittlich zu verhalten, gibt den Tugenden ihre unverwechselbare personale Gestalt. Tugend geht von dem Menschen Möglichen aus, von dem, was der Mensch kann und was ihn herausfordert, das mögliche Können wahrzunehmen, sich anzueignen und zu gestalten, es im Handeln zu erproben und je auf das sittlich Gute hin, in dem sich Identität zur Fülle bringt, zu verändern. Sie soll „den Menschen dazu bewegen und ihn gleichzeitig dazu befähigen, sich als entscheidendes Aktionszentrum inmitten der ihn umgebenden Welt zu verstehen"[127].

Tugend bildet sich nicht in Distanz aus, sondern gestaltet sich, wo der Mensch sich betreffen und vereinnahmen läßt. Sie zeigt sich als die Fähigkeit, zum Leben Stellung zu beziehen und sich selbst im Handeln situativ-kompetent auf Identität hin zu definieren. Sie ist in den permanenten Wandel identitätsstiftender Selbstbestimmung miteinbezogen und erhält je neu ihre Gestalt im geschichtlich-sozialen Kontext. Was sich allerdings nicht wandelt, ist nur der Anspruch der Tugend, „sittliche Grundhaltung zu sein und in einer freien Weise zu entstehen, nicht manipuliert zu werden"[128].

4. Im Prozeß der Gewissensbildung ist die Wertvermittlung von entscheidender Bedeutung. Wertvermittlung[129] setzt zunächst eine selbstkritische Konfrontation mit dem eigenen Wertbewußtsein voraus. Die kritischen Anfragen an die eigenen Werte und die daraus erwachsende Gestaltung eines identischen Wertkonzepts befähigen den Menschen, in der Alltagswirklichkeit Werte zu leben und mitzugestalten.

Werte sind biographisch zu erhellen. Die bereits internalisierten Wer-

[126] Eisenstein, M.: Selbstverwirklichung (Anm. 9), 438.
[127] Schmitz, Ph.: Tugend (Anm. 79), 128–129.
[128] Mieth, D.: Die neuen Tugenden (Anm. 42), 32.
[129] Zur Wertvermittlung vgl. ausführlich Beirer, G.: Werte: Wegzeichen gelingenden Lebens, in: In Familie leben und erziehen, hrsg. vom Diözesanerwachsenenbildungswerk im Erzbistum Bamberg, Bamberg 1993, 7–18.

te, die gelebten Wertmuster und die (meist unreflektiert) übernommenen Normen sollen bewußt und der Bearbeitung zugänglich gemacht werden. In der biographischen Rekonstruktion und Problematisierung, in der reflexiv-kritischen Analyse der bedingenden, oft mitintegrierten Kontexte werden sie entweder bewußt angenommen, korrigiert oder auch verworfen.

Alte, fragwürdig gewordene Werte[130] hinter sich zu lassen, sich ihrer Aufdringlichkeit zu erledigen und auf neue Werte zuzugehen, erfordert Mut und Selbstvertrauen. Wer Unsicherheiten aushalten kann, wird den Zweifel als Motivation wahrnehmen, sich selbst auf die Spur, auf den Grund zu kommen (Grunderfahrungen zu machen), und die Fähigkeit ausbilden, die Werte herauszuspüren, die „jetzt dran sind"; denn nur im Hier und Jetzt lassen sich Werte erfassen und verwirklichen. Selbstkongruenz ist dann unmittelbar handelnde Übereinstimmung der Identität mit den existentiell tragenden Werten.

Wertvermittlung beinhaltet auch die kreative Gestaltung der Werte in konkretes Handeln hinein. Wertorientierungen und Tugenden als Werthaltungen reagieren situativ auf die Veränderungen der Prioritäten und der personal-sozialen Anforderungen und aktualisieren im Handeln die Werte. Werte und ihre Haltungsbilder werden so an der Wirklichkeit, in der konkreten Lebenswelt überprüft und sind permanent unterwegs zu den möglichen (besseren) Alternativen.

Die Weitergabe von Werten nimmt die Freiheit des Individuums radikal ernst und befähigt es, zu Werten interpretativ Stellung nehmen zu können. Probleme und Wertkonflikte sind durch argumentative Kommunikation aufzulösen, in die – soweit möglich – sowohl alle verfügbaren objektiven Werte, deren Konkretionen und ihre Begründungen (deskriptiv) einfließen als auch die subjektiven Belange der Beteiligten, die versuchen, dialogisch zwischen ihrer subjektiven und der objektiven Perspektive zu wechseln. Ethisch ist dann zu fragen, welche Werte, Normen und Handlungsmuster es unter Berücksichtigung aller Betroffenen verdienen, als Leitorientierung des Handelns angenommen zu werden. Dabei sind auch Fragen der Gültigkeit, des Geltungsbereichs, der Gewichtigkeit und der intersubjektiven Verbindlichkeit zu klären.

---

[130] Oft sind es nicht die Werte, die zur Diskussion stehen, sondern die problematisch gewordenen Wertmuster, die den Wert selbst nicht selten verdecken.

4. Tugend: Sittliche Kompetenz zur Identität

1. „Tugend gehört zum Prozeß der Selbstverwirklichung, der Identitätsfindung des Menschen"[131]. Als das „*kompetente Könnensbewußtsein des sittlichen Subjekts* "[132] trägt sie entscheidend zum Glücken menschlichen Lebens, zum „Gelingen des Handelnden selbst"[133] bei und ist Ausdruck gestaltender Identität. Gleichzeitig ist sie als handelndes Einüben in die je eigene Identität selektive Realisierung des Selbst, „Durchscheinenlassen des Ganzen im einzelnen"[134]. Ihre daseinsgestaltenden und identitätsstiftenden Konkretionen sind „Schritte auf dem Weg zur Kunst des Seins"[135], „Schritte zum Sein", weil in ihr das Wollen zum Sein wird und sich die dem einzelnen mögliche Identität verwirklicht. Tugend gibt der Identität real Kontinuität und Konsistenz[136] und ist unabdingbare Notwendigkeit zur Selbstverwirklichung; denn sie ist *Kompetenz für das Menschliche*, Kompetenz zur eigenen Menschwerdung. Als Kompetenz zur Identität orientiert sie sich aber nicht nur an der möglichen Wirklichkeit des Menschseins, sondern versucht adäquat die wirklichen Möglichkeiten des Menschsein im Auge zu behalten[137].

2. Jede Tugend trägt zum Gelingen des menschlichen Lebens bei, macht Sein und Handeln gut. Als identisches, selbstkongruentes Handeln drückt sie das Sein des Menschen und die ihn tragenden Überzeugungen aus. Als Gestaltungsbilder von Identität sind Tugenden eingebunden in den Sinnzusammenhang des je einen, einmaligen Lebensentwurfs und immer auch real vollzogener Hinweis auf den tragenden Sinn. Sie beziehen sich „auf die sittliche Qualität der Person, jedoch nicht im Sinne einer bloßen Einstellung oder Gesinnung, sondern im Sinne eines erworbenen sittlichen Sein-Könnens bzw. einer sittlichen Handlungskompetenz"[138]. Identität ist so als eine präventive Vorentscheidung von

---

[131] Mieth, D.: Die neuen Tugenden (Anm. 42), 16.

[132] Wils, J.-P.: Tugenden (Anm. 46), 8.

[133] Korff, W.: Wie kann der Mensch glücken? Perspektiven der Ethik, München 1985, 108.

[134] Rombach, H.: Strukturanthropologie. „Der menschliche Mensch", Freiburg i.Br. 1987, 369.

[135] Fromm, E.: Vom Haben zum Sein. Wege und Irrwege der Selbsterfahrung. Schriften aus dem Nachlaß Bd. 1, Weinheim ³1990, 21.

[136] Beständigkeit und Verläßlichkeit, die den anderen Vertrauen und Sicherheit geben, widersprechen nicht der Flexibilität und Offenheit, gegebenenfalls um eines Mehr an Menschlichkeit willen sich zu verändern und gegen den Widerstand vieler anders zu handeln.

[137] Vgl. Mieth, D.: Die neuen Tugenden (Anm. 42), 84–87.

[138] Mieth, D.: Erfahrung als Quelle einer Tugendethik – bezogen auf das ärztlich-therapeutische Handeln, in: Moraltheologisches Jahrbuch 1 (1989) 175–201, hier 187.

Haltungen, Tugenden und Handlungen zu verstehen, die im Sein des Menschen selbst gründen[139]. Personale Richtigkeit ermöglicht Handlungsrichtigkeit, die ihrerseits aber immer verändernd auf die Person selbst rückwirkt und sie je neu identisch konstituiert.

Tugend ist Motivation, sich selbst identisch ins Handeln zu bringen, und in diesem Sinne nicht Vollzug eines Sollens, sondern eines überzeugten Wollens und so auch ein Nicht-mehr-anders-Können. Tugendhandeln ist dann identischer Vollzug der Freiheit als dem Vermögen, „über sich selbst zu entscheiden und sich selbst zu tun"[140].

3. „Tugenden sind etwas anderes als individuelle sittliche Höchstleistungen. Tugenden sind das menschlich Verallgemeinerbare in der konkreten Anschaulichkeit der gestaltgewordenen sittlichen Erfahrung, in der sich die geschichtlich entfalteten Ausdrucksmöglichkeiten des Menschen konkret verwirklichen"[141]. Sie reflektieren im übergreifenden geschichtlichen Kontext das Menschsein und gestalten damit einen Vorentwurf, der dem sittlichen Handeln Richtung und Inhalt gibt[142]. Unter den pluralen Lebensbedingungen greifen sie die subjektiven wie gesellschaftlichen Bedingungen auf, gestalten das Subjekt in der Lebenswelt und bereiten dadurch perspektivisch die Verwirklichung des Möglichen vor.

Tugend zeigt sich als die Fähigkeit, nicht nur handelnd Identität darzustellen, sondern sich im sozialen und geschichtlichen Kontext zu sich selbst zu verhalten und sich zu verwirklichen. Sie repräsentiert „das Individuelle im Sozialen und das Soziale im Individuellen"[143] und ist Voraussetzung gelingender Sozialität. Handelnd gestaltet sie die Balance der Dialektik von Person und Gesellschaft und verdeutlicht, daß es keine gelungene Sozialität gibt ohne gelingende Identität[144].

4. Tugend im Kontext der Identität bricht die verengende Individualisierung des Tugendbegriffes auf und läßt den einzelnen sich in seiner Selbstwerdung, seinem identischen Handeln im sozialen und geschichtlichen Kontext erfahren. Tugenden als erlernte Haltungsbilder sind so

[139] Vgl. Mieth, D.: Erfahrung (Anm. 38), 176; vgl. auch ders.: Norm und Erfahrung (Anm. 68), 33–34.
[140] Rahner, K.: Grundkurs des Glaubens. Einführung in den Begriff des Christentums, Freiburg ⁸1977, 49.
[141] Mieth, D.: Die neuen Tugenden (Anm. 42), 71.
[142] Vgl. Schmitz, Ph.: Tugend (Anm. 79), 108.
[143] Mieth, D.: Die neuen Tugenden (Anm. 42), 71.
[144] Vgl. a.a.O. 72–73.

nicht das Problem des einzelnen, sondern Herausforderung an die gesellschaftliche Wirklichkeit und die sozialisierenden Repräsentanten; gleichzeitig aber sind die individuell gestalteten Haltungsbilder als Ausdruck der Selbstdeutung relevant für das gesellschaftliche und kulturelle Selbstverständnis.

Tugend-Leben ist so handelnde Differenzierung der Identität in der Sozialität, an der das Individuum aktiv teilnimmt. Tugenden widerstehen der Intentionalität von Identität, dem in der Gegenwart so forcierten „Imperativ der ‚Selbstverwirklichung' "[145] im Sinne der Steigerung des Verhältnisses des Individuums zu sich selbst, der in der Inszenierung der Einzigartigkeit und Unverwechselbarkeit nur Vollzug einer Standardexistenz ist und gesellschaftlich verordnete Standardidentitäten erzeugt[146]. Identität und Selbstverwirklichung sind vielmehr „*unbeabsichtigtes Nebenresultat*"[147] von biographischen Aktivitäten und in diesem Sinne „Inbegriff der Tugend"[148]. Denn Tugenden haben wesentlich Anteil an der Selbstwerdung des Menschen, durch die er befähigt wird, nicht nur sich in Kontexten kreativ zu gestalten, sondern selbst Kontexte herzustellen, „die *individuell* situiert, aber auch *intersubjektiv* verantwortet werden"[149]. Der einzelne wird vom Adressaten zum Subjekt der Moral, einer Moral, die ihr Korrektiv in der Menschwerdung des Menschen unter Berücksichtigung des jetzt wirklich Möglichen hat[150] und kompetent und frei sich selbst verantwortlich gestaltet.

5. Sittliche Kompetenz nennt man eine Grundhaltung, die konkret Können impliziert, getragen und motiviert von einem entschiedenen, existentiell relevanten Wissen um die Notwendigkeit, sich selbst in den auf den Menschen zukommenden Situationen zu gestalten und dadurch Gemeinschaft und dem Raum der Selbstentfaltung anderer Gestalt zu geben.

Tugend als erworbene sittliche Fähigkeit ist „habitualisierte Kompetenz"[151] und als solche sittliche Kompetenz zur Identität. Sie ist die

---

[145] Heitmeyer; W./Olk, Th.: Das Individualisierungs-Theorem – Bedeutung für die Vergesellschaftung von Jugendlichen, in: dies. (Hg.): Individualisierung von Jugend. Gesellschaftliche Prozesse, subjektive Verarbeitungsformen, jugendpolitische Konsequenzen, Weinheim 1990, 11–34, hier 29.

[146] Vgl. a.a.O. 21.

[147] Vgl. a.a.O. 21.

[148] Eisenstein, M.: Selbstverwirklichung (Anm. 9), 420.

[149] Wils, J.-P.: Tugend und Strukturveränderung (Anm. 25), 58.

[150] Hier liegt ein möglicher Ansatz einer inkarnatorisch begründeten christlichen Ethik.

[151] Wils, J.-P.: Tugenden (Anm. 46), 5.

Kompetenz, seine Identität adäquat darzustellen und im situativen Handeln identisch zu konkretisieren. Sie leistet den Transfer des Selbst und seiner Überzeugungen in die Wirklichkeit hinein und hält den Menschen unterwegs zu autonomer Selbstgestaltung. Gleichzeitig aber wird Tugend von Identität und dem sie tragenden Selbst gestaltet und überzeugt nur solange, wie sie identisch gelebt wird. Als sittliche Kompetenz ist sie dann primär die „Tugend, man selbst zu sein"[152], Ausdruck gewonnener Selbstkompetenz.

---

[152] Vgl. Eisenstein, M.: Selbstverwirklichung (Anm. 9), 416–447. Vgl. v.a. die Interpretation der drei theologischen Tugenden auf Selbstverwirklichung hin.

Gesellschaft – Gemeinschaft – Gemeinwohl

Ethische Anmerkungen zum Kommunitarismus*

Walter Lesch

Die manchenorts steril gewordene sozialphilosophische Diskussion ist in Bewegung geraten. Zwar gehört die Zeit der großen Theorieschlachten zwischen handlungs- und systemtheoretischen Ansätzen, in Deutschland vor allem durch die Werke von Habermas und Luhmann repräsentiert, noch keineswegs der Vergangenheit an. Und die Diskursethik ist durchaus zu inzwischen internationalem Ansehen gelangt. Aber neben dem diskreten Charme endloser (Letzt-)Begründungsdebatten gibt es auch seriöse sozialphilosophische Beiträge, deren Rezeption im deutschsprachigen Raum erst zögernd beginnt und durch gravierende Vorurteile erschwert wird. Immerhin ist eine „Momentaufnahme" der neueren Ethikdiskussion in den USA bis in die ersten Seiten einer Hamburger Wochenzeitung vorgedrungen.[1] Nach dieser Darstellung ist die amerikanische intellektuelle Szene durch beachtliche Erfolge der sogenannten *communitarians* gekennzeichnet, die mit der Betonung der Gemeinschaft (community) einer fortschreitenden Individualisierung und Anonymisierung der Gesellschaft entgegenwirken möchten. Nach dem Zusammenbruch linker Ideologien sei das Projekt der *civil society*[2]

* Dieser Text wurde in einer ersten Fassung Ende 1991 erarbeitet. Mit einigen Erweiterungen erschien er inzwischen im Mai 1993 als Nr. 4 der „Frankfurter Arbeitspapiere zur gesellschaftsethischen und sozialwissenschaftlichen Forschung" (FAgsF), die vom Nell-Breuning-Institut der Phil.-Theol. Hochschule St. Georgen in Frankfurt herausgegeben werden. Für die vorliegende Version (März 1994) sind wiederum kleinere Überarbeitungen vorgenommen worden. Mein Dank gilt den TeilnehmerInnen zweier Veranstaltungen, bei denen ich die hier skizzierten Thesen zur Diskussion stellen konnte: beim Treffen der Moraltheologen in Innsbruck im Januar 1993 und beim „Forum Politische Ethik" in Heppenheim im März 1993.

[1] W.A. Perger, Auf der Suche nach dem guten Leben. Momentaufnahme der amerikanischen Debatte: Liegt die Zukunft der Demokratien in einer neuen Moral?, in: Die Zeit, Nr. 44, 25. Oktober 1991, 11.

[2] Vgl. als Versuch einer Präzisierung: A. Honneth, Soziologie. Eine Kolumne: Konzeptionen der „civil society", in: Merkur 46 (1992) Heft 1 (= 514), 61–66. Ferner: K. Michalski, Europa und die Civil Society. Castelgandolfo-Gespräche 1989, Stuttgart 1991.

in Weiterführung der Impulse ehemaliger Dissidenten aus Mittel- und Osteuropa ein hoffnungsvoller Entwurf für eine demokratischere, sozialere und dynamischere Gesellschaft, die nicht mehr durch staatliche Politik gegängelt werden solle, sondern sich im Netzwerk solidarischer Gemeinschaften neu organisiere.

Solche Töne klingen bekannt und verwirrend zugleich. Seit Ferdinand Tönnies ist uns die Unterscheidung von *Gemeinschaft und Gesellschaft* [3] vertraut, wonach wir unter *Gemeinschaften* (communities) die kleineren, überschaubaren sozialen Gebilde verstehen, in denen das konkrete Zusammenleben der Menschen stattfindet, während Gesellschaft (society) der abstrakte Oberbegriff für die fiktive Zusammenfassung all dieser kleinen Einheiten ist. Die weniger sozialwissenschaftlich als philosophisch orientierte Gesellschaftstheorie war vorrangig an der Erfassung von Makrostrukturen interessiert, denen jedoch gemäß der Unterscheidung von Tönnies ein geringerer Realitätsgehalt zukommt als den organisch gewachsenen Gemeinschaften mit ihren spezifischen Binnenmoralen. Die von Tönnies vorgenommene Gegenüberstellung entbehrt nicht einer gewissen nostalgischen Vorliebe für die „natürlichen" Gemeinschaften, die sich als historisch geprägte Erlebnisräume von der mechanistischen Kälte gesellschaftlicher Konventionen und abstrakter Systeme wohltuend abheben. Verbirgt sich also hinter der Sozialphilosophie des *communitarianism* eine neokonservative Spielart einer Gesellschaftskritik, die nach der Erlahmung utopischer Potentiale[4] erneut auf die Kraft der kleinen Solidargemeinschaften setzt und den grandiosen Ideen umfassender Politikentwürfe enttäuscht den Rücken kehrt?[5] Handelt es sich um eine *postmoderne* Abwendung von den entzauberten Metaerzählungen der modernen Gesellschaften, die mehr

---

[3] So lautet der Titel seines zum Klassiker avancierten Buches von 1887, das als Beginn der deutschen Soziologie betrachtet wird: F. Tönnies, Gemeinschaft und Gesellschaft. Grundbegriffe der reinen Soziologie, Darmstadt (Nachdruck der 8. Aufl. von 1935) 3., unveränd. Aufl. 1991.

[4] Vgl. zu den „Konjunkturzyklen" von Engagement und Rückzug, öffentlichem Protest und privater Suche nach Glück: A.O. Hirschman, Engagement und Enttäuschung. Über das Schwanken der Bürger zwischen Privatwohl und Enttäuschung, Frankfurt a.M. 1988 (Orig.: Shifting Involvements. Private Interest and Public Action, Princeton 1982).

[5] Jedenfalls war in ersten deutschen Stellungnahmen die deutliche Tendenz zu verspüren, alle *communitarians* als Neoaristoteliker und Neokonservative in einen Sack zu stecken und kräftig gegen sie zu polemisieren. Vgl. zur Klärung des Vokabulars: H. Schnädelbach, Was ist Neoaristotelismus?, in: W. Kuhlmann (Hg.), Moralität und Sittlichkeit. Das Problem Hegels und die Diskursethik, Frankfurt a.M. 1986, 38–63.

Freiheit, mehr soziale Sicherheit und mehr Wohlstand bringen sollten und statt dessen im Desaster totalitärer Ideologien oder auch in der Krise des Sozialstaates mündeten?[6]

Zeitdiagnostische Glossen haben immer den Nachteil, bestimmte Tendenzen zu überzeichnen und andere Phänomene nicht genügend zu beleuchten. Unter diesem Risiko stehen auch die folgenden Anmerkungen zu einem sozialphilosophischen Trend, dem vielleicht einmal aus größerem Abstand weniger Bedeutung beigemessen wird.[7] In Falle der *communitarians* gibt es jedoch klare Indizien dafür, daß die Momentaufnahme eine in der Praxis folgenreiche Theorieentwicklung erfaßt, der sich die philosophische und theologische Ethik in den kommenden Jahren ohnehin wird stellen müssen und deren Aktualität sich bereits jetzt an konkreten sozialen Brennpunkten aufzeigen läßt. Um Mißverständnissen vorzubeugen: es geht nicht um die werbewirksame Präsentation eines neuen Paradigmenkandidaten für das gerade im deutschsprachigen Raum so beliebte Spiel mit der sozialphilosophischen Hegemonie im Streit der Schulen, sondern um eine Erweiterung unserer sozialethischen Wahrnehmungsfähigkeit, die übrigens durch die Schule der christlichen *Gesellschafts*lehre bereits für die zu erörtenden Probleme in beträchtlichem Maße sensibilisiert ist.

---

[6] Vgl. zur „postmodernen" Einschränkung des Handlungsspielraums von Staat und Politik: K. von Beyme, Theorie der Politik im 20. Jahrhundert. Von der Moderne zur Postmoderne, Frankfurt a.M. 1991. Zur Kulturkritik wirtschaftsliberaler Gesellschaftstheorie: D. Bell, Die kulturellen Widersprüche des Kapitalismus, Frankfurt a.M. – New York (Orig.: The Cultural Contradictions of Capitalism, New York 1976).

[7] Für den Augenblick ist der Trend jedenfalls sehr breit zu dokumentieren. Vgl. zur Einführung die Sammelbände: Sh. Avineri/A. de-Shalit (ed.), Communitarism and Individualism, Oxford 1992; Ch. Zahlmann (Hg.), Kommunitarismus in der Diskussion, Berlin 1992; Transit. Europäische Revue, Heft 5 (Winter 1992/1993): Gute Gesellschaft; A. Honneth (Hg.), Kommunitarismus. Eine Debatte über die moralischen Grundlagen moderner Gesellschaften, Frankfurt a.M. – New York 1993; M. Brumlik/H. Brunkhorst (Hg.), Gemeinschaft und Gerechtigkeit, Frankfurt a.M. 1993; G. Frankenberg (Hg.), Auf der Suche nach einer gerechten Gesellschaft, Frankfurt a.M. 1994. Hilfreich sind vor allem die kommentierte Bibliographie („Eine subjektive Auswahl") von O. Kallscheuer in Zahlmann, a.a.O., 124–151, und die Rekonstruktion durch R. Forst, Kommunitarismus und Liberalismus – Stationen einer Debatte, in: Honneth, a.a.O., 181–219. Vgl. zu neueren französischen Beiträgen zur Theorie der „Gemeinschaft" (J.-L. Nancy, G. Deleuze, J.-F. Lyotard u.a.) den Sammelband von J. Vogl (Hg.), Gemeinschaften. Positionen zu einer Philosophie des Politischen, Frankfurt a.M. 1994. Eine nützliche Einführung bietet W. Reese-Schäfer, Was ist Kommunitarismus?, Frankfurt a.M. – New York 1994.

1. Gemeinwohl in der Tradition der Soziallehre

Die Forderung nach der Unterordnung von Einzelinteressen unter das Wohl des Ganzen ist aus der katholischen Soziallehre bestens bekannt.[8] Die Lehre vom *bonum commune* bezieht sich auf die scholastische Vorstellung, wonach alles Streben letztlich auf eine Weltordnung ausgerichtet ist, die in Gott ihren Sinn hat. Die soziale und politische Idee des Gemeinwohls hat eine kritische und eine legitimierende Funktion: sie ist ein kritischer Maßstab, der zur Eindämmung von Egoismus und Machtmißbrauch hilfreich sein kann; aber sie legitimiert unter Umständen auch jene, die sich darauf berufen, im Interesse des Gemeinwohls tätig zu sein. Genau hierin besteht aber das Dilemma eines extrem dehnbaren Begriffs, der je nach Bedarf für unterschiedlichste Zwecke instrumentalisiert wird. Zumindest gilt dies unter *nachmetaphysischen* Bedingungen, die eine naive Berufung auf religiöse Ordnungskategorien nicht mehr erlauben und eine kritische Rechts- und Staatsphilosophie erforderlich machen.[9]

Die Berufung auf das Gemeinwohl, die im Spektrum moderner Sozialphilosophie nicht selten als Kennzeichen für den inzwischen marginalen Sonderdiskurs der katholischen Soziallehre angesehen wird, ist wegen des Mangels an Präzision zur polemischen Kurzformel verkommen: Gemeinwohl gegen Eigensucht, Gemeinwohl gegen Parteiinteressen, Gemeinwohl gegen Gruppeninteressen.[10] Die Problematik dieser Gegenüberstellungen ist evident. Eine Kritik des Egoismus ist zwar sinnvoll, kann jedoch ideologisch pervertiert werden, z.B. mit der nationalsozialistischen Parole „Gemeinnutz geht vor Eigennutz" oder ähnlichen Forderungen in fast allen totalitären Systemen. Das in der kirchlichen Tradition tief verankerte Mißtrauen vor jeder Art von „Selbstverwirklichung", individueller Entfaltung und kritischer Distanz gegen-

---

[8] Vgl. J. Messner, Das Gemeinwohl. Idee, Wirklichkeit, Aufgaben, Osnabrück 1962; A. Rauscher (Hg.), Selbstinteresse und Gemeinwohl, Berlin 1985; J. Endres, Gemeinwohl heute, Innsbruck – Wien 1989; R. Weiler, Art. ‚Gemeinwohl', in: H. Rotter/G. Virt (Hg.), Neues Lexikon der christlichen Moral, Innsbruck – Wien 1990, 237–242; Ch. Kissling, Gemeinwohl und Gerechtigkeit. Ein Vergleich von traditioneller Naturrechtsethik und kritischer Gesellschaftstheorie, Freiburg i.Ue. – Freiburg i.Br. 1993.

[9] Vgl. zur Kritik der traditionellen Legitimationsfunktion des *bonum commune*: O. Höffe, Politische Gerechtigkeit. Grundlegung einer kritischen Philosophie von Recht und Staat, Frankfurt a.M. 1987, 76.

[10] Diese Zusammenstellung findet sich bei R. Herzog, Art. ‚Gemeinwohl, II.', in: HWPh III (1974) 248.

über Autoritäten belastet übrigens bis heute das Gemeinwohlpostulat, das trotz der besten Intentionen auch als repressives Instrument eingesetzt werden kann. Die Warnung vor Einzel-, Partei- und Gruppeninteressen ist begrüßenswert, sofern die nicht als Domestizierung eines unbequemen Pluralismus gemeint ist.

Die Schwierigkeiten mit dem *bonum commune* zwingen also, falls wir nicht ganz auf den Begriff verzichten wollen, zu Präzisierungen hinsichtlich des Verständnisses vom *bonum* (der substantielle Gehalt sittlicher Güte ist in der modernen Ethik keineswegs mehr konsensfähig), hinsichtlich der Reichweite des jeweils intendierten Geltungsbereichs (von der Kleingruppe bis hin zu globalen Zusammenhängen, z.B. in der ökologischen Ethik) und hinsichtlich des Modus der Normbegründung. Eine Reihe von umstrittenen Fragen, die ins Zentrum moderner Ethik führen und wohl kaum mehr mit der Selbstsicherheit einer traditionellen Soziallehre beantwortet werden können.[11] Die Gemeinwohlformel hat eine harmonisierende Wirkung und kann unter Umständen dazu führen, vorhandene Konflikte nicht zu lösen, sondern zu verdecken oder gar einseitig mit Macht zu entscheiden.

Hinter den verschiedenen Konzeptionen von Gemeinwohl verbirgt sich letztlich die Kontroverse zwischen moralischem Universalismus und Partikularismus – eine Opposition, die in dieser Schärfe ein Artefakt ist, dem in der moralischen Erfahrung nur wenig entspricht. Wer für eine universalistische Ethik plädiert, meint damit die Rekonstruktion eines moralischen Standpunkts, von dem her es überhaupt möglich ist, über Fragen der Moral in rationaler und unparteilicher Weise zu sprechen. Diese Formalisierung bedeutet jedoch gerade nicht, daß die lebensweltlichen Traditionen zu überspringen sind, um jenseits partikularer Geltungsansprüche zu objektiven Urteilen zu gelangen. Der diskursethische Universalismus enthält lediglich einen Vorschlag für die prozedurale Überprüfung von Normierungsvorschlägen, die nur dann Anspruch auf Gültigkeit haben, wenn sie die Zustimmung aller potentiell von dieser Regelung Betroffenen erlangen können.[12] Die über die

[11] Vgl. die stimulierenden Impulse in: F. Hengsbach/B.Emunds/M. Möhring-Hesse (Hg.), Jenseits Katholischer Soziallehre. Neue Entwürfe christlicher Gesellschaftsethik, Düsseldorf 1993.

[12] Vgl. W. Lesch, Unparteilichkeit und Anwaltsfunktion. Anmerkungen zu einem Dauerkonflikt der theologischen Ethik, in: Stimmen der Zeit 117 (1992) 257–270; ders., „Option für die Armen". Von Schwierigkeiten im Umgang mit einer theologisch-ethischen Formel, in: W. Ernst (Hg.), Gerechtigkeit in Gesellschaft, Wirtschaft und Politik, Freiburg i.Ue. – Freiburg i.Br. 1992, 69–83.

Scholastik aristotelisch geprägte Tradition der katholischen Soziallehre hat sich freilich mit einer reinen Verfahrensethik nie begnügt, sondern wollte auch inhaltliche Modelle des *guten Lebens* vorschreiben, das sich in den verschiedenen Sozialgebilden realisieren soll. Daraus resultiert eine Vorstellung von Universalismus, die nicht am pluralen Diskurs gesellschaftlicher Interaktion orientiert ist, sondern an einer letztlich metaphysisch und theologisch gefüllten Idee dessen, was als *bonum* auch partikulare Strukturen durchdringen soll.[13] In der neueren kirchlichen Sozialverkündigung, in der die Bedeutung eines *internationalen Gemeinwohls* besonders hervorgehoben wird, deckt sich der christliche Universalismus weitgehend mit den Gedanken eines säkularen Menschenrechtsethos, das zum Prüfstein einer humanen Weltgesellschaft geworden ist.[14]

Allerdings wird die Forderung nach weltweiter Solidarität im Interesse der einen Menschheitsfamilie sehr leicht zur leeren Pathosformel, wenn die Vermittlungsstrukturen übersehen werden. Wer mit eigenen existentiellen und wirtschaftlichen Problemen zu kämpfen hat, dürfte kaum für eine vorrangige Option für die Armen anderer Kontinente zu begeistern sein. Ein Ethos des Verzichts und der universalen Verantwortlichkeit setzt Netzwerke voraus, die die eigene Existenzsicherung garantieren. Insofern wäre es naiv, prioritäre Interessen der eigenen Gemeinschaft (Familie, Stadtquartier, Arbeitsbereich, Staat, usw.) zu leugnen oder moralisierend zu verteufeln. Die eigentliche Aufgabe besteht in der stets neu zu leistenden Balance zwischen lokaler Problembewältigung und der Offenheit für Herausforderungen, die z.B. im Bereich der Naturzerstörung, der Friedensbedrohung und der Zunahme des Wohlstandsgefälles in der Tat globale Ausmaße angenommen haben und aus der beschränkten Perspektive nationalstaatlicher Politik nicht mehr lösbar sind. Gerade die wirtschaftsethische Dimension des Ge-

---

[13] Spezielle Optionen für Unterdrückte, z.B. die befreiungstheologische „Option für die Armen" oder die feministische Parteilichkeit, stehen deshalb in der Soziallehre häufig immer noch unter dem Verdacht des Partikularismus, den es zugunsten eines als ganzheitlich bezeichneten Verständnisses von Befreiung und Erlösung zu überwinden gelte. Vgl. zum Gemeinschaftsbegriff dieser Theologien: E. Dussel, Ethik der Gemeinschaft, Düsseldorf 1988; Sh.D. Welch, Gemeinschaften des Widerstandes und der Solidarität. Eine feministische Theologie der Befreiung, Freiburg i.Ue. 1987.

[14] Vgl. D. Hollenbach, Global Human Rights: An Interpretation of the Contemporary Catholic Understanding, in: Ch.E. Curran/R.A. McCormick (Hg.), Moral Theology No. 5: Official Catholic Social Teaching, New York – Mahwah 1986, 366–383; K. Hilpert, Die Menschenrechte. Geschichte – Theologie – Aktualität, Düsseldorf 1991.

meinwohls zeigt in nachdrücklicher Weise die Verschränkung von individuellen, gruppenspezifischen und weltweiten Interessen, deren jeweilige Artikulierung mit dem Instrumentarium traditioneller Sozialphilosophien nur unzureichend gelingt, weil es dort meist bei der paränetischen Erinnerung an größere Zusammenhänge bleibt, deren normative Bedeutung je nach Interessenlage akzentuiert werden kann.[15]

Zwei Beispiele mögen dies verdeutlichen. Brauchen wir Kernenergie zur Sicherung unserer Energieversorgung und zur Wahrung unseres Wohlstands? Ja, sagen die einen; im Interesse des Gemeinwohls müsse man Umweltrisiken in Kauf nehmen, die so gering seien, daß sie zum ökologischen und ökonomischen Nutzen dieser sauberen Energie in keinem Verhältnis stehen. Nein, sagen die Kernenergiegegner, die das Gemeinwohl heutiger und künftiger Generationen vor den schrecklichen Folgen einer atomaren Katastrophe und den ungelösten Problemen der Lagerung radioaktiver Brennelemente bewahren wollen. Sollen die reichen Industrieländer eine größere Einwanderungspolitik und eine größtmögliche Offenheit gegenüber Flüchtlingen und Asylbewerbern praktizieren? Ja, im Interesse des internationalen Gemeinwohls und der Humanität. Nein, aus Gründen der staatlichen Souveränität, die zum vorrangigen Schutz des Gemeinwohls und der Wohlfahrt der eigenen Gemeinschaft verpflichtet ist und deshalb „Belastungsgrenzen" sozialverantwortlich definieren und regulieren darf. Die beiden Beispiele machen sehr drastisch deutlich, daß angesichts der Aufgaben in einer Risikogesellschaft an einer argumentativen Neuvermessung sozialethischer Anwendungsdiskurse kein Weg vorbeiführt. Durch die Flucht in die Unschuld abstrakter Makrostrukturen werden die drängenden Probleme ebenso wenig gelöst wie durch die Rückkehr in die Nestwärme überschaubarer Lebenswelten mit tröstenden Ideologien.

2. Gemeinwohl, lokale Gemeinschaft und gerechte Gesellschaft

Der normative Kern von Gemeinwohlvorstellungen ist in modernen Gerechtigkeitstheorien aufgehoben, deren internationale Diskussion

---

[15] Selbst differenziertere utilitaristische Ansätze gelangen zu keinem befriedigenden Ergebnis bei der Nutzenkalkulation, die am größten Glück der größten Zahl ausgerichtet sein soll. Vgl. J. Meran, Wohlstand und Gerechtigkeit. Die Wirtschaft als Thema der praktischen Philosophie, in: K. Bayertz (Hg.), Praktische Philosophie. Grundorientierungen angewandter Ethik, Reinbek 1991, 89–133.

sich in den vergangenen beiden Jahrzehnten vor allem am Werk des amerikanischen Philosophen John Rawls entzündet hat.[16] Auch in den meisten neuesten Veröffentlichungen ist dieses Buch der explizite oder implizite Bezugspunkt geblieben, der zum Widerspruch und zur Profilierung eigener Positionen herausgefordert hat.[17] Die außergewöhnliche Wirkung des Buches mag damit zusammenhängen, daß es gegen den analytischen *mainstream* der angelsächsischen Philosophie und gegen weitgehend akzeptierte Annahmen des Utilitarismus ein Denkmodell angeboten hat, das sich zur interdisziplinären Diskussion von Fragen sozialer, politischer und wirtschaftlicher Gerechtigkeit bestens eignet. Im Kern handelt es sich um eine Vertragstheorie, die mit der Fiktion eines „Urzustandes" und eines „Schleiers des Nichtwissens" arbeitet. Diesem Gedankenexperiment zufolge versetzen sich rationale Individuen auf der Suche nach einer gerechten Gesellschaft hypothetisch in die Situation eines vorgesellschaftlichen Zustandes, in dem über Status und Erfolgschancen noch keine Entscheidungen gefallen sind, so daß kein Mitglied wissen kann, welche soziale und wirtschaftliche Position es einmal einnehmen wird. Deshalb ist es sinnvoll, für die Gestaltung des künftigen Miteinanders solche Regeln auszuhandeln, die nicht nur eine größtmögliche Gleichheit garantieren, sondern im Falle unvermeidlicher Unterschiede verhindern, daß Marginalisierte und Benachteiligte noch weitere Statusverschlechterungen hinnehmen müssen, ohne sich dagegen wehren zu können. Rawls gelangt so zu einer wohlfahrtsstaatlichen Konzeption der Verteilungsgerechtigkeit, die individuelle Freiheitsrechte mit sozialem Ausgleich koppeln soll. Die Gerechtigkeitstheorie steht im Kontext einer politischen Philosophie, die nicht auf eine pauschale Nutzenmaximierung, sondern auf den größten Vorteil

---

[16] Eine Theorie der Gerechtigkeit, Frankfurt a.M. 1979 (Orig.: A Theory of Justice, Cambridge/Mass. 1971). Vgl. dazu O. Höffe (Hg.), Über John Rawls' Theorie der Gerechtigkeit, Frankfurt a.M. 1977; Th.W. Pogge, John Rawls, München 1994.

[17] Die folgende Darstellung bezieht sich ausschließlich auf die *neuere* Diskussion innerhalb der Sozialphilosophie und Gesellschaftskritik im Spektrum der aktuellen Kommunitarismus-Universalismus-Kontroverse. Vgl. als Beispiel einer umfassenden historisch-kritischen Forschungsarbeit: D. Deckers, Gerechtigkeit und Recht. Eine historisch-kritische Untersuchung der Gerechtigkeitslehre des Francisco de Vitoria (1483–1546), Freiburg i.Ue. – Freiburg i.Br. 1991. Ausgeklammert bleiben ferner die sprachanalytischen Forschungen und Normierungstheorien. Vgl. D. Witschen, Gerechtigkeit und teleologische Ethik, Freiburg i.Ue. – Freiburg i.Br. 1992; W. Wolbert, Vom Nutzen der Gerechtigkeit. Zur Diskussion um Utilitarismus und teleologische Theorie, Freiburg i.Ue. – Freiburg i.Br. 1992.

des am meisten Benachteiligten schaut (Maximin-Regel) und Institutionen in den Dienst dieser gerechten Verteilung stellt. Die Bürgerinnen und Bürger als mündige Subjekte des politischen Handelns sind zu zivilem Ungehorsam berechtigt und verpflichtet, wenn der Staat die Gerechtigkeitsgrundsätze verletzt.[18]

Für viele Vertreter des Wirtschaftsliberalismus, die in den 70er Jahren auf Rawls reagierten, war vor allem die sozialstaatliche, in gewisser Weise „sozialdemokratische"[19] Botschaft der Gerechtigkeitstheorie eine Provokation. Sie orientierten sich lieber an Modellen des Minimalstaates, die 1974 von Robert Nozick, wie Rawls Philosoph an der Harvard University, glänzend vertreten wurden und der Handlungsfreiheit des Wirtschaftssubjekts wesentlich größere Spielräume eröffneten (*libertarianism*).[20] Für den weiteren Verlauf der Diskussion war es nun bezeichnend, daß Rawls und Nozick nicht nur – wie zu erwarten war – von marxistischen Theoretikern kritisiert wurden, sondern daß sich sich in Abgrenzung zu Vertragstheorie und liberalem Individualismus eine Richtung profilierte, deren Autoren mangels einer besseren Bezeichnung als *Kommunitaristen* zusammengefaßt werden, wobei anzumerken ist, daß sich hier recht unterschiedliche Tendenzen versammeln und auf keinen Fall von einer einheitlichen „Schule" gesprochen werden kann. Einig sind sich kommunitaristische Philosophen wie Michael Sandel, Alasdair MacIntyre, Charles Taylor und Michael Walzer lediglich in ihrer Kritik am modernen Individualismus und den ihrer Meinung nach unzureichenden Moralbegründungen der „liberalen" Vertragstheoretiker und Verfahrensethiker (Diskursethiker), die sich ihrerseits neuerdings am amerikanischen Streit über eine tragfähige sozialphilosophische Basistheorie beteiligen.[21] Das also wäre in groben Strichen eine

[18] Vgl. Rawls, a.a.O. 399 ff.; R. Dworkin, Bürgerrechte ernstgenommen, Frankfurt a.M. 1990 (Orig.: Taking Rights Seriously, Cambridge/Mass. 1978). Vgl. auch V. Eid, Widerstand: Recht und Pflicht. Ethische Aspekte, in: ders. (Hg.), Prophetie und Widerstand, Düsseldorf 1989, 211–230.
[19] Die deutschen Etikettierungen des parteipolitischen Spektrums sind freilich nicht auf die USA zu übertragen. Im Amerikanischen würde man in diesem Fall eher von *welfare liberalism* sprechen.
[20] Anarchie, Staat, Utopie, München o.J. (Orig.: Anarchy, State, and Utopia, Oxford 1974). Vgl. zur weiteren Entwicklung dieses Autors sein in deutscher Übersetzung erschienenes Buch: Vom richtigen, guten und glücklichen Leben, München – Wien 1991 (Orig.: The Examined Life. Philosophical Meditations, New York 1989).
[21] Von diesem Interesse zeugen nicht zuletzt die zahlreichen Übersetzungen amerikanischer Arbeiten ins Deutsche.

erste Annäherung an den Philosophenstreit, über den in praktischer Absicht berichtet werden soll.[22]

Es ist an dieser Stelle nicht möglich, die anregende Debatte mit all ihren Verästelungen zu rekonstruieren, zumal sich mancher Schlagabtausch inzwischen relativieren ließe. Sandel[23] formuliert beispielsweise in seiner scharfen Kritik an Rawls Fragen bezüglich einer atomistischen Vorstellung vom Subjekt („the unencumbered self"), die an Rawls' Intentionen vorbeigehen, da dieser die ihm unterstellte Prinzipienethik gar nicht in dieser Radikalität vertreten hat. Was die von den Kommunitaristen angegriffenen liberalen Positionen betrifft, ist auf die Entgegnung von Charles Larmore zu verweisen.[24]

Bevor ich mich dem „postmodernen Pragmatismus" Richard Rortys und der kommunitaristischen Gerechtigkeitstheorie Michael Walzers ausführlicher zuwende, möchte ich in der gebotenen Kürze darstellen, inwiefern der *Kommunitarismus* eine Herausforderung für die Diskursethik und für eine kritische Gesellschaftstheorie bedeutet.[25] Das Interesse der Diskursethiker richtete sich von Anfang an vor allem auf jene Kommunitaristen, die wegen ihrer politischen Optionen nicht in das Schema des Neokonservativismus passen und auch ansonsten den theoretischen Anstrengungen einer Verfahrensethik sehr weit entgegenkommen. Das gilt z.B. für das Werk des Kanadiers Charles Taylor, dessen Theorie der Gemeinschaft eine kritische Spitze gegen das neuzeitliche Personenkonzept der Willkürfreiheit enthält. Angesichts der Frage, wie

[22] Vgl. zur Darstellung des gesamten Themenkomplexes die herausragende Arbeit des in Louvain-la-Neuve lehrenden Wirtschafts- und Sozialethikers Ph. Van Parijs, Qu'est-ce qu'une société juste? Introduction à la pratique de la philosophie politique, Paris 1991, bes. das 10. Kapitel. Vgl. auch St. Mulhall/A. Swift, Liberals and Communitarians, Oxford 1992; W. Kersting, Liberalismus, Kommunitarismus, Republikanismus, in: K.-O. Apel/M. Kettner (Hg.), Zur Anwendung der Diskursethik in Politik, Recht und Wissenschaft, Frankfurt a.M. 1992, 127–148. Eine umfassende und gut gegliederte Bibliographie wurde zusammengestellt von M. Zilles, Universalism and Communitarianism: A Bibliography, in: D. Rasmussen (Hg.), Universalism vs. Communitarianism. Contemporary Debates in Ethics, Cambridge/Mass. 1990, 267–297.
[23] M. Sandel, Liberalism and the Limits of Justice, Cambridge 1982.
[24] Patterns of Moral Complexity, Cambridge – New York 1987. Vgl. auch die neueren Arbeiten von J. Rawls, Die Idee des politischen Liberalismus. Aufsätze 1978–1989 (hg. von W. Hinsch), Frankfurt a.M. 1992.
[25] Vgl. Sh. Benhabib, Autonomy, Modernity, and Community. Communitarianism and Critical Social Theory in Dialogue, in: A. Honneth u.a. (Hg.), Zwischenbetrachtungen. Im Prozeß der Aufklärung. Jürgen Habermas zum 60. Geburtstag, Frankfurt a.M. 1989, 373–394. Vgl. auch die Beiträge von A. Ferrara, G. Doppelt, K. Baynes und J. Cohen in: Rasmussen, a.a.O. (Anm. 22).

mit der extremen Verletzlichkeit menschlicher Interaktion umzugehen sei, stand Taylor nach Auffassung von Axel Honneth vor der Entscheidung, „zwischen einem intersubjektivitätstheoretischen Prozeduralismus und einer teleologischen Gemeinschaftsethik" zu wählen. Taylors Entscheidung gegen den Prozeduralismus stützt sich auf Argumente, „die wiederum seiner Konzeption der menschlichen Person entstammen: Weil wir als menschliche Wesen gar nicht anders können, als uns stets schon im Lichte von starken Wertungen selbst zu verstehen, ist für uns jene exzentrische Position prinzipiell nicht erreichbar, von der aus wir kulturübergreifend eine bestimmte Prozedur normativ auszeichnen könnten; vielmehr ist jede Auszeichnung dieser Art ihrerseits immer schon in ein übergreifendes Verständnis des richtigen Lebens eingebunden, das dem normativen Traditionszusammenhang der besonderen Kultur entstammt, der wir selbst angehören."[26]

Die kontextuelle Verankerung von Werten und Tugenden ist auch die zentrale Aussage des Moralphilosophen Alasdair MacIntyre, der zum konservativen Flügel der Kommunitaristen gezählt wird und durch seinen Versuch einer Rehabilitierung der Tugendethik bekannt wurde. „Das gute Leben für den Menschen ist das Leben, das in der Suche nach dem guten Leben für den Menschen verbracht wird, und die für die Suche notwendigen Tugenden sind jene, die uns in die Lage versetzen zu verstehen, worin darüber hinaus und worin sonst noch das gute Leben besteht."[27] MacIntyre postuliert die Idee eines „einheitlichen Lebens", das seine Kohärenz durch Erzählbarkeit erhält. Für eine normative Beurteilung müssen einzelne Handlungen als kontingent erscheinen, wenn sie nicht in einen erzählbaren Handlungsablauf eingebettet werden können. Aus der Sicht des Autors haben uns die analytische und die existentialistische Philosophie gelehrt, Handlungen aus ihren Kontexten zu isolieren, und haben damit zu einer Verzerrung der Wahrnehmung beigetragen, die durch die gesellschaftliche Ausdifferenzierung

---

[26] A. Honneth, in Deutschland einer der aufmerksamsten Rezipienten der neueren amerikanischen Sozialphilosophie, in seinem Nachwort zu: Ch. Taylor, Negative Freiheit? Zur Kritik des neuzeitlichen Individualismus, Frankfurt a.M. 1988, 311 f. (Orig.: Philosophical Papers, Cambridge 1985). Vgl. von Taylor außerdem: Die Motive einer Verfahrensethik, in: Kuhlmann, a.a.O. (Anm. 5) 101–135; ders., Sprache und Gesellschaft, in: A. Honneth/H. Joas (Hg.), Kommunikatives Handeln. Beiträge zu Jürgen Habermas' „Theorie des kommunikativen Handelns", Frankfurt a.M. 1986, 35–52.
[27] A. MacIntyre, Der Verlust der Tugend. Zur moralischen Krise der Gegenwart, Frankfurt a.M. – New York 1987, 293 (Orig.: After Virtue. A Study in Moral Theory, Notre Dame/Ind. ²1984).

von Rollen und Lebensabschnitten ohnehin schon verarmt sei. Moment-aufnahmen machen aber nur dann einen Sinn, wenn größere Zusammenhänge sichtbar werden: wenn wir etwas über Voraussetzungen und Motive, Zwänge und Wünsche erfahren, die Einfluß auf eine bestimmte Handlung ausüben. Die Überlieferung solcher Erzählungen gelinge aber nur in lokalen Gemeinschaften, in denen die Haltungsbilder gelebter Überzeugungen Gestalt annehmen und eine sinnstiftende und sozialintegrative Funktion erfüllen.[28]

Für Habermas ist MacIntyres *community*-Ethik ein relativistisches Projekt, das modernen Rationalitätsstandards nicht standhalten könne.[29] Habermas insistiert darauf, daß interkulturelles Lernen nicht eine Assimilation in die eine oder andere Richtung ist, sondern ein rationaler Vergleich beschreibbarer und korrigierbarer Perspektiven. „Denn Konzepte wie Wahrheit, Rationalität oder Rechtfertigung spielen in *jeder* Sprachgemeinschaft, auch wenn sie verschieden interpretiert und nach verschiedenen Kriterien angewendet werden, *dieselbe* grammatische Rolle. Und das genügt, um dieselben universalistischen Begriffe von Moral und Gerechtigkeit in verschiedenen, ja konkurrierenden Lebensformen zu verankern und mit verschiedenen Konzeptionen des Guten kompatibel zu halten – vorausgesetzt, daß sich die ‚umfassenden Doktrinen‘ oder ‚starken Traditionen‘ vorbehaltlos auf den Diskurs miteinander einlassen, statt fundamentalistisch auf ihrem Ausschließlichkeitsanspruch zu beharren.“[30]

Es könnte leicht der Eindruck entstehen, daß der Kommunitarismus zur Profilierung einer universalistischen Diskurstheorie der Moral um jeden Preis disqualifiziert werden soll. Daß aber damit das Grundproblem der Verhältnisbestimmung von Gerechtigkeit und Solidarität sowie von Gesellschaft und Gemeinschaft nicht gelöst ist, weiß auch Habermas nur zu gut. „Die ontologisch begriffene Gerechtigkeit fordert als ihr Anderes Solidarität. Dabei handelt es sich nicht so sehr um zwei

[28] Derartige Bilder von Gemeinschaft und Gesellschaft erinnern an die theoretischen Auseinandersetzungen um die *civil religion*. Vgl. R.N. Bellah, Zivilreligion in Amerika, in: H. Kleger/A. Müller (Hg.), Religion des Bürgers. Zivilreligion in Amerika und Europa, München 1986, 19–41; K.-M. Kodalle, Zivilreligion in Amerika: Zwischen Rechtfertigung und Kritik, in: ders. (Hg.), Gott und Politik in den USA. Über den Einfluß des Religiösen, Frankfurt a.M. 1988, 19–73.
[29] Habermas bezieht sich auf MacIntyres Buch: Whose Justice? Which Rationality?, Notre Dame/Ind. 1988, in dem u.a. Fragen des kontextuellen Verstehens, der lokalen Lebensformen und der Grenzen interkultureller Verständigung behandelt werden.
[30] J. Habermas, Erläuterungen zur Diskursethik, Frankfurt a.M. 1991, 218.

Momente, die sich ergänzen, als vielmehr um zwei Aspekte derselben Sache. Jede autonome Moral muß zwei Aufgaben in einem lösen: sie bringt die Unantastbarkeit der vergesellschafteten Individuen zur Geltung, indem sie Gleichbehandlung und damit gleichmäßigen Respekt vor der Würde eines jeden fordert; und sie schützt die intersubjektiven Beziehungen reziproker Anerkennung, indem sie von den Individuen als Angehörigen einer Gemeinschaft, in der sie sozialisiert worden sind, Solidarität fordert. *Gerechtigkeit* bezieht sich auf die gleichen Freiheiten unvertretbarer und sich selbst bestimmender Individuen, während sich *Solidarität* auf das Wohl der in einer intersubjektiv geteilten Lebensform verschwisterten Genossen bezieht – und damit auch auf die Erhaltung der Integrität dieser Lebensform selbst. Moralische Normen können nicht eins ohne das Andere schützen: die gleichen Rechte und Freiheiten des Individuums nicht ohne das Wohl des Nächsten und der Gemeinschaft, der sie angehören."[31] Ohne das Dauerproblem dieser sozialethischen Grundsatzfrage gäbe es wohl auch keine Kommunitarismusdebatte.

Um die Vergleichsmöglichkeiten zu erweitern, möchte ich einen Autor hinzuziehen, der nicht unmittelbar mit dem Kommunitarismus in Verbindung gebracht wird, mit dieser Denkrichtung jedoch einige Intuitionen teilt: Richard Rorty.

3. Richard Rortys Philosophie der liberalen Gemeinschaft

Die Schriften von Rorty, Professor für *Humanities* an der Universität von Virginia, sind gemessen an akademischen Gepflogenheiten in Deutschland schon allein wegen ihrer guten Lesbarkeit äußerst befremdend; sie finden jedoch immer mehr Beachtung, weil sie auf unkonventionelle Art Tabus brechen und Überzeugungen aussprechen, die vermutlich auch unter europäischen Intellektuellen gar nicht so exotisch sind.[32] Manche sehen in Rortys Arbeiten eine amerikanische Entsprechung zur französischen Postmoderne[33] und sprechen von einem *post-*

---

[31] Habermas, Erläuterungen, a.a.O., 70.
[32] Zur Einführung: W. Reese-Schäfer, Richard Rorty, Frankfurt a.M. – New York 1991. Ein wichtiger Sammelband mit Bibliographie: A.R. Malachowski (Hg.), Reading Rorty, Oxford 1990.
[33] Rorty gehört in den USA zu den ausgezeichneten Kennern von Derrida, Foucault und Lyotard und des an den literaturwissenschaftlichen Abteilungen einiger Universitäten vertretenen Dekonstruktivismus. Vgl. W. Lesch/G. Schwind (Hg.), Das Ende der alten Gewißheiten. Theologische Auseinandersetzung mit der Postmoderne, Mainz 1993.

modernen Pragmatismus, der aus der Synthese von pragmatischem *common sense*[34] und poetischer Ironie entstanden sei. Übrigens etikettiert der Autor selbst sein Werk ironisch als „postmodernist bourgeois liberalism"[35] und macht sich darüber lustig, wie die Hüter von Aufklärung und Moderne über die Verantwortungslosigkeit „postmoderner" Intellektueller klagen. Für Rorty ist die Zeit philosophischer Gewißheiten und Letztbegründungen vorbei.[36] Sprache, Individualität und Gemeinschaftsleben sind kontingente Erscheinungen, die in Relation zum jeweiligen historischen Kontext gesetzt werden müssen und sich nicht von einem archimedischen Punkt her objektiv betrachten und definitiv bewerten lassen. Liberale Ironiker sind nun solche Menschen, die den Verlust an metaphysischer Sicherheit nicht als abgrundtiefe Sinnlosigkeit und Verlassenheit erleben, sondern im Rahmen demokratischer Gemeinwesen zugleich an ihrer eigenen „Selbsterschaffung" („self-creation") *und* an einer solidarischen Gesellschaft interessiert sind. Der Verlust der Mitte führt also nicht zwangsläufig zu Zynismus und Beliebigkeit, sondern zu einer Fülle kreativer Praktiken im privaten und öffentlichen Raum.

Dennoch kommen angesichts einer solchen ironischen Haltung Zweifel auf, ob Gemeinwohl und Solidarität überhaupt eine Chance haben, vor allem dann, wenn die vergleichsweise luxuriösen Voraussetzungen einer reichen Industrienation nicht gegeben sind, wenn also das *common sense*-Argument „I'm just an American" seine Plausibilität verliert.[37] Nun ist aber *Solidarität* in Rortys Argumentation durchaus ein zentraler Begriff.[38] Wie er zu verstehen ist, möchte ich am Beispiel des Schluß-

---

[34] Vgl. R. Rorty, Auch nur eine Spezies, die ihr Bestes tut. Über John Dewey, in: Merkur 46 (1992) Heft 1 (= 514), 1–16.

[35] In: R. Rorty, Objectivity, Relativism, and Truth. Philosophical Papers, vol. 1, Cambridge 1991, 197 ff.

[36] Vgl. dazu bereits Rortys Buch: Der Spiegel der Natur. Eine Kritik der Philosophie, Frankfurt a.M. 3. Aufl. 1985 (Orig.: Philosophy and the Mirror of Nature, Princeton 1979), dessen Erscheinen die endgültige Abkehr des Autors von einer an den „hard boiled positive sciences" orientierten analytischen Philosophie markiert.

[37] Genau dieser unkomplizierte Rückgriff auf die politische Normalität liberaler Selbstverständlichkeiten war ja in Deutschland nach der Katastrophe des Nationalsozialismus nicht möglich. Vgl. den vom Forum für Philosophie Bad Homburg herausgegebenen Band: Zerstörung des moralischen Selbstbewußtseins: Chance oder Gefährdung? Praktische Philosophie in Deutschland nach dem Nationalsozialismus, Frankfurt a.M. 1988. Darin ist auch Rortys Aufsatz „Der Vorrang der Demokratie vor der Philosophie" (273–288) enthalten.

[38] Vgl. Solidarität oder Objektivität? Drei philosophische Essays, Stuttgart 1988; Kontingenz, Ironie und Solidarität, Frankfurt a.M. (1989) 1992 (Taschenbuchausgabe) (Orig.: Contingency, irony, and solidarity, Cambridge 1989).

kapitels von „Kontingenz, Ironie und Solidarität" erläutern, wo der Autor einige seiner umstrittenen Thesen zusammenfassend darstellt und mit Extremsituationen konfrontiert. „Was man unter einem anständigen Menschen versteht, ist relativ zu historischen Bedingungen, hängt ab von einem kurzzeitigen Konsens darüber, welche Einstellungen normal und welche Handlungsweisen gerecht und ungerecht sind. Aber in Auschwitz-Zeiten, wenn die Geschichte in Aufruhr ist und traditionelle Institutionen und Verhaltensmuster zusammenbrechen, brauchen wir etwas, das jenseits aller Geschichte und allen Institutionen steht. Was kann das anderes sein, als das wechselseitige Erkennen der Menschlichkeit, die uns allen gemeinsam ist?"[39]

Rorty bestreitet nun aber genau die Behauptung, wir seien moralisch zur Solidarität mit *allen* anderen Menschen verpflichtet. Die in „Wir-Intentionen" formulierte moralische Schuldigkeit bedeutet seiner Meinung nach: Verpflichtung gegenüber „einem von uns". „Ich behaupte, daß die Kraft des ‚wir' charakteristisch von einem Kontrast lebt: ‚wir' bildet einen Kontrast zu ‚ihnen', die ebenfalls Menschen sind – aber Menschen von der falschen Sorte."[40] Als Beispiel betrachtet er „die Einstellung heutiger amerikanischer Liberaler gegenüber der unendlichen Hoffnungslosigkeit und dem unendlichen Elend im Leben der jungen Schwarzen in amerikanischen Großstädten. Sagen wir, daß diesen jungen Menschen geholfen werden muß, weil sie unsere Mitmenschen sind? Mag sein, aber moralisch und politisch überzeugender ist es, sie als unsere *amerikanischen* Mitbürger zu bezeichnen – darauf zu insistieren, daß es empörend ist, wenn ein *Amerikaner* ohne Hoffnung lebt."[41] Entsprechend argumentiert Rorty auch mit anderen Beispielen. Er erwähnt, daß Juden, die nach Auschwitz deportiert werden sollten, in Dänemark und Italien größere Aussichten auf die Hilfe ihrer christlichen Nachbarn hatten als beispielsweise in Belgien. Daraus lasse sich aber nicht der Vorwurf ableiten, die Belgier hätten weniger Menschlichkeit und weniger Sinn für Solidarität bewiesen. Die unterschiedlichen Verhaltensmuster sind nämlich eventuell mit dem kontingenten Faktum zu erklären, daß jüdische Mitbürger in Jütland oder Mailand so in die lokale Gemeinschaft integriert waren, daß die christlichen Nachbarn sie ganz selbstverständlich als Kollegen, Clubmitglieder und

[39] Rorty, Kontingenz, a.a.O. (Anm. 38) 305 f.
[40] A.a.O. 307.
[41] A.a.O. 308.

Schicksalsgenossen empfanden, ohne auf das Spezifikum ihrer Religionszugehörigkeit oder aber auf das abstrakte Kriterium allgemeiner Menschlichkeit zurückgreifen zu müssen.

Aus der Sicht christlicher, philosophischer oder menschenrechtlicher Vorstellungen von ethischem Universalismus klingen solche Aussagen skandalös, da sie einer ethnozentrischen Festungsmentalität Vorschub leisten könnten und keine Kriterien für das Einschreiten gegen Verbrechen zu bieten scheinen.[42] Einem solchen Vorwurf widerspricht Rorty selbstverständlich ganz energisch. Selbst wenn der moralische Universalismus nur eine Erfindung sei, ein *focus imaginarius*, so sei er trotzdem ein geeignetes Mittel gewesen, unsere Vorstellungen vom „Wir" immer weiter auszudehnen. „Wir sollten Ausschau halten nach marginalisierten Gruppen, die wir instinktiv immer noch unter ‚sie' einordnen. Wir sollten unsere Ähnlichkeit mit ihnen zu sehen versuchen."[43] Das Ziel wäre nicht die Identifikation mit der „Menschheit" oder „allen vernunftbegabten Wesen", sondern die fortschreitende Vernetzung und Vermischung in einer liberalen „Wir"-Gruppe, der das Mißtrauen gegen Ethnozentrismus durch Erziehung und literarische Bildung vermittelt wird. „Wir" bedeutet dann etwa: „wir Liberalen im zwanzigsten Jahrhundert" oder „wir Erben der historischen Kontingenzen, die mehr und mehr kosmopolitische, immer demokratischere politische Institutionen geschaffen haben".[44] Aber ist dieser stolze Optimismus berechtigt? Können die liberalen Demokratien es wirklich wagen, die Leitern wegzuwerfen, die sie einst zum Aufbau eines freiheitlichen Gemeinwesens gebraucht haben?[45]

Für Rorty besteht kein Zweifel daran, daß liberale Gesellschaften auf objektive moralische Werte und deren Überwachung durch philosophische Tribunale verzichten können. Er plädiert deshalb für eine klare Trennung zwischen der privaten und der öffentlichen Sphäre, zwischen der Frage „Glaubst und wünschst du, was ich glaube und wünsche?" und der Frage „Leidest du?".[46] Dann würde vielleicht deutlich, daß die

---

[42] Vgl. dazu: R. Rorty, On Ethnocentrism: A Reply to Clifford Geertz, in: ders., Objectivity, a.a.O. (Anm. 35) 203–210.

[43] Rorty, Kontingenz, a.a.O. (Anm. 38) 316 f.

[44] A.a.O. 317.

[45] A.a.O. 313. Wie W. Reese-Schäfer (a.a.O. [Anm. 32] 134) treffend formuliert, ist Rortys Denken „trotz aller partikularistischen Rhetorik von einem unausgesprochenen, einem heimlichen Universalismus geprägt. Er tritt überall dort zu Tage, wo er eine Tradition vertritt, die die Menschenrechte zu ihrem eigenen Kernbestand rechnet."

[46] Rorty, Kontingenz, a.a.O. (Anm. 38) 320.

traditonellen Unterschiede zwischen Nationen, Rassen und Religionen sekundär sind im Vergleich zu den gemeinsamen Empfindungen von Schmerz und Demütigung, die in Romanen genauer beschrieben werden als in philosophischen Traktaten. Deshalb traut Rorty der sensibilisierenden Funktion der Kunst unendlich mehr zu als den verstiegensten Artefakten philosophischer Letztbegründung. Und auch die Annahme einiger *communitarians*, eine Gemeinschaft ohne ein weltanschaulich integriertes Menschenbild und ohne ein verbindliches Wertesystem werde sehr bald nur noch von blindem Pragmatismus regiert, kann er nicht teilen. Ihn interessiert vielmehr „eine historische Erzählung vom Aufkommen liberaler Institutionen und Angewohnheiten (...), die dazu gemacht waren, Grausamkeit zu verringern, eine Regierung durch Konsensus der Regierten zu ermöglichen und so viel herrschaftsfreie Kommunikation wie möglich stattfinden zu lassen."[47] Beängstigend bleibt freilich die Selbstverständlichkeit, mit der Rorty die unbestreitbaren Errungenschaften des amerikanischen Liberalismus zu unverrückbaren Gegegebenheiten stilisiert und vor allem gegen jede Kritik von außen immunisiert. Lästige Fragen nach den wirtschaftlichen Voraussetzungen und Folgen liberalen Wohlstandsdenkens werden somit schon im Keim erstickt.

4. Michael Walzers Ethik und Gesellschaftskritik

Mit dem schwierigen Spannungsverhältnis von Partikularismus und Universalismus, lokalen Traditionen und umfassenderen moralischen Maßstäben, Gruppeninteressen und politischer Gerechtigkeit befaßt sich auch der Philosoph und Sozialwissenschaftler Michael Walzer, der am *Institute of Advanced Studies* (Princeton) arbeitet und als einer der herausragenden Gesellschaftstheoretiker in den USA gilt.[48] Axel Honneth charakterisiert ihn als „sozialdemokratischen Liberalen, der sich zugleich seiner jüdischen Herkunftskultur so stark verpflichtet weiß,

---

[47] Rorty, Kontingenz, a.a.O. (Anm. 38) 122.
[48] Bekannt sind seine Interventionen zum Vietnamkrieg: Gibt es einen gerechten Krieg?, Stuttgart 1982 (Orig.: Just und Unjust Wars. A Moral Argument with Historical Illustrations, New York 1977). Während des Golfkriegs hat Walzer die sozialphilosophische Rechtfertigung eines „gerechten Kriegs" wieder für möglich gehalten.

daß ihm die lebensgeschichtliche Bindung an partikulare Gemeinschaften vollkommen selbstverständlich ist."[49]

Zur Diskussion des Universalismusproblems bezieht sich Walzer auf das historische Beispiel des Judentums, das einem verbreiteten Klischee zufolge oft als Inbegriff des Partikularismus angesehen wird.[50] Und doch wurde gerade das Judentum zur Quelle eines Universalismus, der vor allem über das Christentum die Welt veränderte. Walzer nennt diese triumphale und geschichtsmächtige Position den „covering-law"-Universalismus, der aus dem Glauben an den *einen* Gott auch *ein* Gesetz, *eine* Gerechtigkeit und *eine* Vision des guten Lebens ableitet, die im Bild der Völkerwallfahrt zum Berg des Herrn kulminiert.[51] Die raffiniertesten intellektuellen Klimmzüge der Theologen können nichts daran ändern, daß vom Standpunkt eines solchen Universalgesetzes die Erfahrungen derer, die das Gesetz nicht halten, zwangsläufig in einem schlechten Licht stehen und ständig mit der mehr oder weniger missionarischen und expansiven These konfrontiert werden, daß doch eines Tages alle zur religiösen und moralischen Gewißheit des „covering law" gelangen mögen.

Walzer rekonstruiert aus biblischen Quellen eine Nicht-Standard-Variante des Universalismus, die besonders eindrücklich in einer Frage Gottes im Buch Amos zusammengefaßt ist: „Seid ihr Kinder Israel mir nicht wie die Söhne Äthiopiens? spricht der Herr. Habe ich nicht Israel aus Ägyptenland geführt und die Philister aus Kaphtor und die Syrer aus Kir?" (Am 9,7) Nicht *ein* Exodus[52], *eine* Urtat der Befreiung,

[49] A. Honneth, Universalismus und kulturelle Differenz. Zu Michael Walzers Modell der Gesellschaftskritik, in: Merkur 45 (1991) Heft 11 (= 512), 1049–1054.
[50] M. Walzer, Zwei Arten des Universalismus, in: Babylon. Beiträge zur jüdischen Gegenwart, Heft 7/1990, 7–25. In diesem Aufsatz ist in größter Dichte der sozialethische Ansatz Walzers nachzulesen. Vgl. hierzu H. Brunkhorst, Gesellschaftskritik von innen? Für einen „covering law"-Universalismus ohne Dogma, in: Apel/Kettner, a.a.O. (Anm. 22) 149–167.
[51] In der christlichen Variante kann sich „der Satz ‚Christus starb für eure Sünden' an jede Person zu jedem Zeitpunkt und an jedem Ort richten und immer wahr sein, wobei das Pronomen eine unbestimmte und unendliche Referenz hat." Walzer, Zwei Arten, a.a.O. (Anm. 50) 8.
[52] Vgl. zur Exodus-Überlieferung: M. Walzer, Exodus und Revolution, Berlin 1988 (Orig.: Exodus and Revolution, New York 1985). Vgl. hierzu auch G. Baum, Exodus-Politik, in: Concilium 23 (1987) 71–76; D. Tracy, Der Exodus: Eine theologische Überlegung, in: Concilium 23 (1987) 77–82; H. Brunkhorst, Exodus – Der Ursprung der modernen Freiheitsidee und die normative Kraft der Erinnerung, in: Babylon. Beiträge zur jüdischen Gegenwart, Heft 6/1989, 22–35. Brunkhorst hat die Exodus-Story als Alternative zu der von M. Horkheimer und Th.W. Adorno in der „Dialektik der Aufklärung" erzählten Urgeschichte der Subjektivität interpretiert. Im Vergleich zur Selbstbehauptung der listen-

sondern eine Vielzahl von Befreiungserfahrungen, die je nach Situation recht unterschiedlich ausfallen können. „Ich möchte dieses Argument ,reiterativen' Universalismus nennen. Was ihn vom ,covering-law'-Universalismus unterscheidet, ist sein partikularer Fokus und seine pluralisierende Tendenz.“[53] Gott tadelt die stolzen Israeliten, die nicht akzeptieren wollen, daß ihre Befreiung nicht einzigartig ist, und verweist sie auf die Logik einer Liebe, die umfassend und doch in jedem besonderen Fall unvergleichlich ist. Walzer ist sich jedoch der Ambivalenz dieses Arguments bewußt, wenn es um die Motivation für befreiendes Engagement geht. Reiteration produziert Differenzen, die einerseits Toleranz und Respekt erfordern, die aber andererseits zur Indifferenz verleiten können, wenn der Grundsatz der Unterschiedenheit und der Nicht-Einmischung zum Alibi für Desinteresse und Lethargie wird. Walzer steht mit seinen Kontextualisierungsbestrebungen also vor einem ähnlichen Dilemma wie Richard Rorty, der ja noch radikaler behauptet hatte, es gebe überhaupt keine Anhaltspunkte für eine grenzenlose Solidarität.

Wie Walzer mit der Kontextualität umgehen wird, erläutert er mit einer Typologie von *drei Wegen der Gesellschaftskritik*.[54] Er unterscheidet zwischen dem „Pfad der Entdeckung“, dem „Pfad der Erfindung“ und dem „Pfad der Interpretation“, wobei er das dritte Modell favorisiert. Eine Moralphilosophie der Entdeckung bzw. Offenbarung eines bereits vorhandenen Sittengesetzes enthält eine Reihe angeblich objektiver Moralprinzipien, die es nur in der Praxis anzuwenden gelte. Aus dieser Gewißheit ergibt sich für die Gesellschaftskritik eine Sicherheit des moralischen Urteils, das unter modernen Bedingungen nicht mehr automatisch Gehör findet. Weniger weitreichend sind die Ethiken der Erfindung, zu denen Walzer z.B. die Vertragstheorie von Rawls oder die Diskursethik von Habermas zählt. Nach Auffassung der Vertreter dieses Modells müssen die „Teilnehmer am praktischen Diskurs (...) von den Fesseln des Partikularismus befreit werden, sonst werden sie

reichen Vernunft des Odysseus werde im Exodus-Paradigma die Genese des moralisch autonomen und solidarischen Subjekts entfaltet. Wenn Walzer sich auf die Exodus-Tradition bezieht, so tut er dies stets mit einer universalistischen politischen Absicht und nicht zur Identitätsstiftung innerhalb einer Religionsgemeinschaft.

[53] Walzer, Zwei Arten, a.a.O. (Anm. 50) 10.

[54] M. Walzer, Kritik und Gemeinsinn. Drei Wege der Gesellschaftskritik, Berlin 1990 (Orig.: Interpretation and Social Criticism, Cambridge/Mass. 1987). Die deutsche Ausgabe enthält ein instruktives Nachwort von O. Kallscheuer, Michael Walzers kommunitärer Liberalismus oder Die Kraft der inneren Opposition.

nie das gewollte rationale Ergebnis produzieren: eine moralische Welt, die derart konstruiert ist, daß alle bereit sind, in ihr zu leben und sie für gerecht zu halten – welchen Platz auch immer sie in ihr einnehmen werden oder welche Pläne sie auch immer verfolgen mögen."[55] Ein solches Gedankenexperiment führe aber zu einer fiktiven Welt, in der man sich nur mit Mühe heimisch fühlen könne – ein unter prekären Bedingungen ausgehandelter *modus vivendi*: „keine Lebensweise, sondern eine Überlebensweise"[56]. Eine karge Unterkunft, in der sich vielleicht Kafkas K. wohlfühlt. Eine Zwischenlösung für Exilanten, Vertriebene und Flüchtlinge. Was gerade diese Heimatlosen „in der Regel *wünschen*, ist nicht, beständig mit Aufenthaltserlaubnis in einem Hotel zu wohnen, sondern sich in einem neuen Zuhause einzurichten, in einer dichten moralischen Kultur, in der sie ein Gefühl der Zugehörigkeit entwickeln können."[57]

Der einzig realistische Weg der Ethik und Gesellschaftskritik führt deshalb für Walzer über den „Pfad der Interpretation", der dichten Beschreibung und Deutung von Gemeinwesen, zu denen wir gehören und deren Moralvorstellungen wir aus eigener Erfahrung beurteilen können. Jene Intellektuelle, die von einem imaginären Fixpunkt her alle Entwicklungen der Welt meinen kommentieren zu können, sind meist keine glaubwürdigen und effizienten Gesellschaftskritiker. Moralische Kompetenz ergibt sich vielmehr aus der Teilnahme am Streit um die bessere Interpretation von Fakten und Forderungen, von denen wir selbst betroffen sind und deren Verbindlichkeit wir uns nicht entziehen können.[58] Verantwortung für das Gemeinwohl ist dann nicht mehr ein abstraktes Postulat, sondern eine gesellschaftliche Praxis, die sich im Ringen um die je bessere Lösung konkretisiert. Für eine Theorie der Gerechtigkeit bedeutet dies, daß Verteilungsgrundsätze aus den besonderen Voraussetzungen der jeweiligen *community* entwickelt werden

[55] Walzer, Kritik, a.a.O. (Anm. 54) 20.

[56] A.a.O. 23.

[57] A.a.O. 24.

[58] Vgl. M. Walzer, Zweifel und Einmischung. Gesellschaftskritik im 20. Jahrhundert, Frankfurt a.M. 1991 (Orig.: The Company of Critics. Social Criticism and Political Commitment in the Twentieth Century, New York 1988). Walzers Porträts zeitgenössischer Intellektueller bieten einen guten Einblick in die Werkstatt seiner Theoriearbeit. Als Beispiel sei nur sein Essay zu Martin Buber genannt (a.a.O. 94–114), mit dessen „dialogischem Denken" er zwar nur wenig anfangen kann, dessen politische Schriften er jedoch als Beispiel einer „Kritik von innen" gegen nationalistische Tendenzen in der Politik Israels schätzt.

müssen und nicht – wie bei Rawls – mit einigen wenigen Prinzipien auskommen.[59]

5. Die Zukunft des Nationalstaats aus der Sicht von Walzers Gerechtigkeitstheorie

Die komplexe Frage gerechter Verteilung stellt sich schon bei einer sehr grundsätzlichen Vorentscheidung, über die wir normalerweise gar nicht nachdenken, weil wir sie als selbstverständlich voraussetzen. Die Verteilung von Gütern bezieht sich auf eine Gemeinschaft, deren Mitglieder einen Anspruch auf ihren Anteil geltend machen, z.B. alle Bürgerinnen und Bürger in der größer gewordenen Bundesrepublik Deutschland. Und die einfachste Begründung dieses Anspruchsrechts ist das kontingente Faktum der Mitgliedschaft (*membership*) in dieser Gemeinschaft von gleichberechtigten Subjekten.[60] Politisch sind die größeren Einheiten von Anspruchsberechtigten in erster Linie durch die Grenzen der souveränen Nationalstaaten bestimmt. Die ökonomischen Kriterien für einem freien, grenzüberschreitenden Markt folgen jedoch im Idealfall des freien Verkehrs von Gütern und Arbeitskräften anderen Gesetzen, die mit der offiziellen Ausländerpolitik eines Staates nicht unbedingt kompatibel sind oder doch zumindest zu widersprüchlichen Entwicklungen führen.[61]

Nehmen wir das Beispiel der Bundesrepublik Deutschland, die sich offiziell nicht als Einwanderungsland versteht und deshalb den Zuzug von „Gastarbeitern" seit der Mitte der 50er Jahre vor allem unter öko-

[59] Dies wird ausführlich in Walzers Hauptwerk entfaltet: Spheres of Justice. A Defense of Pluralism and Equality, Oxford 1983 (Dt. Übersetzung: Sphären der Gerechtigkeit. Ein Plädoyer für Pluralität und Gleichheit, Frankfurt a.M. – New York 1992).

[60] Walzer diskutiert dieses Problem ausführlich im zweiten Kapitel seiner Gerechtigkeitstheorie. Vgl. jetzt auch: Ch. Taylor, Multikulturalismus und die Politik der Anerkennung. Mit Kommentaren von A. Gutmann (Hg.), S.C. Rockefeller, M. Walzer und S. Wolf. Mit einem Beitrag von J. Habermas, Frankfurt a.M. 1993. Vgl. zur Entfaltung der „liberalen" Position zu Fragen kultureller Identität: W. Kymlicka, Liberalism, Community, and Culture, Oxford 1989.

[61] Vgl. hierzu W. Lesch, Unterwegs zur interkulturellen Demokratie. Sozialethische Überlegungen zur Migrationspolitik, in: Stimmen der Zeit 118 (1993) 255–269; ders., Nationalismus und Unterdrückung von Minderheiten. Gibt es ein Recht auf ethnische Identität?, in: Concilium 29 (1993) 348–354; ders., Schlechte Aussichten? Zu H.M. Enzensbergers „Die Große Wanderung" und „Aussichten auf den Bürgerkrieg", in: Orientierung 58 (1994) 38–41.

nomischen Gesichtspunkten legitimierte und mit einer bestimmten Vision des wirtschaftlichen Gemeinwohls in Verbindung brachte.[62] Trotz der Begrenzung dieser Zuwanderung durch den Anwerbestopp von 1973 hat die bundesrepublikanische Gesellschaft durch den Nachzug von Familienangehörigen und das Heranwachsen einer zweiten und inzwischen dritten Generation längst einen festen Anteil von Ausländerinnen und Ausländern, die auf Dauer im Land leben und arbeiten, ohne über die mit der deutschen Staatsbürgerschaft verbundenen politischen Rechte zu verfügen. Es hat also de facto eine Einwanderung stattgefunden, die durch die Mobilität innerhalb der Europäischen Gemeinschaft und durch deutsche Aussiedler aus osteuropäischen Ländern verstärkt wird. Neben dieser mehr oder weniger freiwilligen Migration gibt es spätestens seit den 80er Jahren jedoch eine weitere Gruppe von Migranten, deren Aufnahme größere Probleme zu bereiten scheint: es sind die Flüchtlinge, die als politisch Verfolgte einen grundgesetzlich verankerten Anspruch auf Schutz vor Verfolgung haben. Die Überprüfung dieses Anspruches ist aber im Zuge größerer Flüchtlingszahlen schwieriger geworden, so daß plötzlich nicht nur die rechtsstaatliche Garantie eines fairen Asylverfahrens auf dem Spiel steht, sondern auch die grundsätzliche Bereitschaft, Flüchtlinge aufzunehmen, die sich und ihren Familien in Europa eine neue Existenz aufbauen möchten oder auch nur zeitweise Schutz suchen. Sie werden verdächtigt, gar nicht vor politischer Verfolgung zu fliehen, sondern einzig und allein wirtschaftliche Vorteile zu erwarten, was ihnen zwar eigentlich nicht zu verübeln sei, mit der Grundidee des *politischen Asyls* jedoch nicht vereinbart werden könne. Die Bundesrepublik, so heißt es dann refrainartig, sei nun einmal kein Einwanderungsland und müsse wegen interner Schwierigkeiten und aus Gründen der Gerechtigkeit gegenüber den „echten" Flüchtlingen das knappe Gut der Zugangsberechtigung behutsam verteilen.[63]

So ließe sich in einem ersten Anlauf das politische Verteilungsproblem skizzieren, das sich aus der Migration ergibt, wobei es Sinn macht, das Flüchtlingsthema gesondert zu behandeln. Sozialpsychologisch ist diese Trennung jedoch nicht unbedingt evident. Ausländerfeindliche Aktio-

---

[62] Die Begrenztheit dieser Gemeinwohlperspektive wird besonders spürbar, wenn wir die Kategorie auf jene Länder anwenden, aus denen Menschen freiwillig oder unfreiwillig wegziehen. Ein allgemeines ökonomisches Modell, das sich auch für die Beschreibung von Emigration eignet, bietet das Buch von A.O. Hirschman, Abwanderung und Widerspruch, Tübingen 1974.

[63] Vgl. A.F. Shacknove, Who Is a Refugee?, in: Ethics 95 (January 1985) 274–284.

nen machen meist keinen Unterschied zwischen verschiedenen Kategorien von Fremden, sondern richten sich blind gegen alles Fremde, das als Bedrohung gedeutet wird. Für die verantwortungsvolle Gestaltung einer zukunftsweisenden Ausländerpolitik stellt sich deshalb durchaus die Grundsatzfrage, wie ein Gemeinwesen sich definieren möchte und nach welchen Kriterien es Fremden Rechte verleiht.[64] Artikuliert sich die Souvernität eines Rechts- und Sozialstaates darin, daß er sich nur für die Staatsangehörigen zuständig fühlt?[65] Kann Staatsbürgerschaft nur durch Geburt in diesem Land erworben werden, wenn man Eltern hat, die bereits diese Bürgerrechte genießen?[66] Unter welchen besonderen Bedingungen ist eine Einbürgerung sonst möglich? Und wie steht es mit Flüchtlingen, die vielleicht zunächst nur für eine begrenzte Zeit Zuflucht suchen? Was bedeutet es eigentlich, ein *Recht* auf Asyl zu haben, wenn die Asylgewährung doch eher wie ein *Gnadenerweis* aussieht? Aufgrund welcher Normen ist Asylbewerbern der weitere Aufenthalt zu gewähren oder zu verbieten? Wie können sie eventuell zu vollen Mitgliedern ihrer neuen Heimat werden?[67]

Selbstverständlich gibt es auf all diese Fragen kompetente juristische Antworten. Aber es gibt auch die Ebene des philosophischen und damit auch des ethischen Fragens, das möglicherweise auf den ersten Blick

---

[64] Vgl. V. Eid, Politische Partizipation ausländischer Mitbürger – Statement aus ethischer und auch theologischer Sicht, in: K. Sieveking u.a. (Hg.), Das Kommunalwahlrecht für Ausländer, Baden-Baden 1989, 13–23.

[65] Vgl. D. Miller, The Ethical Significance of Nationality, in: Ethics 98 (July 1988) 647–662; R.E. Goodin, What Is So Special about Our Fellow Countrymen?, ebd. 663–686.

[66] Vgl. zu den grundlegenden Unterschieden zwischen der deutschen und der US-amerikanischen (und französischen) Einwanderungspolitik: D. Oberndörfer, Die offene Republik. Zur Zukunft Deutschlands und Europas, Freiburg i.Br. – Basel – Wien 1991, 52 ff.

[67] Walzer veranschaulicht die Schwierigkeit konventioneller Mitgliedschaftsregelungen von Staaten durch den Vergleich mit analogen sozialen Gebilden: Nachbarschaft, Club, Familie. Im Falle der Nachbarschaft würde der Markt durch Wohnungsangebot und Finanzkraft der Bewerber über den Zuzug entscheiden. Bei einem Club können jene, die bereits Mitglieder sind, in ihren Statuten die Bedingungen für die Aufnahme weiterer Bewerber definieren. Eine Familie wird eine bevorzugte Aufnahme weiterer Mitglieder vom Verwandtschaftsgrad abhängig machen. All diese Modelle beeinflussen – je nach Bedarf – unsere politische Vorstellungswelt, die stärker in kommunitären Traditionen verwurzelt ist, als wir in der Regel zugeben. Vgl. zur Analyse des nationalstaatlichen Paradigmas: D. Kluxen-Pyta, Nation und Ethos. Die Moral des Patriotismus, Freiburg i.Br. – München 1991; D. Schnapper, La France de l'intégration. Sociologie de la nation en 1990, Paris 1991. Zum allgemeinen Problem der Grenzziehungen: M. Gibney (ed.), Open Borders? Closed Societies? The Ethical and Political Issues, New York – Westport/Conn. – London 1988; P. Singer, Insiders and outsiders, in: ders., Practical Ethics, Cambridge ²1993, 247–263.

naiv erscheinen mag, dafür aber um so mehr politische Sprengkraft enthält. Viele selbstverständliche Prämissen unserer politischen Alltagsorientierungen verlieren nämlich ihre Plausibilität, wenn wir ihren Begründungen nachgehen, die sich dann oft als recht pragmatisch und willkürlich erweisen. Nehmen wir beispielsweise jene sozialphilosophische Annahme, die uns an den Kern des migrationspolitischen Dilemmas führt. Ausländerpolitische Entscheidungskonflikte ergeben sich in der Regel aus dem Spannungsverhältnis zwischen dem Souveränitätsvorbehalt eines modernen Nationalstaates und dessen gleichzeitiger Verpflichtung auf humanitäre Prinzipien des Völkerrechts. Aus der Souveränitätsthese ergibt sich die Aufgabe einer „sozialverträglichen" Steuerung des Zuzugs von Einreisewilligen; wegen menschenrechtlicher Verbindlichkeiten ist es aber beispielsweise erforderlich, anerkannte Asylbewerber aufzunehmen. Und für alle Aufgenommenen stellt sich die Aufgabe der Integration in das bestehende Gemeinwesen, das für die Rechte der Fremden ebenso Verantwortung trägt wie für die Bürgerrechte der Staatsangehörigen. Wenn ich aber die Zugehörigkeit zu einem liberalen Rechts- und Sozialstaat nur dem Zufall meiner Geburt verdanke, wie kann ich dann begründen, daß ausländische Bewerber um die Mitgliedschaft abzuweisen sind?

Es ist auffällig, daß sich die deutschsprachige Sozialphilosophie solchen Fragen kaum gestellt hat, während das Thema in den meisten der neueren nordamerikanischen Gerechtigkeitstheorien präsent ist. Das mag damit zusammenhängen, daß die USA, die sich traditionell als Einwanderungsland verstanden haben, für derartige philosophische Diskurse günstigere Voraussetzungen bieten. Die Mitgliedschaft in einer Gemeinschaft ist das primäre Gut, das diese Gemeinschaft zu vergeben hat. Alle weiteren Diskussionen über wirtschaftliche und politische Gerechtigkeit machen nur auf der Basis von legitimierbaren Mitgliedschaftsregelungen Sinn. Migrationspolitik sollte deshalb schwerpunktmäßig unter dem Aspekt *distributiver Gerechtigkeit* analysiert werden, weil sich mit Hilfe dieses Leitmotivs der ethische Kern der Kontroverse am besten profilieren läßt. Walzers kommunitärer Theorieansatz ist in dieser konkreten Frage ein überzeugendes Beispiel für eine Sozialethik, die sich den realen Entscheidungskonflikten stellt und nicht nur mit chauvinistischem oder universalistischem Pathos eine Leerformel an die andere reiht.

6. Gesellschaftskritik in der kirchlichen und theologischen Diskursgemeinschaft

Die vorgestellten Ausschnitte der neueren Sozialphilosophie in den USA müßten eigentlich für die künftige moraltheologische und sozialethische Forschung auch in Europa von größtem Interesse sein. Und es ist zu hoffen, daß die nicht zuletzt durch hervorragende Übersetzungen erleichterten Rezeptionsmöglichkeiten ausgiebig genutzt werden. Einmal mehr ist darauf zu verweisen, daß die theologische Ethik sich zum eigenen Vorteil an einem Gespräch beteiligen sollte, das in den theologischen Nachbardisziplinen, vor allem in der Fundamentaltheologie, bereits begonnen hat. Der an der Harvard Divinity School lehrende Systematiker Francis Schüssler Fiorenza plädiert schon seit einigen Jahren für eine intensive Beschäftigung der Theologie mit den neueren Gerechtigkeitstheorien und für ein neu zu reflektierendes gesellschaftliches Potential religiöser Interpretationsgemeinschaften. „Die Wechselwirkungen zwischen religiösen Gemeinschaften als Basis ethischer Diskurse und zivilen Gemeinschaften gründen in ihren je unterschiedlichen Annäherungen an die eigenen gesellschaftlichen Ziele."[68] Während sich die liberale Gesellschaft – in der Terminologie von Rawls – mit „schwachen" Auffassungen vom sittlich Guten begnügen muß, um die prozedurale und pluralistische Konsensfindung nicht zu gefährden, tradieren religiöse Gemeinschaften durchaus „starke" Vorstellungen von dem, war sie für sittlich gut halten, und sind daran interessiert, diese Leitbilder argumentativ in den öffentlichen Diskurs einzubringen.

Da religiöse Traditionen in ihren Bildern und Metaphern eminent ethische Konzepte transportieren, und zwar nicht nur partikulare Ideale guten Lebens, sondern auch Visionen der Gerechtigkeit, sind die Beiträge der religiösen *communities* von öffentlichem Belang – besonders dann, wenn ihre universalistischen Ideale in einen produktiven Widerspruch zum herrschenden *common sense* der politischen *community* geraten.[69] Gerade aus den USA ließen sich praktische Beispiele zu

---

[68] F. Schüssler Fiorenza, Politische Theologie und liberale Gerechtigkeits-Konzeptionen, in: E. Schillebeeckx (Hg.), Mystik und Politik. Theologie im Ringen um Geschichte und Gesellschaft (FS J.B. Metz), Mainz 1988, 105–117, hier 115.
[69] Vgl. F. Schüssler Fiorenza, Die Kirche als Interpretationsgemeinschaft. Politische Theologie zwischen Diskursethik und hermeneutischer Rekonstruktion, in: E. Arens (Hg.), Habermas und die Theologie. Beiträge zur theologischen Rezeption, Diskussion und Kritik der Theorie kommunikativen Handelns, Düsseldorf 1989, 115–144; ders., Foundational

Konfliktfeldern benennen, die bei uns als „heiße Eisen" gelten, etwa das Kirchenasyl (Sanctuary-Bewegung), das vor dem Hintergrund der amerikanischen Bürgerrechtsbewegung einen viel selbstverständlicheren kulturellen Kontext hat.[70]

Die Präsentation einiger ausgewählter Schwerpunkte aktueller Sozialphilosophie bedeutet keineswegs eine Identifikation mit den vorgestellten Positionen. Sie ist jedoch verbunden mit der Hoffnung auf eine theologische Ethik, für die intellektuelle Zeitgenossenschaft zu den obersten Gütemerkmalen gehören sollte, besonders dann, wenn die theoretische Anstrengung nicht zum folgenlosen Amusement wird, sondern – wie beim Streit um lokale und universale Dimensionen des Gemeinwohls – der Kern christlicher Sozialverkündigung und die Vitalität einer reichen Tradition auf dem Spiel steht. Für die Zukunftsfähigkeit des Christentums dürfte einiges davon abhängen, ob die Chance genutzt wird, die prophetische „Option für die anderen" in zerbrechlichen Verständigungsverhältnissen mit Leben zu füllen: jenseits endloser Begründungsdiskurse und jenseits lokaler Üblichkeiten. Und dennoch können beide Zugangsweisen nicht übersprungen werden: weder die Abstraktheit der universalistischen Verfahrensethik noch die „dichte Beschreibung"[71] konkreter Lebenswelten. Daß die Kombination der beiden Anliegen mehr ist als ein fauler Kompromiß und mehr als ein Ausweg aus manchen künstlichen Aufgeregtheiten der Kommunitarismusdebatte, wäre in der konkreten Ausführung und praxisbegleitenden Dynamik christlicher Gesellschaftsethik zu zeigen.

Theology, New York 1984 (Gekürzte deutsche Ausgabe dieses Standardwerks: Fundamentale Theologie. Zur Kritik theologischer Begründungsverfahren, Mainz 1992).

[70] Vgl. G. MacEoin (Hg.), Sanctuary. A Resource Guide for Understanding and Participating in the Central American Refugees' Struggle, San Francisco 1985; K. Barwig/D.R. Bauer (Hg.), Asyl am Heiligen Ort. Sanctuary und Kirchenasyl: Vom Rechtsanspruch zur ethischen Verpflichtung, Ostfildern 1994.

[71] Vgl. C. Geertz, Dichte Beschreibung. Beiträge zum Verstehen kultureller Systeme, Frankfurt a.M. 1987.

Moralerziehung in pluraler Lebenswelt
– und „christliche Moral"?

Demokratische Moral als moralpädagogisches Ziel

Volker Eid

1. Problemanzeige

Waren es in der Zeit der sozial-liberalen bundesdeutschen Regierung die „Grundwerte"[1], so gerieten kürzlich unter dem Eindruck rechtsextremistischer Gewalttaten und weitverbreiteten gewaltförmigen Denkens ganz lapidar „die Werte" in die Debatte. Unsere Gesellschaft wurde als „krank" diagnostiziert. Man zweifelte an der Belastbarkeit unserer Demokratie; nicht was ihren Systembestand, wohl aber was die Frage angeht, ob wir die Demokratie „können", ob wir über selbstverständlich praktizierte demokratische Kompetenz verfügen, die, tatsächlich und konkret, den alltäglichen Umgang miteinander als Solidarität, Toleranz und Subsidiarität bestimmt[2], die vor allem auch schweren sozialen Belastungen und Konflikten standhält. Demokratie als „System" genügt nicht. Sie bedarf struktureller Sicherung (was heißt „Basisdemokratie" tatsächlich und praktisch?) und ebenso engagierter wie kompetenter (Gesinnungs- und Praxis-)Weitergabe[3]. Das Problem der Weitergabe

[1] Vgl. G. Gorschenek (Hrsg.), Grundwerte in Staat und Gesellschaft, München ³1978. Ich unterlasse in den folgenden Überlegungen den Versuch einer Definition bzw. Analyse des Wert-Begriffs, verweise stattdessen auf die sozialwissenschaftliche Erörterung von K.-H. Hillmann, Wertwandel. Zur Frage soziokultureller Voraussetzungen alternativer Lebensformen, Darmstadt ²1989.

[2] In der damaligen Debatte über die Grundwerte spielten die naheliegenden Fragen nach deren kulturgeschichtlicher Herleitung und Formulierung, nach ihrer Begründung eine wichtige Rolle. Auch war das mit ihnen verbundene Interesse politisch-praktisch auf das Grundsatz-Problem pluraler „Cohabitation" ausgerichtet, es war also wesentlich „theoretischer" als die durch den Skandal rechtsextremistischer Gewalttaten und ihrer Sympathisantenszene provozierte Werte-Debatte heute. Vgl. etwa O. Kimminich (Hrsg.), Was sind Grundwerte? Zum Problem ihrer Inhalte und ihrer Begründung, Düsseldorf 1977.

[3] Vgl. B. Sturzenhecker, Demokratie zumuten! – Moralerziehung in der offenen Jugendarbeit, in: deutsche jugend 1993/3, 111–119.

von Moral[4] stellt sich gesamtgesellschaftlich, denn die Krise einer vom bisher dominanten Wohlstands-, Fortschritts-, Sicherheits-, Effizienz- und Karriere-Liberalismus bestimmten Minimal-Moral ist evident.

Es war durchaus beachtlich: Kirchenleute, Gewerkschaftsleute, Politikerinnen und Politiker, überhaupt Leute des „öffentlichen Lebens", diskutierten genauso wie interdisziplinär engagierte Wissenschaftlerinnen und Wissenschaftler allenthalben darüber, wie „die Werte" wohl „wieder" zur Geltung gebracht werden können[5]. Den meisten Diskutanten fielen klischeehaft-spontan die „geeigneten" und in die Pflicht zu nehmenden Sozialisationsagenturen und -agenten ein: Familie, Kindergarten, Schule, Kirchen, nicht zuletzt auch die „Vorbilder"[6].

Die Unbedarftheit des (allzu) praktischen Wissens über die Bedingungen der Moral- und Werte-Weitergabe sowie die Vernachlässigung der strukturellen Bedingungen dieser Weitergabe schränken das Problembewußtsein auf das Rezept appellativer Moral ein, was vermutlich mit der Privatisierung und Marginalisierung von „Moral" und „Werten" zusammenhängt. Man hat den Eindruck, es herrsche ein so stark makrosystemisch-pragmatisches Denken vor, daß wir, da „Werte" jetzt dringend gebraucht werden, unsere Hoffnung auf die schleunige Anwendung einer Art *Werte- bzw. Moral-Technologie* setzen: Als seien Moral bzw. „Werte" so etwas wie ein Computerprogramm, das man „einspeisen" kann[7]. Tatsächlich ist die Weitergabe von Moral an *soziale*

---

[4] D. Mieth verweist sehr zu Recht darauf, daß „Weitergabe" nicht als eine Art Tradierung des immer Gleichen verstanden und betrieben werden darf, weil sie sonst zur „Blockade" gerät. Vgl. D. Mieth, Tradierungsprobleme christlicher Ethik. Zur Motivationsanalyse der Distanz von Glaube und Kirche, in: E. Feifel u. W. Kasper (Hg.), Tradierungskrise des Glaubens, München 1987, 101–138. Kontinuität und innovativer Wandel im Tradierungsprozeß sind nur durch eine Analyse von Sozialisation in der Art von J. Habermas adäquat zu verstehen. Dazu ausführlicher weiter unten.

[5] Es ergibt sich bei kritischer Betrachtung der Verdacht, daß die Debatte über Werte und Werte-Wandel, mit denen sehr viele offensichtlich die Vorstellung von Praxisrelevanz nicht wirklich verbinden können, die anstehenden Probleme verschleiert und entsorgt. Denn Werte sind Abstrakta. Hinter ihrer Einforderung steht aber derzeit wohl kaum die Erkenntnis der sozial-strukturell notwendigen Umkehr, noch weniger die Bereitschaft, diese konsequent und kompetent zu betreiben. So bleibt es oft bei Lamento und Appell. Kein Wunder daher, daß *beide* Werte-Debatten ziemlich rasch im Sande verliefen.

[6] Vgl. D. Mieth a.a.O. 105 f.

[7] Vgl. J.-F. Lyotard: „Die Entscheidungsträger versuchen dennoch, diese Wolken des Gesellschaftlichen mittels Input-Output-Matrizen im Gefolge einer Logik zu verwalten, die die Kommensurabilität der Elemente und die Determinierbarkeit des Ganzen impliziert. Unser Leben wird durch diese Entscheidungsträger der Vermehrung der Macht geweiht. Ihre Legitimation hinsichtlich sozialer Gerechtigkeit wie wissenschaftlicher Wahrheit wäre

Prozesse gebunden, die sehr bewußt wahrzunehmen und zu gestalten sind[8].

In öffentlichen Diskursen gilt dagegen bislang als verbindlich-plausible, weil angeblich liberale Voraussetzung: Über Werte diskutiert man nicht in einer pluralen Gesellschaft; Werte und Überzeugungen sind Privatangelegenheit. Wie prekär das ist, läßt sich am Phänomen der Fremdenfeindlichkeit drastisch illustrieren. Die allzu individualistische Wahrung der Überzeugungs- und Gewissensfreiheit ließ und läßt uns nämlich verdrängen, daß es um die Frage geht, wie lebensweltliche Vorgaben, die zu jedem Menschen, zu jeder „Gruppe" von Menschen notwendig gehören, *auch* unter den Bedingungen pluraler Gesellschaft, in den konkreten sozialen Diskurs eingebracht werden. Die richtigen Grundsätze, der Staat dürfe nicht eine bestimmte weltanschaulich geprägte Moral allen Bürgern auferlegen und staatliche Gesetze seien nicht geeignet, „Moral" zu sichern und zu verbreiten, waren und sind offensichtlich Gründe genug, wegen der ja so „schwierigen" Pluralität darauf zu verzichten, gerade die *Ausgestaltung pluraler = offener Gesellschaft* als Aufgabe gemeinsamer Sicherung von Gerechtigkeit, Solidarität und Toleranz mit allen nötigen Konsequenzen wahrzunehmen. Das durchaus prekäre Defizit drängt sich auf: Wir verfügen allenfalls über die kollektive Meinung und auch Erwartung, vor allem durch Gesetze soziale Lebensqualität sichern zu können. Diese sind gewiß notwendig; von ihnen aber allein die Sicherung der sozialen Gerechtigkeit zu erwarten, führt in eine Sackgasse. Denn wir verfügen nicht über eine gerade unter pluralen Lebensumständen sehr wichtige *stil-bildende* Selbstverständlichkeit[9] demokratischer Gesinnung, Wert-Orientierung und des ent-

---

die Optimierung der Leistungen des Systems, seiner Effizienz. Die Anwendung dieses Kriteriums auf alle unsere Spiele geht nicht ohne Schrecken vor sich, weich oder hart: Wirkt mit, seid kommensurabel, oder verschwindet!": Das postmoderne Wissen. Ein Bericht, Graz – Wien 1986, 15. Vgl. auch das Kapitel über „Das Wissen in den informatisierten Gesellschaften", 19 ff.

[8] Auf diesen komplexen Zusammenhang von sozialer Systemik, strukturellen Bedingungen und der Prozeßhaftigkeit der Ausbildung und Weitergabe sozio-individueller Moral verweist H.-J. Höhn: Konkrete Freiheit und soziale Gerechtigkeit. Handlungstheoretische Analysen – Systemtheoretische Perspektiven, in: W. Ernst (Hg.), Gerechtigkeit in Gesellschaft, Wirtschaft und Politik, Freiburg i.Ue. – Freiburg i.Br. 1992, 85–107.

[9] B. Sturzenhecker spricht von „moralischer Atmosphäre" und bezieht sich auf L. Kohlbergs Begriff der „Gerechtigkeitsstruktur". Vgl. D. Mieth: „Die intellektive Begründung des Verhaltens und seine affektive Absicherung stehen (in herkömmlicher Ethik – Verf.) gleichsam unverbunden nebeneinander. Die verbale Weitergabe von Werten scheint ihre Effizienz weniger zu garantieren als ihre alltägliche Einübung": a.a.O. 107.

sprechenden „Könnens" im Sinne der klassischen Tugendlehre (Einstellungen und Haltungen)[10].

Wenn es darum geht, den Prozeß der Moral-Weitergabe mit dem Ziel der Ermöglichung und der Sicherung von Lebensentfaltung unter pluralen Lebensumständen zu betreiben, ist es an der Zeit, die liberalistische Beschränkung auf ein Minimum moralischer Gemeinsamkeit aufzusprengen und ein Maximum an demokratischer Moral anzuzielen. Was aber ist die einer pluralen und engagiert-liberalen Gesellschaft angemessene, genauer: lebensnotwendige gerechte Moral? Und was hat mit ihr die Herausforderung christlichen Glaubens zur Beteiligung, zum solidarischen, dabei keineswegs konfliktscheuen Engagement zu tun? Was ist in moralischer Hinsicht und damit in ethischer Reflexion Demokratie? Ich versuche mich an dem gewiß vorläufigen Begriff einer „demokratischen Moral", frage nach den Perspektiven und Aspekten ihrer Ausgestaltung, nach der Bedeutung christlichen Glaubens hierbei, sowie nach den Erfordernissen der Weitergabe solcher Moral. Dies ist ein moralpädagogisches Unterfangen, es geht aber nicht um Didaktik[11].

2. Plurale Lebenswelt

Wenn der Begriff der Moral „die Gesamtheit moralischer Normen, Wertüberzeugungen, Einstellungen und moralischer Verhaltensweisen in einem bestimmten sozialen System indiziert"[12], ist sie integraler Teil der „Lebenswelt"[13], die „einen Vorrat an kulturellen Selbstverständlich-

---

[10] Vgl. den Beitrag von G. Beirer in diesem Band. Ich selbst werde auf den hier naheliegenden Begriff der Tugend nicht weiter eingehen, verweise aber im Hinblick auf diesen ganzen Beitrag auf W. Marx, Ethos und Lebenswelt. Mitleidenkönnen als Maß, Hamburg 1986. Seine Überlegungen über die Ausbildung von „Können"/Tugend unter dem Aspekt „nichtmetaphysischer Ethik" erweitern auf überzeugende Weise das Inhaltsfeld, um das es mir geht. Für kennzeichnend halte ich die folgenden zwei Zielangaben: „Dieser Ethik geht es nicht nur um die Frage, wie Geltungsansprüche moralischer Urteile auf ihre Wahrheitsfähigkeit geprüft werden können, wie sie die zeitgenössischen Ethiken weitgehend beschäftigt, noch um die Frage der ‚Universalisierung' von partikulären Auffassungen und um die Applikation des Allgemeinen auf eine jeweilige Situation, die des ‚Konkretisierens' … Uns geht es um die Möglichkeit einer Verwandlung des ethischen Verhaltens aufgrund einer Erfahrung, die aus der Emotion erwächst und somit eine Rolle bei der Bildung von Tugenden spielt, ohne freilich die Vernunft hierbei auszuschließen" (7 f).
[11] Vgl. die Anregungen von B. Sturzenhecker a.a.O.
[12] A. Maurer in diesem Band, 12, Anm. 4.
[13] J. Habermas, Moralbewußtsein und kommunikatives Handeln, Frankfurt/M. 1983, 146 ff.

keiten" enthält, aus dem die in ihr beheimateten Menschen „konsentierte Deutungsmuster" und damit auch Überzeugungsmodelle und Entscheidungsmuster entnehmen. Als lebensweltliche Vorgaben haben beispielsweise alle sozial vermittelten mythischen Bilder und Erzählzusammenhänge zu gelten, alle schon früh eingetieften Erfahrungen und Erfahrungsreaktionen sowie die überlieferten und aktuellen kollektiven Deutungs- und Wertungsplausibilitäten[14]. Dies gilt vor allem unter der Voraussetzung, daß sich Menschen die lebensweltlichen Vorgaben nicht nur passiv aneignen, sondern kritisch mit ihnen umgehen. Tatsächlich ist jeder Mensch, so Habermas, zugleich entscheidungsfähiger „Initiator" wie auch „Produkt von Überlieferungen, in denen er steht, von solidarischen Gruppen, denen er angehört, und von Sozialisationsprozessen, in denen er heranwächst".

Die Tatsache, daß solche Abhängigkeit von sozialen Vorgaben und Zusammenhängen besteht, darf nicht verkennen lassen, daß das Ziel, entscheidungsfähiger *Initiator* zu sein, die Einführung in die kulturellen Überlieferungen und sozialen Vorgaben notwendig voraussetzt (Sozialisation). Indem Habermas auf den Zusammenhang von Tradition, solidarischen Gruppen und Sozialisation verweist, spricht er zentrale Aspekte der Ausbildung von Identität an. Daß diese gerade nicht mit liberalistisch-antiautoritär begründetem Verzicht auf die Zumutung von „Inhalten" = „Deutungen" und „Wertungen" geschehen kann, daß also keine inhalts- und optionslose, nur-formale Moralkompetenz vermittelt werden kann[15], hängt mit der sozial-anthropologisch zu beschreibenden Tatsache zusammen, daß sich das Individuum nur durch die „Verhedderung" in sozial-lebensweltliche „Inhalte" selbst konstituieren kann.

---

[14] Ich setze die entsprechenden differenzierenden Feststellungen Lyotards voraus (vgl. a.a.O. 112), meine aber, daß an partikulären Erzählzusammenhängen, sowohl als Faktum wie auch als Desiderat, festzuhalten ist, um mit lebensweltlicher Sozialisation angesichts von Pluralität und sozialer Differenzierung analytisch und konzeptionell umgehen zu können. – Die Bedeutung und das Problem sozialer bzw. kollektiver Plausibilitäten werden bislang sowohl wissenschaftlich wie politisch-praktisch wenig beachtet. Da sich solche Plausibilitäten sozialdynamisch-normativ auswirken (sie gehören als Selbst-Verständlichkeiten zur „Lebenswelt"), alltagspraktisch aber kaum überprüft werden, ist zunächst eine verstärkte strukturelle Analyse unbedingt erforderlich. Vgl. meine skizzenhaften Überlegungen dazu: Zur Relevanz der Plausibilitätsstrukturen für die Genetische Beratung und die Pränataldiagnostik. Grundsatzpapier zur interdisziplinären ethischen Diskussion, in: aksb-inform Sondernummer 1/92 („Humangenetik, Embryonenforschung und Ethik. Projektmaterialien") Bonn 1992, 23–26.

[15] Vgl. A. Maurer in diesem Band, 12 ff.

Da der sogenannten Diskursethik immer wieder entgegengehalten wird, in ihr werde die Kreierung von Moral durch Mehrheitsentscheidungen behauptet bzw. werde letztlich einem unendlichen und folgenlosen Diskurs das Wort geredet, ist zu beachten, daß Karl-Otto Apel[16] den „Ursprung" von Moral im alternativlos notwendigen Aufeinander-Verwiesensein ausmacht und daß Jürgen Habermas das Konzept der Diskursethik gar nicht auf die Erzeugung persönlicher inhaltlicher Orientierungen ausrichtet, sondern auf die Vernunft-Verläßlichkeit sozialer Entscheidungen und sozialen Handelns *angesichts und wegen der Pluralität.* Hier setzt Diskursethik auf „eine voraussetzungsvolle *Prozedur,* die Unparteilichkeit der Urteilsbildung garantieren soll"[17]. Auf das Wort „voraussetzungsvoll" kommt es an. Lebensweltliche Vorgaben und persönliche Überzeugungen, zu denen beiden das erworbene persönliche Moralkonzept und die Überzeugungen, auch die des christlichen Glaubens gehören, sind nämlich inhaltsbestimmte Voraussetzungen der „Prozedur". Wer am Diskurs teilnimmt, soll nicht – kann es ja auch nicht – von ihnen abstrahieren, wohl aber muß er die aus ihnen abgeleiteten Überzeugungen und Wertungen der vernünftigen Prüfung im Diskurs aussetzen. Dabei darf es nicht darum gehen, individuelle Überzeugungen, individuelles Lebenswissen durch vernünftige Kritik etwa abzubauen und so eine Nivellierung der charakteristischen Unterschiede oder auch Widersprüche zu betreiben. Vielmehr geht es wegen der Notwendigkeit, das Gemeinsame gemeinsam zu gestalten, darum, auf dieses Gemeinsame hin einen jeweils problembezogenen tragbaren Konsens bzw. Kompromiß auszubilden. Hier im Interesse einer sozialen Sicherung zuträglicher Lebensbedingungen von „prozeduraler Gerechtigkeit" zu sprechen, ist nur logisch[18], geht es doch darum, dem „inneren Zusammenhang beider Aspekte" gerecht zu werden: „der Autonomie unvertretbarer Individuen und ihrer vorgängigen Einbettung in intersubjektiv geteilte Lebensformen überhaupt"[19]. Es ist daher gerade auch in moralpädagogischer Hinsicht notwendig, auf die hier gegebene komplexe Vernetzung und Interdependenz zu verweisen: Entfaltung des

---

[16] Das Apriori der Kommunikationsgemeinschaft und die Grundlagen der Ethik, in: Ders., Transformation der Philosophie, 2 Bde., Frankfurt/M. 1976, Bd. 2: 358–436.

[17] J. Habermas a.a.O. 132.

[18] Vgl. H.-J. Höhn a.a.O. 97–99.

[19] J. Habermas, Gerechtigkeit und Solidarität, in: W. Edelstein u. G. Nunner-Winkler (Hg.), Zur Bestimmung der Moral. Philosophische und sozialwissenschaftliche Beiträge zur Moralforschung, Frankfurt/M. 1986, 314.

Subjekts in sozialen Prozessen. Die jetzige Realisierung *und* der zukünftige Ausbau z.B. sozialer Gerechtigkeit *in concreto* hängen von solchen Prozessen wesentlich ab, genauso die Wahrnehmung, Vermeidung bzw. Abwehr von Fundamentalismen und ideologisch-intoleranter Gewalt.

3. Plurale Gesellschaft

Unter den uns gegebenen sozialen Bedingungen ist „Lebenswelt" allerdings kein inhaltlich konsistentes und „klares" Faktum. Sie ist gekennzeichnet durch die soziale Ausdifferenzierung in eigendynamische Teilbereiche (Segmentierung), durch die – gegenüber „geschlossenen" Gesellschaften – Auflösung gemeinsamer, z.B. religiös fundierter Verbindlichkeiten bis in die konkreten Deutungsformen und Handlungsnormen (auch die moralischen) hinein, durch das Auseinanderdriften von „Öffentlichkeit" und „Privatraum" im Handlungs- und erst recht im Bewußtseinsbereich.

Die neuzeitliche Wende zur „offenen Gesellschaft" bedeutet(e) die Sicherung der freien Entfaltung der Subjekte durch Kritik und entschiedenen Abbau totalitärer Legitimationssysteme, Legitimations-„Erzählungen", denen Macht-Dogmatiken jedwelcher Art entsprechen: „Wir haben den Trug der Ganzheit durchschaut, haben stattdessen Vielheit erkennen und anerkennen gelernt und haben beobachtet, wie sich an den Ganzheitsprojekten, je mehr sie sich anstrengen, um so deutlicher ihre Partikularität hervorkehrt. Wir haben die Vielheitssignatur der Ganzheitsentwürfe zu entdecken gelernt. Wahrheit, Legitimität, Menschlichkeit liegen für uns diesseits solch krampfhafter Anspannung von Meta-Erzählungen."[20]

„Vielheit" ist für uns reale Lebensbedingung *und* Gestaltungsaufgabe. Es hat keinerlei produktive Bedeutung, die Pluralität mit einer Verfalls- oder gar Katastrophentheorie zu belegen und eine eindeutige, vielleicht sogar überzeitliche „alte Ordnung" zurückzufordern[21]. Pluralität als ein

[20] W. Welsch, Unsere postmoderne Moderne, Weinheim ³1991, 172 f. – Vgl. J. Valentin, Dekonstruktion. Theologie. Eine Anstiftung, in: W. Lesch u. G. Schwind (Hrsg.), Das Ende der alten Gewißheiten, Mainz 1993, 13–26, hier 16–19 („Dekonstruktion als Totalitätskritik").
[21] Der Mangel einer Hermeneutik, die die Geschichtlichkeit, den sozialen Wandel sowie die Prozeßhaftigkeit der Lebensvollzüge, also auch der Sozialisation, wahrnimmt, scheint mir die Ursache der eklatanten Verstehenssperre zu sein, welche die 1993 erschienene Enzyklika Papst Johannes Pauls II. „Veritatis splendor" kennzeichnet.

wesentliches Datum der Bestimmung des mitmenschlichen Verhältnisses in sozialer Verflechtung und als Faktum auch der eigenen Identitätsausgestaltung ist uns durch die Geschichtlichkeit sowie durch die Gestaltungsoffenheit und Gestaltungsnotwendigkeit unserer Existenz aufgegeben. Der Umbruch in die Moderne bedeutet ja nicht etwa die allererste „Einführung" von Pluralität, sondern endlich ihre entschiedene Wahrnehmung, auch ihren entschiedenen Vollzug gegen alle Denk- und Handlungsanweisungs-Systeme, soweit sie „für sich Ausschließlichkeit oder auch nur unbedingte Superiorität in Anspruch nehmen. Solche unbedingte Superiorität haben aber die religiösen, philosophischen und ideologischen Weltauffassungen der Neuzeit *für sich* in Anspruch genommen und gleichzeitig einander abgesprochen. Und selbst dort, wo Toleranz und Pluralismus zu einer Entschärfung der Gegensätze geführt haben, blieb doch die Hoffnung oder die Annahme bestehen, daß ‚letztlich', sei es hinter, sei es in der Schnittmenge aller pluralen Anschauungen eine ‚höchste Wirklichkeit' existiere, welche „die Einheit des Kosmos und damit auch ein Weltverhältnis des Individuums gewährleiste"[22].

Gleichwohl ergibt sich hier verschärft das Problem, wie denn lebensweltliche Orientierung überhaupt gelingen kann, wenn die Komplexität und Kompliziertheit, die Vielfalt und Widersprüchlichkeit von gelebten Überzeugungen, Deutungen, Wertungen keine einfachen, keine „eindeutigen" Sozialisations- bzw. Erziehungs-Vorgaben mehr ermöglichen[23].

---

[22] F.-X. Kaufmann, Religion und Modernität, Tübingen 1989, 22 f. – Zu den dringend erforderlichen Konsequenzen für heutiges Kirchenverständnis vgl. O. Fuchs, Zwischen Wahrhaftigkeit und Macht. Pluralismus in der Kirche?, Frankfurt/Main 1990. Eine „wahrhaftige" Geschichte der vielfältigen Realisierung(en) christlichen Glaubens würde m.E. erweisen, daß sich zu vielen Zeiten ein gerechter Pluralismus zeigte, dem man sehr schnell mit dem Häresie-Urteil entgegentrat, um (Macht-)Ordnung zu stabilisieren. Auf diese Weise wurden Menschen auch in extreme „Häresien" förmlich hineingetrieben. Zu dieser gewiß nur andeutungsweise formulierten Überlegung veranlaßt mich, obwohl sein Gedankengang etwas anders strukturiert ist, P.L. Berger, Der Zwang zur Häresie. Religion in der pluralistischen Gesellschaft, Frankfurt/M. 1980.
[23] F.-X. Kaufmann (a.a.O. 23): „Während ältere, einfacher strukturierte und statischere Gesellschaftsformationen allgemein verbindliche, kollektive Deutungsmuster menschlicher Lebensvollzüge bereithielten, die regelmäßig in engem Zusammenhang mit der herrschenden Religion standen, fehlt es jedoch modernen Gesellschaften charakteristischerweise an Deutungsmustern, die die einzelnen Funktionsbereiche und Rollen in verbindlicher Weise übergreifen. Die Leitbilder eines „guten Lebens" – soweit diese überhaupt noch identifizierbar sind – werden immer vielfältiger und unbestimmter. An ihre Stelle tritt die „Mode", der gerade aktuelle Lebensstil, dessen Vergänglichkeit zunehmend mit einkalkuliert wird."

„Lebenswelt" ist zwar die Voraussetzung von Deutung, Diskursentscheidung, ja, die Voraussetzung der Ausbildung persönlicher Moral, aber weder kann Sozialisation ein einliniger Anpassungs-Prozeß sein, noch darf die Vermittlung der lebensweltlichen Vorgaben in die Ausbildung persönlicher Moral und sozialer Kompetenz autoritär erfolgen.

Überdies ist „Pluralität" alltagspraktisch auch zu einem Schlagwort geworden, das *auch* zur Rechtfertigung von egoistischer Beliebigkeit und Teilnahmslosigkeit (Entsolidarisierung) benutzt wird, zur individualistischen Abwehr kritischer Infragestellung, zur Legitimierung von rücksichtslosen Vorurteilen, die kritikresistent als „Überzeugungen" ausgegeben werden. Es geht hier um die entschiedene Wahrnehmung der Schattenseiten, die in vielen Analysen zutage treten und die nach den Ausbrüchen von Gewalt in jüngster Zeit zu einer Vielzahl von Defizitanalysen bezüglich sozialer (demokratischer) Moral und Moralerziehung nötigen. Da die gesamte Gemengelage sehr viele Einzelanalysen bräuchte, muß es hier genügen, die Problemanzeige besonders in moralpädagogischer Hinsicht zu skizzieren und im nächsten Abschnitt einen kurzen Blick auf die derzeitige Werte-Diskussion zu werfen.

Der viel-beschworene Individualisierungstrend[24] ist bei voller Beachtung seiner Subjektbedeutung dem Verdacht auszusetzen, zunehmend auch Abschottung und Entsolidarisierung zu rechtfertigen. Eine erhebliche Anspruchsmentalität hindert das Bewußtsein, für die Gestaltung des Sozialen (Gemeinwohl) mit-verantwortlich zu sein. Es sind ein starkes Erlebnisbedürfnis und eine starke Erlebnisbereitschaft zu erkennen, die durchaus zu kritischer Wahrnehmung und auch zum Mitleiden führen können, sich damit aber meist auch schon begnügen.[25] Die Bedeutung von eigenverantwortlicher Vorurteilskritik für die Konsistenz der eigenen Moral *und* für den Bestand des sozialen Friedens, von dem ja alle abhängen, wird kaum realisiert.

Dabei geht es wahrlich nicht nur um die Problematik des Verhältnisses zu Fremden. Es ist freilich ein typisches Zeichen von Verblendung und

---

[24] Analytisch sehr hilfreich: W. Heitmeyer u. Th. Olk mit Arbeitsgruppe, Das Individualisierungs-Theorem. Bedeutung für die Vergesellschaftung von Jugendlichen, in: Dies. (Hrsg.), Individualisierung von Jugend. Gesellschaftliche Prozesse, subjektive Verarbeitungsformen, jugendpolitische Konsequenzen, Weinheim – München 1990, 11–34. Zum Thema der „Erlebnisbedürfnisse" und seiner Folgen vgl. das Kapitel 8 (dessen Ausschnitt-Studium aber zum Verständnis allein nicht ausreicht) in: G. Schulze, Die Erlebnis-Gesellschaft. Kultursoziologie der Gegenwart, Frankfurt – New York 1992.
[25] Vgl. K. Hamburger, Das Mitleid, Stuttgart 1985.

falschem Bewußtsein, wenn der Anschein erweckt wird, wir könnten das Problem der Fremdenfeindlichkeit punktuell-gesetzlich „lösen". Fremdenfeindliches und vorurteils-verblendetes Denken und Handeln sind Symptome einer tief-sitzenden kollektiven Anomie, die sich auch sehr subtil und „privat" äußern kann, die man daher mit hausmittelartigen Moralappellen erfolgreich bearbeiten zu können hofft. Gewalt und gewaltförmiges Denken suchen sich aber ihre Opfer konjunkturgemäß, äußern sich normalerweise in Gesten der Überheblichkeit und Rücksichtslosigkeit, beispielsweise gegenüber behinderten Menschen. Genau dies aber hat eminente soziale und politische Wirkung, wie wir spätestens jetzt erkennen.

Der Rückzug ins Private wird erst dann in seiner prekären Bewußtseinsdramatik faßbar, wenn er zusammen mit der Dominanz der marktwirtschaftlichen Konkurrenzsystemik gesehen wird. Er verhilft nämlich keineswegs nur zur häufig vermuteten „Steigerung des affirmativen Lebensgefühls", sondern auch zu einer Steigerung von Zukunftsbefürchtungen und -ängsten. Immer noch (vergleichsweise) hoher Sozialservice dient für sich allein noch nicht dem Vertrauen in die Bewährung der „Solidargemeinschaft", weil im subjektiven Erleben der begründete Eindruck besteht, der Sozialservice diene der Problementsorgung und damit vor allem dem reibungslosen Funktionieren der marktwirtschaftlichen Abläufe. Mag man noch so oft richtig darauf verweisen, daß das Funktionieren der Wirtschaft Arbeitsplätze, Lebensstandard, soziales Wohlergehen, Ausbildungs- und überhaupt Lebens-Qualität sichere und sichern müsse, – dem Menschen stellen sich *auch* die Angst vor der zunehmenden sozialen Kälte, vor der Vereinsamung, und der existentiell erfahrene Orientierungsmangel (Sinn-Ungewißheit) in den Weg[26].

Indem man sich an Max Webers Analyse der „protestantischen Ethik"[27] erinnert, erkennt man die hier angedeutete Problematik als eine solche des herrschenden sog. Werte-Konservatismus, der allzu selbstverständlich den Makro-Erfordernissen des Marktes zugeordnet wird, was aber durch moralisierende, bezeichnenderweise individualistisch abgestimmte Wertebeschwörung und normative Appelle verdeckt wird. „Gerade der Konservatismus sorgt für die Durchsetzung utilitaristisch-

---

[26] Vgl. auch W. Heitmeyer u. Th. Olk a.a.O. 20 ff. Man beachte auch entsprechend: H.-J. Höhn, City Religion. Soziologische Glossen zur „neuen" Religiosität, in: Orientierung 53 (1989) 102–105.
[27] Die protestantische Ethik und der „Geist" des Kapitalismus. Vgl. die Ausgabe von K. Lichtblau und J. Weiß, Bodenheim 1993.

kalkulativen Verhaltens und instrumentalisiert dafür auch die traditionellen Vergesellschaftungsformen. Was daraus entsteht, ist eine Enttraditionalisierung, die zur Folge hat, daß als allgemein verbindliche Verhaltensregulierung nur noch eine Minimalmoral übrigbleibt, die den Raum schafft für Situationsmoral, die wiederum mit utilitaristisch-kalkulativen Motiven ausgefüllt zu werden droht"[28].

So ist es geboten, „Pluralität" ebenso realistisch als soziale Realität wahrzunehmen wie ideologie- und interessenkritisch zu prüfen. Dies ist strikte Voraussetzung der Möglichkeit, pluralitäts-„gerechte" Moral im Sinne überzeugten demokratischen Bewußtseins aufzuweisen, eine entsprechende Moralerziehung zu konzipieren und zu realisieren.

4. Zur „Werte"-Diskussion in den Jahren 1993 und 1994

Viele der im 25. „Jubiläumsjahr" (1968–1993) vorgebrachten Analysen der sog. Studentenrevolte der späten 60er-Jahre erbringen u.a. die These, diese habe zwar die politisch-soziale Situation, auch das Lebensgefühl in der damaligen Bundesrepublik Deutschland entscheidend verändert, jedoch wenig bzw. nichts erbracht für die Ausgestaltung und Weitergabe einer verbindlichen und produktiven sozialen Moral.

Ulrich Clement stellte schon früher in einer Vergleichsstudie über das sexuelle Verhalten von Studierenden fest[29]: „Die Utopie einer ‚sexuellen Revolution', die die Studentenbewegung aufgegriffen hatte, meinte eine Revolution *durch* Sexualität: Indem die Sexualität aus ihrer Einbindung in die ‚Zwangsehe' und ihrer Funktionalisierung für die bürgerliche Familie befreit wird und ungebunden durch diese ‚Zwangsmoral' gelebt wird, revolutioniert sie die politischen Herrschaftsverhältnisse, die zu ihrer Aufrechterhaltung die Ehe und Kleinfamilie brauchen." Die solcherart politisch-antiautoritär instrumentalisierte sexuelle Liberalisierung konnte, so Clement, die politische Absicht nicht durchsetzen, vielmehr trat ein *so* nicht gewollter Privatisierungseffekt ein: „Mit der zunehmenden sexuellen Permissivität ging zwar eine Relativierung der Ehe- und Familienorientierung im traditionellen Sinne parallel, ohne

---

[28] W. Heitmeyer, Schneller, härter, unkalkulierbarer. Desintegration erzeugt Gewalt, in: Süddeutsche Zeitung v. 6./7.3.1993, 17.
[29] Sexualität im sozialen Wandel. Eine empirische Vergleichsstudie an Studenten 1966 und 1981, Stuttgart 1986, 80.

daß dies aber den im engeren Sinne politischen Sektor emanzipatorisch beeinflußt hätte … Vielmehr führt die zunehmende Warenförmigkeit des öffentlichen und die Emotionalisierung des privaten Sektors dazu, daß beide kaum noch mit derselben Sprache zu beschreiben sind, einander abstrakt werden, so daß ihr Verhältnis zueinander schwerer durchschaubar wird."

Eine parallele Analyse, aber auch sehr einseitige Kritik der „Studentenrevolte" formuliert Kurt Sontheimer mit etwa diesem Tenor[30]: „Die 68er waren stark und erfolgreich im Autoritätsabbau, jedoch schwach und unproduktiv in der Schaffung neuer Werte und der sie verkörpernden Autoritäten. Sie versuchten es mit einer Politik der Tabula rasa. Sie brachten aber außer dem Bekenntnis zu einer pluralistischen Beliebigkeit, von der sie heute infiziert sind, nichts Neues und erst recht nichts Haltbares auf den Tisch. Dadurch schwächten sie den Wertekonsens der Demokratie und Gesellschaft der Bundesrepublik. Der antiautoritäre Impetus hat sich nicht konstruktiv auswirken können, weil er keine produktiven Energien für das politische und soziale Zusammenleben freisetzen konnte."

Die hier exemplarisch betriebene Mythenbildung bezüglich der 68er enthält eine irreführende Ursachenbehauptung. Eine adäquate Analyse der Ambivalenz der antiautoritären Bewegung, insofern sie sich hinsichtlich der „Werte"-Kompetenz tatsächlich kontraproduktiv auswirkte, sollte nämlich darauf verweisen, daß sie als Konsequenz und Symptom einer schon viel länger wirksamen Erosion des Wertekonsenses gesehen werden muß, auf welche im obigen Zitat U. Clement mit dem Begriff der „Warenförmigkeit des öffentlichen (Sektors)" hinweist. „Pluralistische Beliebigkeit" ist keineswegs eine Folge des „Bekenntnisses" der 68er zu ihr. „Vielmehr bilden zahlreiche der damals kreierten Lebens- und Erziehungspraktiken nur … ein im Grund kapitalismusfreundliches Pendant eines ganz anderen Prozesses"[31]. Nämlich: Die

---

[30] Eine Generation der Gescheiterten, in: Die Zeit v. 9.4.1993, 11. Bezüglich seiner von geradezu paranoider Animosität geprägten „68er"-Schelte ist der Beitrag energisch zu kritisieren. Auch der Umgang mit strukturellen Fragen der Ethik ist plakativ und im Grunde ziemlich demagogisch. Wie hat man sich im vorgelegten Zitat etwa die „Schaffung neuer Werte" bzw. die die „neuen" Werte „verkörpernden Autoritäten" vorzustellen? – Alles in allem repräsentiert der Beitrag Sontheimers die eindimensionale Art derzeitiger konservativ-technologischer Werteweitergabe-Reflexion.

[31] W. Heitmeyer, Schneller, härter …, a.a.O. – Vgl. auch L. Glaser, Reformer von gestern – Sündenböcke von heute. Wie rechte Denker vom Versagen konservativer Politik ablenken, in: Publik-Forum 22/Nr. 15, August 1993, 5–6.

„Aufmerksamkeit (muß) auf die Durchsetzung von Zweckrationalität im Zuge der Entwicklung einer hochindustrialisierten Gesellschaft gerichtet werden. Diese Zweckrationalität hat das Verhältnis zu Werten und Normen in das Utilitaristisch-Kalkulative befördert: Als Wert zählt das, was bezahlt wird, konkret: Toleranz ist nur solange wichtig, wie man sich Toleranz leisten zu können glaubt. Genau dies ist das durchgesetzte Ergebnis des konservativen Fortschritts ...“ So stellt sich Orientierungslosigkeit wesentlich als Verunsicherung durch rentabilitäts-orientierte „Werte“-Begründung dar: Konjunktur-Abhängigkeit der „Werte“. Bewußt oder weit eher unbewußt nehmen Menschen wahr, daß die bestehenden Wertvorstellungen, die zunächst so subjekt-freundlich formuliert erscheinen, letztlich dem Kriterium der Marktförderlichkeit unterstellt werden (müssen). Dies aber führt zur existentiellen Verunsicherung bezüglich der konkreten eigenen, niemals voll absehbaren Chancen und Lebensschicksale. Es führt zu einer schier ausweglosen Zynismus-Erfahrung junger Menschen, die sehr schnell lernen (müssen), daß die sozial-gerechte Moral nicht tatsächlich ernstgenommen, daß sie vielmehr als zweckrationale, utilitaristisch-kalkulative Moral-Technologie verwendet wird. Orientierungslosigkeit als Indikator der sog. Wert-Unsicherheit (Beliebigkeit) zeigt einen objektiven Sozial-Zynismus an, der sich in „Ellenbogen“-Mentalität massiv äußert. Verwahrlosung, die sich nicht nur in den aktuellen Gewaltausbrüchen ausdrückt, sondern viel früher schon und radikaler in rücksichtsloser entsolidarisierter Mentalität, wird geradezu provoziert. *Gerade der Konservatismus sorgt für die Durchsetzung utilitaristisch-kalkulativen Verhaltens* und instrumentalisiert dafür auch die traditionellen Vergesellschaftungsformen.“[32] Es bleibt bei der (bezeichnenderweise schon in den 50er Jahren so formulierten und geforderten) „Minimalmoral“, „die den Raum schafft für Situationsmoral, die wiederum mit utilitaristisch-kalkulativen Motiven aufgefüllt zu werden droht“.

Der Appell zur Wiedergewinnung von Werten und das Unternehmen Moralpädagogik sind also kritisch daraufhin zu prüfen, ob sie nicht etwa vorwiegend „rentabilitätsförderlich“ gemeint sind. Daher der Versuch, im folgenden das zu skizzieren, was bei „demokratischer Moral“ auf dem Spiele steht.

---

[32] W. Heitmeyer, a.a.O.; Hervorhebung: Eid.

5. Subjektive Entfaltungsbedürfnisse und Gemeinwohl

Sozialer Friede ist nicht als globale „Befriedung" zu beschreiben, sondern als Gewährleistung und förderliche Ausgestaltung der Entfaltungschancen des Subjekts. Die Abhängigkeit des Subjekts von den sozialen Voraussetzungen sowie die Notwendigkeit, diese sozialen Voraussetzungen *subjekt-förderlich zu gestalten,* sind unabweisbar deutlich. Die Betonung der *Entfaltungsbedürfnisse*[33] zielt darauf, das Schicksal des Subjekts, d.h. des einzelnen „konkreten" Menschen als Gerechtigkeitsmaß zu behaupten. Die neuzeitliche Wende zum Subjekt hat zur Formulierung und Behauptung grundlegender Menschenrechte geführt, die auf die Gewährleistung der individuellen Freiheits- und Entfaltungschancen ausgerichtet sind: Jeder Mensch soll in seiner charakteristischen Eigenart gefördert und geschützt sein, er darf nicht globalen Interessen, auch nicht heteronomen Universal-„Programmen" unterworfen werden. Es geht dabei nicht um ein individualistisches Menschenbild, wohl aber um konkrete *Subjektgerechtigkeit.* In diesem Sinne kennzeichnet der Begriff der „Entfaltungsbedürfnisse" die verschiedenen konkreten Aspekte der Lebensentfaltung und -gestaltung, die ein Mensch verfolgt, um zu sich selber zu kommen, um Lebenssinn zu erreichen, Glück und Zufriedenheit *sowie* die Chance, in unausweichlicher Not- und Leidsituation bestehen zu können. Diese Bedürfnisse richten sich z.B. auf die Sicherung der vitalen ökonomischen Bedingungen, der Ausbildung, der Berufs-Arbeit, des selbständigen Erwerbs des Lebensunterhaltes, der partnerschaftlichen Lebensgestaltung, des sozialen Respektes, der demokratischen Freiheit und Gerechtigkeit.

Die Entfaltungsbedingungen und -chancen des einzelnen Menschen hängen von den *sozialen Lebensbedingungen* ab[34], von dem, was „wir" nur gemeinsam erarbeiten und gestalten können. Dies gilt in einem Ausmaß, das uns nicht immer selbstverständlich bewußt ist: Ausbildungsmöglichkeiten z.B. hängen von den ökonomischen Voraussetzun-

---

[33] Vgl. H.-J. Höhn a.a.O. 101. Üblicherweise behandelt man das Thema „Bedürfnisse" eher psychologisch. Dagegen verweise ich zuerst auf Y. Spiegel, Hinwegzunehmen die Lasten der Beladenen. Einführung in die Sozialethik 1, München 1979, 123–132. Zur psychologischen Orientierung (A.H. Maslow) und generell zur Bedeutung der Bedürfnisse für die Selbstentfaltung vgl. G. Beirer, Selbst Werden in Liebe. Eine Begründung christlicher Ethik im interdisziplinären Dialog, St. Ottilien 1988, 128 ff.

[34] Vgl. die Pastoralkonstitution des II. Vaticanum: Die Kirche in der Welt von heute = „Gaudium et spes", 2. Kapitel.

gen ab, aber zugleich auch vom Niveau technischen, wissenschaftlichen und kulturellen Könnens einer Gesellschaft; wir hängen von dem ab, was uns an sprachlich-kulturellen Möglichkeiten zur Verfügung steht (inhaltlich-konkrete Bestimmung der Werte, der Gerechtigkeits-Grundsätze; demokratisch-kritisches, konfliktfähiges, zugleich partnerschaftliches Verhalten; Formulierung von Bedürfnissen, Hoffnungen; kommunikatives Verhalten usw.). Wir hängen ab vom sozialen Respekt, von der sozialen Anerkennung, die uns gewährt, oft aber auch verweigert werden. Im allgemeinen ist uns zu wenig bewußt, daß uns das, was man strukturelle und systemische Vorgaben nennt, als einzelne wesentlich bestimmt.

Dies alles verdeutlicht, daß sich die Betonung des Kriteriums der Gewährleistung der Subjektbedürfnisse und -rechte auf die Tatsache ausrichtet, daß deren Erfüllung wesentlich von der Gestaltung gerechter sozialer Bedingungen abhängt. Der Begriff „Gemeinwohl" meint demgemäß nicht einfach „allgemeines Wohl", sondern all das, was gemeinschaftlich und *nur* gemeinschaftlich als politische Ordnung, als ökonomische Basis, als wissenschaftlicher und technischer, als kultureller und nicht zuletzt als sozialpolitischer „Besitz" erarbeitet wird, um so die Entfaltungs-Chancen des einzelnen zu ermöglichen[35].

Wenn gemeinschaftliche Erarbeitung die entscheidende Bedingung ist, dann erfordert sie (strukturell!) die Beteiligung, das Engagement jedes einzelnen: Die Vernetzung des einzelnen Menschen in die sozialen Unternehmungen wird hier sehr deutlich. Die Sicherung der Subjekt-Entfaltung angesichts der unausweichlichen sozialen Verwiesenheit, ja, der „Abhängigkeit" vom Sozialen fassen wir im Begriff der sozialen Gerechtigkeit: es geht um die Vernetzung von Sozial-Pflicht und Subjekt-Recht. Genau dies ist *ein* wesentlicher Aspekt demokratischer Moral und Moralerziehung, exemplarisch ausgedrückt in den Begriffen Solidarität, Toleranz und Subsidiarität.

---

[35] Vgl. den Beitrag von W. Lesch in diesem Band. Die Fragen nach der inhaltlichen Bestimmung des „bonum" im bonum commune lasse ich beiseite, um vorrangig den Aspekt der Vernetzung ins Soziale zu betonen, das der gänzlichen Ausdifferenzierung und Segmentierung nicht schicksalhaft-unproduktiv ausgeliefert werden darf. Vgl. dazu insbes. den Absatz 6 im Beitrag von W. Lesch in diesem Band.

6. Verantwortung und „demokratische Moral"

a) Verantwortung und Partizipation

F.-X. Kaufmann[36] verweist auf die Gefahr individualistischer Übersteigerung des Begriffs „Verantwortung" und demgemäß auf die Notwendigkeit, ihn gewissermaßen strukturell zu klären: Verantwortung des einzelnen *im Zusammenhang gemeinsamer Verantwortung*, d.h. Wahrnehmung des einzelnen, in Verantwortungszusammenhänge vernetzt zu sein[37]. „*Mit*-Verantwortung" könnte man hier spontan als den passenden Begriff gebrauchen. Doch ist er vermutlich stark am herkömmlichen individualistischen Begriffsverständnis orientiert, indem er faktisch auf eine individuell zuweisbare, also abgrenzbare *Teil*-Verantwortung setzt. Unabhängig vom Faktum persönlicher Verantwortung kommt es m.E. heute sehr auf die Ablösung eines Moralverständnisses an, das gerade auch in der moraltheologischen Tradition fast eindimensional auf das Individuum setzte und vorrangig von ihm her „Moral" auslegte[38]. Dies führte z.B. zur traditionellen Einteilung der sog. Pflichtenlehre: Pflichten gegenüber Gott, mir selbst und dem Nächsten, wobei letzterer Pflichtenkreis im Sinne von sozialen Pflichten (gegenüber Staat, Familie, Gemeinschaft, Gemeinde usw.) erweitert wurde. Dabei stand das Subjekt bildlich im Zentrum der Pflichtenkreise: „Pflicht" als freiwillige oder abgenötigte moralische Leistung ohne Einsicht in die Logik der *Mitwirkung (auch) um der eigenen Entfaltungschancen willen*. Diese „Vernetzung ins Soziale" und die *von hier aus* auszulegende „Sozial-Pflichtigkeit" konnten so nicht in den Blick kommen. Die moralische Betroffenheit des Subjekts (nach herkömmlicher individuell ausgerichteter Ethik) ist als primäres Faktum überhaupt nicht zu bestreiten, bedarf aber notwendig einer Ergänzung durch die Erkenntnis der gleichursächlichen und gleichrangigen moralischen Relevanz des Gemeinsamen (Gemeinwohl), seiner strukturellen Bedingungen und seiner sozialen Dynamik[39].

---

[36] Der Ruf nach Verantwortung. Risiko und Ethik in einer unüberschaubaren Welt, Freiburg i.Br. u.a. 1992.

[37] Vgl. die differenzierenden, von Hans Jonas ausgehenden Darlegungen von K.-O. Apel, der dem Begriff „kollektive Verantwortung" konsequent nachgeht: Die Begründung einer Verantwortungsethik als Ethik der Bewahrung des Seins der realen menschlichen Kommunikationsgemeinschaft und in eins damit der progressiven Realisierung der idealen Kommunikationsgemeinschaft, in: K.-O. Apel, Diskurs und Verantwortung. Das Problem des Übergangs zur postkonventionellen Moral, Frankfurt/M. 1990, 198–216.

[38] Vgl. J. Valentin a.a.O. 24–26.

[39] Vgl. das oben zitierte Initiator-Objekt-Paradigma von J. Habermas.

Komplexität und Unübersichtlichkeit der Lebensverhältnisse bewirken Ortlosigkeit und Unbestimmtheit von „Verantwortung"[40]. Denn durch die Segmentierung der Lebensbereiche, durch die Arbeits- und Zuständigkeitsteilung kommt es zu einer immer noch stärkeren Verlängerung und interdependenten Vernetzung von Entscheidungs- und Handlungsketten. „Wirkliche" Verantwortung, die sich auf überschaubare und begreifbare Lebenszusammenhänge und Lebensprojekte bezieht, scheint dann nur noch im Privatbereich möglich zu sein. *Scheint* – tatsächlich behelligt der Druck der Komplizierung, der Vernetzung und Unübersichtlichkeit der Lebensverhältnisse schon lange auch den sogenannten Privatbereich.

Gleichwohl dürfte der Begriff der Verantwortung deshalb so positiv bewertet sein, weil er „Subjektzuständigkeit" signalisiert entgegen dem „Gefühl", nur Objekt von übergeordneten Normen und Ansprüchen bzw. Objekt undurchschaubarer Verhältnisse zu sein. W. Heitmeyer und Th. Olk vermerken im Blick auf die übliche soziostrukturelle Analyse der Individualisierung: „Wie etwa die Individuen ... mit der Herauslösung aus historisch vorgegebenen Sozialformen und -bindungen (Freisetzungsdimension), dem Verlust von traditionalen Sicherheiten im Hinblick auf Handlungswissen, Glauben und leitende Normen (Entzauberungsdimension) sowie schließlich mit neuen Formen der sozialen Einbindung und Kontrolle (Reintegrationsdimension) umgehen, diese Richtung der Analyse wird in den einschlägigen sozialwissenschaftlichen Darstellungen allenfalls in Ansätzen diskutiert. Es bleibt daher die Frage offen, unter welchen Bedingungen es den Individuen etwa gelingt, eine in sich konsistente Identität auszubilden bzw. als autonome Individuen in reflektierter und selbstbewußter Art mit gesellschaftlichen Zwängen und Herausforderungen umzugehen, bzw. unter welchen Umständen sie in Isolation und Vereinsamung geraten und die defensive Form des privatistischen Rückzugs ‚wählen'."[41] Diese Frage ist hinsichtlich der sinnvollen Konzeption von Moralerziehung ausschlaggebend.

Partizipation stellt sich hierbei als Schlüsselbegriff dar. Sie bezieht sich auf die Selbstentfaltungs- und Selbstbestimmungsaufgabe und damit die entsprechenden Rechte des Subjekts. Weder verkauft ein Mensch seine Arbeitsleistung an ein Unternehmen, das über die Ziele, für die

---

[40] F.-X. Kaufmann, Der Ruf, a.a.O., 56 ff.
[41] Das Individualisierungs-Theorem a.a.O. 16.

es diese Arbeitsleistung einsetzt, nicht Rechenschaft geben muß; noch ist der einzelne nur marginales Objekt übergeordneter Zusammenhänge, ohne Mitbestimmungsaufgabe und -recht. D.h.: Was immer ein Mensch an Leistungen einbringt, und zwar in allen Lebensbereichen, bleibt *seine* Mit-Arbeit und damit zurückgebunden an *seine* Verantwortung: Partizipation bedeutet strukturelle Sicherung von Selbstentfaltung und Selbstbestimmung in sozialer Vernetzung.

Sie bedeutet zugleich die Herausforderung, das Gemeinsame bei aller Notwendigkeit der Arbeits- und Zuständigkeitsteilung und entsprechend der konkreten Kompetenz so zu strukturieren, daß sich Verantwortung auf *begreifbare Zusammenhänge* beziehen kann.

In diesem Sinne gilt das Kriterium struktureller Sicherung von Partizipation nicht nur für den Unternehmens- und Arbeitsbereich, sondern für alle Bereiche des öffentlichen und privaten Lebensvollzugs („Basisdemokratie"!).

Ich ordne diese Feststellungen der vorher zitierten Frage W. Heitmeyers und Th. Olks zu, welche Möglichkeiten sich anbieten, Unübersichtlichkeit und Individualisierung nicht als unausweichliche Fakten anzusehen, die zum indifferenten Rückzug ins Private nötigen, sondern das Subjekt als „Initiator" (J. Habermas) zu stabilisieren, als Mit-zuständigen und Mit-gestaltenden.

Es geht um einen Begriff von Verantwortung,
- der den primären Aspekt *persönlicher* Verantwortung nicht nur nicht aufhebt oder durch billige Verweise auf gesellschaftliche Bedingungen und Zustände entkräftet, sondern
- den gleichrangigen Aspekt einer *partizipativen* Verantwortung in der sozialen Vernetzung so aufdeckt und ins Bewußtsein bringt,
- *daß die persönliche Verantwortung begreifbar und zum Entscheiden und Handeln befähigend plaziert wird.* Sonst bleibt die Vorstellung von Verantwortung Überforderung einerseits, andererseits wird sie dadurch immer mehr ortlos und unbestimmt; dasselbe gilt für die Moralerziehung.

b) „Demokratische Moral"

Der Begriff „demokratisch" bezieht sich auf den Anspruch demokratischer Kompetenz nicht nur „des Volkes", sondern der Menschen in diesem Volk. In diesem Sinne bezieht er sich unter den Bedingungen offener pluraler Gesellschaft darauf, daß „wir" mit verschiedenen, sich teilweise widersprechenden Lebenskonzepten, Überzeugungsstandpunkten, Weltanschauungsbildern zusammen-leben[42]. Da „wir" aufeinander angewiesen sind, bedürfen „wir" einer Demokratie-Moral, die – unabhängig von und wegen all solcher Verschiedenheit und Widersprüchlichkeit – das Recht, ich selbst und d.h. auch „anders" zu sein, voll wahrt, ja, gerade dieses Recht der selbstbestimmten Lebensentfaltung und *zugleich* die Chance sichert, das Gemeinsame optimal auszugestalten und zu realisieren. Diese Gleichzeitigkeit ist von größter Bedeutung, weil das Gemeinsame den allen „gemeinsam" zur Verfügung stehenden Rahmen von Selbstentfaltung darstellt. Gerechtigkeit ist also das entscheidende Kriterium bei der inhaltlichen Bestimmung „demokratischer Moral", nicht zum wenigsten auch im Blick auf Umwelt und Zukunft.

Wie kann man diese Moral skizzieren, dabei zugleich Erziehungsziele benennen?

Dazu die folgenden Thesen und Überlegungen:

– Wenn Pluralität gerade auch in moralischer Hinsicht eine wesentliche Signatur sozialer Realität darstellt, ist sie doch weder schlechthinniges Schicksal noch „Befreiung" zu individueller Beliebigkeit. Sie anzuerkennen, bedeutet, sich der Tatsache befreiender Auflösung totalitär-fundamentalistischer Welt- und Lebensdeutung zu stellen, die bis in die Intimsphäre hinein eine vor- und aufgegebene Moral behauptet und auferlegt.

– Da „wir" gleichwohl im Sinne der „Abhängigkeit" vom Gemeinwohl auf das Zusammenleben und Miteinanderhandeln wesentlich angewiesen sind, kann Pluralität nur *eine* wesentliche, aber keine totale Bestimmung unserer sozialen Wirklichkeit sein: Sie ist eine Bedingung, die im Rahmen „unserer" gemeinsamen Möglichkeiten als Freiheits- und Gerechtigkeitskriterium zu bejahen und auszugestalten ist.

– Dazu muß man aber nach dem Moral-Konzept fragen, das Pluralität in diesem Sinne produktiv sichert und von dem aus die prinzipiellen und die sehr konkreten Ansprüche gelingenden Lebens an die Gestaltung des Sozialen formuliert werden.

– „Demokratische Moral" enthält keine normativen „Wesens"-Aus-

---

[42] Auf die Problematik eines gewissermaßen demokratischen Scheinkonsensualismus bei der (partei-)politischen „Wir"-Sprache macht W. Becker aufmerksam: Ethik als Ideologie der Demokratie, in: K. Salamun (Hrsg.), Ideologien und Ideologiekritik. Ideologiekritische Reflexionen, Darmstadt 1992, 149–160, hier 156 f.

sagen über die „richtige" Sexualmoral, die Ehemoral, die ärztliche Moral etc. Sie zielt auf die sozial gerechte Gewährleistung freier Selbstgestaltung und Mitwirkung (Partizipation), auf die dafür erforderlichen Gesinnungen und die entsprechende konkrete soziale Moral. Es geht, exemplarisch, darum, daß Menschen darauf vertrauen können, nicht marginalisiert und stigmatisiert, sondern grundsätzlich respektiert zu sein; darum, daß die verschiedenartigen Überzeugungen geachtet, mit entschiedenem Interesse wahrgenommen und – wiederum – nicht marginalisiert werden; darum, daß vorübergehende oder auch (lang-) dauernde Krisen und Schwächen nicht der Mitleids-Stigmatisierung und damit allein dem Verwaltungs-Projekt organisierter „Problementsorgung" anheimfallen, daß vielmehr – trotz und wegen der häufigen Nötigung zu arbeitsteiliger professioneller Problembearbeitung – Nachbarschaft und konkrete Verläßlichkeit (solidarische Gruppe!) ermöglicht und verwirklicht werden. Es geht darum, Demokratie durch politisches und sozial-kritisches Bewußtsein alltagspraktisch so zu realisieren, daß wir alle uns auf sie verlassen können. Weiterhin: „Es geht also darum, dem Menschen zu ermöglichen, noch menschlich zu leben in einer Welt, die nach ihren Strukturprinzipien auf seine Persönlichkeit keine Rücksicht nimmt. Es geht darum, Menschen zu helfen, Personen zu sein in einer Welt, die von ihren Strukturen her sie immer nur partiell beansprucht, ihnen nur bestimmte, rollenmäßig definierte Leistungen abverlangt und dafür im Tausch spezifische Belohnungen anbietet."[43]

Nun kann man die hierbei direkt und indirekt erforderlichen Kompetenzen (in diesem Begriff möchte ich „Gesinnung" und „Können" zusammensehen) zusammenfassen in den drei „Grundwerten" Solidarität, Subsidiarität und Toleranz[44]. Dabei setze ich voraus, daß Solidarität im Kern gerecht-gleichrangige Parteilichkeit und Verbindlichkeit meint, Subsidiarität Anerkennung und soziale Ermöglichung von Eigen-Zuständigkeit und Partizipation von Gruppen und einzelnen, Toleranz verbindlich-teilnehmende und respektvolle Anerkennung, wobei sich alle drei nicht in purer Zustimmung, sondern auch in stetiger Auseinandersetzung erweisen und bewähren müssen. Dies alles voraussetzend möchte ich zu zeigen versuchen, welche konkreten und differenzierten

---

[43] F.-X. Kaufmann, Religion und Modernität, a.a.O., 170.
[44] T. Rendtorff hat kürzlich auf die Notwendigkeit ideologiekritischer Überprüfung des Subsidiaritätsbegriffs verwiesen, die natürlich auch den Begriffen Solidarität und Toleranz gelten muß: wird etwa ein hierarchisches Ordnungsbild vorausgesetzt?: Subsidiaritätsprinzip oder Gemeinwohlpluralismus?, in: ZEE 37 (1993) 91–93.

Kompetenzen, welche moralpädagogischen Vorkehrungen den drei „Grundwerten" entsprechen.

– *Soziale Sensibilität:* Sie bedeutet im Sinne auch von „Empathie"[45] die verbindlich-interessierte, teilnehmende Wahrnehmung der condition humaine beim anderen Menschen und bei sich selbst. Da Empathie zunächst die bloße Fähigkeit bezeichnet, den anderen Menschen zu verstehen, *kann* sie auch dazu gebraucht werden, ihn zu „durchschauen", zu instrumentalisieren und raffiniert zu benutzen. Im Sinne demokratischer Moral bedarf es der *Entschiedenheit,* den anderen zu respektieren. Es geht also um die Art und Weise des Gebrauchs der Empathie, genauer um die Zielsetzung, das Interesse dabei. Moralpädagogisch erfordert respektvolle, respekt-sichernde soziale Sensibilität die schon früh einsetzende Einführung und Begleitung in die Erfahrung der condition humaine, nämlich ihrer Stärke- *und* Schwächeseiten. Das Sehen-*Können* will als Voraussetzung gerechten Urteilens und situations-gemäßen Handelns gelernt sein.

– *Kritikfähigkeit:* Sie meint nicht pedantisch-überhebliche Rechthaberei und überhaupt nicht Selbstgerechtigkeit, sondern – auf der Basis sozialer Sensibilität – die eigenständige Bewertung der Zuträglichkeit und Gerechtigkeit sozialer Lebensbedingungen. Da kein soziales System ganz gerecht sein kann (John Rawls), da in den Nahverhältnissen von Gruppen und Familien immer auch, beabsichtigt oder nicht, Ungerechtigkeit geschieht, bedarf es der kritischen Wahrnehmung und der entsprechenden Kritik-, auch Widerspruchsfähigkeit, um Korrekturoffenheit zu sichern: engagierte Kritikfähigkeit als „Courage". Daß hierzu konkrete und gezielte Einführung nötig ist, sollte keine Frage sein.

– *Vorurteilsbearbeitung:* Soziale Sensibilität und Kritikfähigkeit erfordern und fördern die Fähigkeit der Vorurteilsbearbeitung: des Individuums bei sich selbst und im sozialen Handeln (vgl. das derzeit ebenso beliebte wie handgreiflich-plausible Beispiel des Stammtischs). Da Vor-Urteile nicht nur nicht vermieden werden können, sondern im Sinne

---

[45] Das am „Mitleiden" orientierte Verständnis von Empathie von M.L. Hoffmann halte ich für nicht zureichend, um deren Bedeutung im Rahmen sozialer Wahrnehmung, Orientierung und Verständigung adäquat zu erfassen. Allerdings ist seine Rekonstruktion des Zusammenhangs von Empathie und Solidarität exemplarisch, gerade auch in moralpädagogischer Hinsicht: Vom empathischen Mitleiden zur Solidarität, in: G. Schreiner (Hrsg.), Moralische Entwicklung und Erziehung, Braunschweig 1982, 235–265. – Für die folgenden Überlegungen beziehe ich mich auf die naturgemäß wesentlich stärker differenzierte Darstellung von D. Mieth, Die neuen Tugenden. Ein ethischer Entwurf, Düsseldorf 1984.

der Orientierung und der Vorgabe für kommunikatives Handeln sogar notwendig sind[46], geht es in der Tat nicht darum, sie zu vermeiden, sondern darum, sie zu bearbeiten. Dies ist über die eigene, moralpädagogisch anzuzielende Fähigkeit und Entschiedenheit der Vorurteilskritik hinaus notwendigerweise ein sozialer Prozeß: Ohne soziale Vorurteilsbearbeitung im Sinne kommunikativen Handelns (Diskursethik) keine aussichtsreiche Konfliktbearbeitung. Hierbei ist ausdrücklich auf die komplexen Vorurteilsursachen zu verweisen, v.a. was abgrenzende, stigmatisierende und gewalterzeugende Vorurteile angeht: Gruppendruck, Sündenbock-Projektion, projektive Haß- und Angstausrichtung, krampfhafte Selbstbestätigung bei zu geringer Ich-Stabilität usw; Steigerung solcher Ursachen und Motive durch „intervenierende" Probleme wie soziale Not, soziale Konkurrenz usw. Dies gilt es zu beachten, um Vorurteilsbearbeitung nicht durch individualistische Moralappelle bewirken zu wollen, um sie vielmehr als dezidierte Aufgabe sozialen und von daher individuellen Gegenlernens zu verstehen und zu betreiben. Vorurteilsbearbeitung ist Ursachen- und Bewußtseins-Bearbeitung, die sich dann gerade in der sozial-sensiblen Wahrnehmung antiegoistisch bewährt. Dies hat größte Bedeutung auch im Hinblick auf den normativen Druck, ja, Zwang kollektiver Plausibilitäten, z.B. bei der „Wertung" von Behinderung, von „Andersartigkeit", von minderen Rechten „Fremder" oder von Straftätern usw.

– *Alternative Phantasie*[47]: Wenn das Soziale normativ wirkt (Émile Durkheim), wenn es angesichts dessen wünschenswert ist, daß Menschen die Kohlberg'sche Moralitätsstufe überzeugungsbestimmter moralischer Grundsätze erreichen[48], dann bedarf es der alternativen Phantasie zumindest in zweifachem Sinne: a) Eindimensionale Fixierung auf die kritiklose Hinnahme, ja, die „Verteidigung" des status quo ist kontraproduktiv, weil innovations-resistent. Die Chance eines Fortschritts zu „besserer Gerechtigkeit" (Mt 5) kann so nicht erkannt und genutzt

---

[46] Z.B. im Sinne der Entlastungs- und Elementarisierungs-Theorien. – Die Diskussion des Themas Vorurteilskritik setze ich voraus; vgl. etwa A. Karsten (Hrsg.), Vorurteil. Ergebnisse psychologischer und sozialpsychologischer Forschung, Darmstadt 1978.

[47] Vgl. R. Guth, Das Prinzip Phantasie. Ein Gespräch zwischen theologischer Ethik und Literaturwissenschaft, Wien 1987.

[48] Vgl. den Beitrag von A.A. Bucher in diesem Band, mit den Verweisen auf die wichtige Literatur von L. Kohlberg, F. Oser u.a. – Vgl. auch die ausführliche Darstellung von J. Hoffmann, Moralpädagogik 1: Moraltheologische und moralpädagogische Grundlegung, Düsseldorf 1979.

werden. b) Diese Chance hängt wesentlich von der innovativen (nämlich sozial-sensiblen und kritischen) Kraft der einzelnen ab; damit zugleich von der Fähigkeit und deren Praxis, „Koalitionen" zu bilden, sich sozusagen aktiv zu vernetzen.

Solches bedarf der Einübung von früh an, um autoritärer Fixierung auf den status quo bzw. seiner schicksalsergebenen fraglosen Hinnahme entgegenzuwirken, zum Nutzen aller und jedes einzelnen.

Daher ist kurz der Frage nachzugehen, *wie* moralische Erziehung als Einführung in die geltenden moralischen Normen anzulegen sei. Deren Internalisierung gehört ja zur Sozialisation. Es geht um die hier etwas zugespitzte Alternative, ob der Erziehungsstil auf autoritäre Moralität setzt[49] oder auf eine gestalterische. Wenn es um die Sicherung gestalterischer Moralität und der Fähigkeit geht, sich verantwortlich und produktiv den Ansprüchen moralischer Normen zu stellen und sich mit ihnen auseinanderzusetzen, dürfen diese Normen nicht als bruta facta einfach auferlegt werden. Ihr Bedingungsbezug (Konditionalität) auf die in ihnen vorausgesetzten Problemsituationen ist moralpädagogisch mit-zuvermitteln, denn die Fähigkeit zu verantwortlichem Nachvollzug (relevanzbewußte Rekonstruktion) ist für eine „mündige" = gestalterische Moralität unabdingbar. Ohne sie ist es unmöglich, sich die Kompetenz zu aktiver (Mit-) Verantwortung[50] für die Ausgestaltung sozialer, demokratischer Moral anzueignen. Die Verhinderung selbstbestimmter, überzeugter und kreativer Moralität hindert bzw. vereitelt die Chance innovativer Rekonstruktion und Korrektur (fortdauernder Prozeß der Externalisierung) bestehender sozialer Moral.

– *Soziales (politisches) Engagement und Parteinahme:* Nicht selten trifft man bei „Expertengesprächen" und sonstigen Diskussionen auf die besorgte Frage, wie man den „Gemeinsinn" junger Menschen stärken könne. Abgesehen davon, daß diese Frage keineswegs nur die jungen Menschen betrifft, ist hier einmal mehr auf die oben diskutierten Konsequenzen und Effekte von Individualisierung und Rückzug in den

[49] Vgl. hierzu meine kurzen Überlegungen: Sittliche Normen und verantwortliche Entscheidung, in: rhs 36 (1993) 86–89.
[50] Hierzu (auch zur „Konditionalität") W. Korff, Theologische Ethik. Eine Einführung, München 1975. Was die Begriffe Internalisierung und Externalisierung angeht, beziehe ich mich auf P.L. Berger und Th. Luckmann, Die gesellschaftliche Konstruktion der Wirklichkeit. Eine Theorie der Wissenssoziologie, Frankfurt/M. ²1971. – Von hier aus ist deutlich auszumachen, wie sehr die Enzyklika „Veritatis splendor" (1993) auf autoritäre Moralität setzt und jedes Konzept gestalterischer Moralität prinzipiell desavouiert.

Privatbereich zu verweisen, um deutlich zu machen, daß die Frage nicht moralisch enggeführt werden darf (womöglich als „Charakterproblem"), sondern wesentlich auch strukturell gesehen werden muß. Bereitschaft und Fähigkeit zum politischen Engagement, welches ich im weiten Sinne als soziales Engagement verstehe, hängen von der Realisierung sozialer Sensibilität, vorurteils-kritischer und kreativer Kompetenzen ab. Deren Realisierung aber, etwa auch durch moralpädagogische „Stimulierung", setzt voraus, daß sie mit allgemeiner Zustimmung und entsprechender öffentlicher sozialpolitischer Prioritätensetzung angezielt werden. Dies aber erfordert die kritische Sichtung und Bearbeitung von dominanten Makro-Voraussetzungen, die derzeit Familien eher dazu veranlassen, zu einer sensibilitäts-resistenten Durchsetzungsfähigkeit anzuleiten.

Diese verleitet wiederum leicht zu karriereförderlicher strategischer Anpassung, nicht aber zu einer unter Umständen „karrierestörenden" Stellung- und Parteinahme. Hier geht es um den moralpädagogisch, im Blick auf die Sozialdynamik einer Gesellschaft auch „moralstrategisch" wichtigen Aspekt, daß solidarische Parteinahme nur sinnvoll und produktiv ist, wenn sie nötigenfalls gegen Gruppendruck als eigenständige Option für konkrete Gerechtigkeit eingesetzt wird. Einmal mehr muß hier zugleich auf die Voraussetzungen sozialer Sensibilität, (vorurteils-) kritischer Wahrnehmung usw. hingewiesen werden.

Ich belasse es bei diesen Beispielen und füge folgende Thesen an:

Solche Befähigungs-Ziele haben Sinn nur, wenn sie im Zusammenhang einer *durchgreifenden demokratischen Wirklichkeit* („Atmosphäre", „Stil", „Gerechtigkeitsstruktur") gesehen und auf deren Herstellung, Festigung und Ausbau ausgerichtet werden: Es geht um eine verläßliche, weil selbstverständliche Praxis von Solidarität, Toleranz und Subsidiarität.

Sie haben daher eine *Realisierungs-Chance* nur, wenn sie nicht vorrangig als „Privatangelegenheit" definiert werden, in der offenen oder verdeckten Absicht, die reibungsverlustlose Effizienz z.B. ökonomischer Abläufe nicht zu „gefährden"[51]. Die Beschränkung auf eine utilitaristisch-kalkulative, nicht störende Minimalmoral und die durchdrin-

---

[51] Vgl. W. Heitmeyers oben zitierte Bemerkung zur „Brauchbarkeit" der Toleranz. Auch ist hier daran zu erinnern, wie intensiv von seiten der Unternehmer auf die ökonomische Schädlichkeit der Fremdenfeindlichkeit und ihrer Exzesse hingewiesen wurde, gewiß zutreffend. Letztlich „überzeugen" wohl nur handfeste ökonomische Argumente.

gende Dominanz der „harten Wettbewerbs-Realität" als letztlich wichtigstes Verhaltenskriterium verhindern demokratische Moral und die Ausbildung gerechter demokratischer Wirklichkeit. Daher werden individualistisch ausgerichtete Werte-Ermahnungen nichts bewirken, allenfalls und ironischerweise die Verstärkung des gegenwärtigen Zustandes. – Um einem Mißverständnis vorzubeugen: Hier geht es nicht darum, die konkret gelebte Moral der einzelnen zu qualifizieren, sondern den Zustand „unserer" *sozialen* Realität. Wir sind wohl schon so sehr auf die „Privatheit" der Moral fixiert, daß wir außerstande sind, sie als politisch-soziale Aufgabe wahrzunehmen und sie von bloß effizienz-orientiertem, utilitaristisch-kalkulativem Interesse freizuhalten. Dieser Effekt ist als „List" des Werte-Konservatismus ideologiekritisch aufzudecken[52].

Die exemplarisch dargestellten Ziele und Inhalte demokratischer Moral sind, wie schon gesagt, gewissermaßen zurückhaltend, aber keinesfalls neutral gegenüber konkreten Problem-Inhalten wie Lebensschutz, Ökologie, Partnerschaft und Ehe, Sexualität usw. Ihre entscheidende Bedeutung liegt darin, daß sie *bestimmende Voraussetzungen* gerechter Moral- bzw. Entscheidungs-Diskurse sind: Die Rationalität der Diskurs-Prozesse im Sinne von J. Habermas hängt von gesicherter und „gekonnter" demokratischer Realität und Kompetenz ab.

Als wichtiges Analyse-Instrument erweist sich bei all dem die E. Fromm'sche *Sein-Haben-Dichotomie*. Denn, beispielsweise, soziale, auch umweltliche Sensibilität ist nur im Seinsmodus hilfreich und stilbildend. Empathie, die nur gewinnbringend verstanden und „benutzt" wird, hat mit dem Seinsmodus nichts, sondern allein mit dem Habenmodus zu tun. Da sie den anderen Menschen instrumentalisiert, ist sie moralisch schlecht; sie zerstört die soziale Verläßlichkeit. Wie führt man moralpädagogisch in den Seinsmodus ein, in emotional-kognitive Wahrnehmung von Beziehungen, in „selbstlose" Freude an Menschen und Umwelt, ins Genießen-Können, in eine betroffenheits-fähige Wahrnehmung, in Respekt als altruistische Achtung, daher auch: in die Praxis gerechter Konflikt-Austragung? Vor allem die Familien hätten hier eine genuine Chance und Primär-Aufgabe, würden sie nicht durch das forensische Diktat der Erziehung zur Durchsetzungsfähigkeit empfindlich behindert.

---

[52] Der sehr kritische Vorbehalt gegenüber dem Werte-Konservatismus betrifft keinesfalls die großen Traditionen der Gerechtigkeitsmoral. Vgl. auch D. Claessens, Kapitalismus als Kultur. Entstehung und Grundlagen der bürgerlichen Gesellschaft, Düsseldorf – Köln 1973.

Zuletzt: Verantwortung und Partizipation als Chancen des Subjekts, aktiv in Vernetzung zu leben und zu handeln, aktiv Stand zu gewinnen inmitten einer komplexen, komplizierten und unübersichtlichen Realität, hängen von gezielter Befähigung dazu ab. Von ihrem Gelingen hängt insbesondere die Erfahrung der Verläßlichkeit unserer sozialen Wirklichkeit ab: Es geht um „Vernetzung" und Nachbarschaft, um die Realisierung solidarischer Gruppen; es geht um Orientierung und Standpunktfestigkeit, die gerechte Liberalität nicht aus-, sondern einschließen.

Es kommt darauf an, den Begriff „solidarische Gruppe" im Sinne *bewohnbarer*, in ihrer Pluralität demokratisch gefestigter Lebenszusammenhänge zu verstehen und ihn zugleich zu differenzieren im Sinne ausdrücklich gesuchter und gestalteter „Nahverhältnisse". Hier ist wesentlich auch auf christliche Gemeinde zu verweisen sowie auf ihre Feinstrukturierung durch „bewohnbare" Teilgruppen. Doch muß, ja, darf Pluralität nicht zur Vorstellung und Praxis kontrastiver, nämlich „weltanschaulich homogener" Nahverhältnisse führen: Es gibt viele Gemeinsamkeiten, in denen sich Menschen zusammenfinden, um plurale Verschiedenheit, *auch* Widersprüchlichkeit „gewinnbringend" zu bearbeiten. Sonst hätte ja die Rede von Solidarität und Toleranz keinen produktiven Sinn. Toleranz z.B. darf wohl nur im Notfall als eine bloße „soziale Technik" verwendet werden, um gegebenenfalls „plurale Konflikte" zu entschärfen[53]. Sie muß das Vehikel respektvoller Wahrnehmung und Anerkennung sein, die gegenseitiges Erfahrungs-Lernen ebenso einschließt wie allenfalls notwendige Konflikt-Austragung.

7. ... und „christliche Moral"?

Es geht nicht darum, eine christliche Einfärbung der vorangehenden Überlegungen nachzuliefern. Die bis vor kurzem noch viel-diskutierte Frage nach dem christlichen Proprium stellt sich derzeit aber mit verschärfter Intensität, weil sie nicht mehr unter der Voraussetzung diskutiert werden darf, man könne sich trotz aller Pluralität auf eine letztlich „irgendwie doch" vorhandene allgemeine Vernunfts- und Plausibilitäts-

---

[53] Vgl. meinen Beitrag: Toleranz ist mehr als nur „Duldung". Ein moralischer Grundaspekt des Verhaltens zu Fremden, in: O. Fuchs (Hrsg.), Die Fremden, Düsseldorf 1988, 144–160.

Basis beziehen[54]. Nun mag man ja Postmoderne- oder Dekonstruktivismus-Theorien heftig kritisieren: es führt kein Weg an der Tatsache der Auflösung verbindender und verbindlicher Weltdeutung vorbei. Es ist keine Frage moralischer good-will-Bemühung, doch noch „irgendwie" an einer ordohaften Letztbegründung festzuhalten. Die Frage, die Christinnen und Christen als Mitmenschen = Mitakteure in pluraler Lebenswelt betrifft, ist, wie in Pluralität Verbindlichkeit und Solidarität möglich seien, ohne auf die nicht mehr lebbaren ordo-Vorstellungen zurückzugreifen. Dies bedeutet eine Intensivierung der Frage Dietrich Bonhoeffers nach der Möglichkeit „religionslosen Christentums", wobei er Religion wohl als ordo-Religion verstand[55]. Gerade hier siedelt Alfons Auer die für die Weitergabe von Moral gleichwohl entscheidende Frage nach der sozialen Stabilität an: Es gibt in unserer Gesellschaft „bei nachlassender oder ausfallender Wirksamkeit kirchlicher Orientierungskraft kein, wie Franz-Xaver Kaufmann sagt, ‚funktionales Äquivalent', das heißt, es gibt in unserer Gesellschaft keine Instanz, welche die Kirche in der Vermittlung ethischer Orientierung abzulösen in der Lage wäre. Inhalte wie Freiheit, Rationalität, Toleranz, Demokratie, Kreativität, Selbstverwirklichung u.a. bleiben als freischwebende Größen doch allzu anonym, als daß sie ein erfahrbares Sinnziel darstellen könnten; von solchen in sich hochbedeutsamen sittlichen Grundwerten geht kaum ein Impuls zu wirksamem Handeln aus. … Aber damit ist die Geschichte nicht einfach wieder zugunsten der Kirche gelaufen. In dem Maße nämlich, als sie, um das wirkliche oder teilweise auch nur vermeintliche Chaos aufzuhalten, unbesehen den Codex überlieferter Normen als unantastbares, starres Gefüge in den Prozeß der Bewußtseinsbildung (bzw. -verbildung) einzubringen sucht, sieht sie sich fast unüberwindlichen Schwierigkeiten gegenüber."[56] Parallel ist zu fragen, „ob und wie das Christentum als Element einer pluralistischen und

[54] Vgl. nochmals J. Valentin, Dekonstruktion; ebenso F.-X. Kaufmann: siehe oben S. 150.
[55] Widerstand und Ergebung. Briefe und Aufzeichnungen aus der Haft, hrsg. v. E. Bethge, München 1970, 305 ff.
[56] A. Auer, Was ist mit der Weitergabe der „Moral" an die kommende Generation?, in: W. Kasper u. G. Miller (Hrsg.), Ereignis Synode. Grundlagen, Perspektiven, Schlaglichter zur Diözesansynode Rottenburg-Stuttgart 1985/86, Stuttgart 1986, 127–138, hier 130. N. Mette hat die hier anstehende, entscheidende Pluralitäts-Problematik noch intensiver dargestellt: Identität ohne Religion? Eine religionspädagogische Herausforderung, in: E. Arens (Hrsg.), Habermas und die Theologie. Beiträge zur theologischen Rezeption, Diskussion und Kritik der Theorie kommunikativen Handelns, Düsseldorf 1989, 160–178.

plurireferentiellen Kultur noch jene Gottes- und Heilserfahrung zu vermitteln vermag, die der Inhalt seiner Botschaft ist"[57].

Diese intensivierte „Propriums"-Frage angesichts von Pluralität und
angesichts der Tatsache, daß alle moralischen Systeme Deutungen sind,
die zwar argumentativ (diskursiv) erarbeitet und durch Überzeugung
verbindlich werden, aber immer auch genauso fraglich bleiben wie die
in ihnen vorausgesetzten und realisierten lebensweltlichen Deutungen,
führt strikt zur Frage, ob christliche Gemeinschaft inmitten pluraler
Gesellschaft und im ausdrücklichen Bezug darauf ihre eigene Lebenswelt – „Version" ausbilden müsse. Ich bejahe diese Frage unter diesen
Bedingungen:

Eine wesentliche Möglichkeit des Subjekts, in pluraler Lebenswirklichkeit, angesichts der Segmentierung der Lebensbereiche sowie der
damit verbundenen Unübersichtlichkeit, konsistenten Stand zu gewinnen, besteht in der *Ausbildung selbsterarbeiteter Überzeugung:* Existentielle Stellungnahme zu unserem Leben und zu unserer Welt, welche
die Gewißheit (damit auch „Sinn") begründet, auf letztendliche Gerechtigkeit hoffen zu können. Christlicher Glaube bietet sich an als *Möglichkeit,* sich solche Überzeugung zu erarbeiten"[58].

Eine weitere gleich-wesentliche Möglichkeit, Stand zu gewinnen,
besteht darin, „sozialen Halt" zu finden[59]. Da herkömmliche Formen
der Nachbarschaft und überhaupt der Vernetzung nicht mehr selbst-ver-
ständlich wirksam sind, bedarf es unter unseren Lebensumständen gezielter Vernetzung, gezielter Gestaltung „solidarischer Gruppen" (J.
Habermas). Auf „die" Familie zu verweisen, genügt nicht, da die sy-
stembedingte schwerwiegende „privatistische" Abkapselung und die
damit verbundene Belastung vieler Familien nicht übersehen werden
dürfen, welche gerade auch ihre gezielte Vernetzung in größere „solidarische" Zusammenhänge nötig macht. Beachtet man die Bedeutung
der Einführung in Lebenswelt, nicht zuletzt im Sinne der Weitergabe

[57] F.-X. Kaufmann, Religion und Modernität, a.a.O. 23. Genau diese entscheidende Frage
ist in der sog. Moral-Enzyklika „Veritatis splendor" (1993) nicht einmal angedeutet.
[58] Dies betrifft wesentlich auch die Frage nach Funktion und Bedeutung des „öffentlich-
rechtlichen" Religionsunterrichtes. Vgl. meinen Beitrag: Weitergabe „christlicher Moral"
im Religionsunterricht, in: J. Brune (Hrsg.), Freiheit und Sinnsuche. Religionsunterricht,
Ethik, Lebenskunde in der pluralen Gesellschaft, Berlin – Hildesheim 1993, 41–62.
[59] Dies ist mein Versuch einer Antwort auf die von A. Auer aufgeworfene Frage. Sie hat
freilich zur Voraussetzung, daß, wie Auer es ja auch andeutet, „Kirche" sich nicht mehr
vom Ansinnen ordo- und codex-artiger Einwirkung leiten läßt.

des Glaubens mit seinen moralischen Optionen und Perspektiven, zugleich die Bedeutung der Sozialisation in Familie und solidarischen Gruppen, so bedarf es der lebensweltlichen Gestaltung christlicher Gemeinde ausdrücklich *inmitten* unserer Gesellschaft und in voller partizipativer Solidarität und Verantwortung von Christinnen und Christen mit allen anderen. Christinnen und Christen fühlen sich alltagspraktisch vermutlich zuerst als Mitbürger-innen. Sie „christlich" herauszutrennen und sie dann „in die Welt" zu senden, ist eine nicht realitäts- und praxis-gerechte, sondern kontraproduktive Vorstellung, die überdies dem Sinn-Kriterium der Inkarnation zuwider ist[60].

Christliche Gemeinde darf keinesfalls weiterhin nach den Mustern traditioneller pastoraler Selbst-Verständlichkeiten gestaltet werden, soll sie heute die solidarische Gruppe sein, in der christlicher Glaube sich zeigt, erschließt und sich in je neuer Weise mitteilt. Sie bedarf einer Struktur und Praxis kommunikativen Handelns, weil, was unabhängig von unseren heutigen Begriffen grundsätzlich immer galt, aber immer weniger realisiert wurde, erst Partizipation und Verantwortung aller die Realisierung des Glaubens inmitten pluraler Lebenswelt ermöglichen, damit auch die Weitergabe der moralischen Optionen und Perspektiven christlichen Glaubens[61].

---

[60] Vermutlich enthalten die diesbezüglichen Aussagen des II. Vaticanums (vgl. die Pastoralkonstitution Die Kirche in der Welt von heute: „Gaudium et spes", Art. 36 und 57 ff.) mehr zukunftsträchtigen „Sprengstoff" als zunächst erkannt werden konnte. Denn die Darlegungen zur „Autonomie der irdischen Wirklichkeiten" und zur Kulturbezogenheit bei gleichzeitiger Kulturunabhängigkeit christlichen Glaubens (Vgl. P. Suess, Glaubensverkündigung, Inkulturation und Befreiung, in: Orientierung 50 [1986] 231–234, 241–243) stellt die kulturelle Festlegung auf ordohafte Letztbegründung faktisch, wenn auch so sicher nicht gewollt, in Frage und fordert zu nichts mehr und nichts weniger heraus als zu einer Neubestimmung des Glaubensverständnisses, der Theologie und kirchlicher Praxis (vgl. Neubestimmung von „Mission", „Evangelisierung"). Es wird, bei voller Wahrung zentraler, vor allem spiritueller Führungs-Autorität, aber angesichts der Universalismus-Falle, darauf ankommen, ob und wie ortskirchliche Konkretisierung im Sinne solidarischer Gruppen gelingt, ob die Realisierung uneingeschränkten Respektes vor kultureller Eigenart gelingt: Christliche Kirche ist universal („katholisch"); sie ist gegenwärtig in der Ortskirche. Diese lebens- und glaubensnotwendige Konkretheit wurde in dem am 15. Juni 1992 veröffentlichten Schreiben der Glaubenskongregation über „einige Aspekte der Kirche als Communio" (Herder-Korrespondenz Juli 1992, 319 ff) in schwerwiegender Weise marginalisiert. Der nachgeschobene Kommentar (23. Juni 1993: Herder-Korrespondenz August 1993, 406 ff) ändert daran nichts, da er sich nur in glasperlenspielartigen Spitzfindigkeiten über das „gegenseitige Ineinanderwirken" von Gesamt- und „Teil"-Kirche ergeht.
[61] Vgl. dazu meinen Beitrag: Kirchenstruktur und „christliche Moral". Die moralische Herausforderung im christlichen Glauben und kommunikatives Handeln, in ZEE 37 (1993) 59–69. Ich kann nicht erkennen, daß die im selben Heft vorgelegte Kritik W. Hubers

Nochmals beziehe ich mich auf D. Bonhoeffer: Es geht um die Ausgestaltung des Christlichen mit seinen moralischen Optionen und Perspektiven *mitten in unserer „Welt"*; durch solidarische Vernetzung in christlicher Gemeinde und zugleich mit den „anderen", die überhaupt nicht „ganz andere" sind[62]. Es geht darum, daß sich Christinnen und Christen in solidarischem Verbund, der seinerseits Pluralität nicht aus-, sondern einschließt, an der Ausbildung und erzieherischen Weitergabe demokratischer Moral beteiligen. Denn sie haben, was die Frage der Deutung und Bewältigung der komplexen sozialen Wirklichkeit angeht, kein Privileg. – Die Idee integrierter christlicher Gemeinde, die sich als „Kontrastgesellschaft" idealisiert und zugleich ausweglos überfordert, führt durch den Abbruch realer Kommunikation nach „außen" und erhöhten Innendruck in die Sackgasse aus- und abgegrenzter „Gegengesellschaft". Integralismus ist in diesem Sinne das genaue Gegenteil dessen, was christliche Gemeinde als solidarische Gruppe sein kann und sein soll: solidarisch nach „innen" durch offene partizipative Kommunikation ohne jeden System- oder „ordo"-Druck, *zugleich* solidarisch in partizipativer Vernetzung *in* (nicht „mit"!) der Gesellschaft.

Spitze ich die Frage nach den moralischen Optionen und Perspektiven christlichen Glaubens zu und richte ich sie, ohne Blick auf die letztlich genauso wichtige, wenn auch ambivalente christenheitliche Wirkungsgeschichte, an die synoptischen Berichte über Jesus von Nazaret, so

(S. 77 f) an meiner hermeneutisch-strukturell entwickelten Kernthese „Christliches Ethos ist Gemeindeethos" stichhaltig ist. Denn es geht mir, deutlich erkennbar, nicht um ein Ethos der Gemeinde nur für die (womöglich noch integralistisch verstandene) Gemeinde, sondern um die Frage, wie christlicher Glaube mit seinen moralischen Optionen und Perspektiven *real* sein kann, welcher Art von Kommunikations- und Handlungsstruktur er bedarf. Da ich in diesem Sinne den Begriff „Gemeinde" zunächst einmal hermeneutisch einführe und darstelle, greift der kritische Einwand, ich ließe den Gemeinde-Begriff im unklaren, nicht. Dagegen wird in W. Hubers Plädoyer für den Konziliarismus, dem ich prinzipiell natürlich zustimme, keineswegs klar, was und wie die Gemeinde ist, die auf konziliarer Beratungs- und Beschlußebene repräsentiert wird und dann die Beratungsergebnisse und Beschlüsse rezipiert. Wenn W. Huber völlig einleuchtend erklärt, erst mit der Rezeption durch die Gemeinde sei „der konziliare Prozeß an sein Ziel gekommen", frage ich, wie denn diese rezipierende Gemeinde strukturiert ist und wie der Rezeptions*prozeß* verläuft. Denn all unserer Erfahrung nach, z.B. mit dem Stil unserer real existierenden repräsentativen Demokratie, kann solch ein konziliares Strukturkonzept von sich aus nicht wirksam verhindern, daß das wirklich „Wichtige" letztlich doch auf der Repräsentanten-Ebene verhandelt, daß so die „Basis", nämlich die Gemeinde marginalisiert wird.

[62] Zur Ausweitung und Intensivierung des Nächsten-„Begriffs" durch Jesus von Nazareth: P. Hoffmann u. V. Eid, Jesus von Nazareth und eine christliche Moral. Sittliche Perspektiven der Verkündigung Jesu, Freiburg u.a. [3]1979, 147–185.

entdecke ich zwar den und jenen Hinweis auf zeitgemäße Vorstellungen vom „richtigen" Leben, dominant aber bleiben etwa solche „Entdeckungen"[63]:

- Die Verkündigung der Gottesherrschaft (Reich Gottes) als ausstehendes, aber jetzt schon reales Faktum der Gerechtigkeit Gottes stellt sich dar als Herausforderung, mit dem status quo nicht einfach einverstanden zu sein und schon gar nicht einen Moral-ordo fundamentalistisch oder auch nur sicherheitshalber zu behaupten, sondern mit kritischer sozialer Sensibilität, alternativer Phantasie zur „besseren Gerechtigkeit" beizutragen.
- Die Seligpreisungen der Bergpredigt bzw. der Feldrede (Mt, Lk) fordern zu Parteinahme und Solidarität heraus, zur „Option für die Armen", die als Option für den völlig gleichberechtigten anderen Menschen verstanden werden muß. – Im Zusammenhang mit den Antithesen verweisen die Seligpreisungen daher auf eine Moralität im Seins-Modus, in der der volle Respekt füreinander auf vorurteilskritischer und liberal-verbindlicher Gesinnung aufbaut.
- Die Forderungen der Nächsten- und Feindesliebe zielen auf unideologische, aber respektvolle und teilnehmende Toleranz, auf respektvolle Auseinandersetzung, auf kritische und zugleich produktive Wahrnehmung dessen, was Solidarität, Toleranz und subsidiäre Mitsorge fördert bzw. verhindert.
- Jesu Nähe zum unterdrückten, schuld- und leidbelasteten, zum kranken und vom Tod bedrohten Menschen läßt schließlich das Ziel solch christlich motivierter moralischer Eindeutigkeit erkennen: Ganz realistisch, alltagspraktisch und ohne ideologisch-pharisäischen, d.h. hemmenden Ordo-Überbau Gottes parteiliche Entschiedenheit für jeden Menschen *jetzt,* also unter unseren Lebensbedingungen zu realisieren. Dabei sei nicht vergessen, daß Paulus in Röm 8 diese entschiedene Zuwendung Gottes auf die ganze Schöpfung bezieht.

Statt uns gegenseitig ohne derzeit erkennbares Ende immerfort mit den sattsam bekannten Moralthemen zu traktieren, kommt es darauf an, daß Christinnen und Christen solche moralisch relevanten Grund-Optionen und -Perspektiven unseres Glaubens, die den Erfordernissen demokratischer Moral überhaupt nicht fremd sind, engagiert miteinander erörtern und konkretisieren. Dies ist der uns gemäße Beitrag zur

---

[63] Vgl. P. Hoffmann u. V. Eid, Jesus von Nazareth, a.a.O.

Errichtung, zum Ausbau und zur Sicherung demokratischer Moral und ihrer wirksamen pädagogischen Weitergabe[64].

---

[64] Zur Erweiterung und Präzisierung vgl. F. Schüssler Fiorenza, Politische Theologie und liberale Gerechtigkeits-Konzeptionen, in E. Schillebeeckx (Hrsg.), Mystik und Politik. Theologie im Ringen um Geschichte und Gesellschaft. Johann Baptist Metz zu Ehren, Mainz 1988, 105–117. Ebenso: H.-J. Höhn, Christlicher Glaube und ethisch-praktische Urteilskraft, in: Ders., Vernunft, Glauben, Politik. Reflexionsstufen einer Christlichen Sozialethik, Paderborn u.a. 1990, 193–225.

Politik, Religion und christliches Gewissen

Gerhard Droesser

Wer sich über „Religion" *und* „Politik", über den Sinn, die Grenzen und den Zusammenhang beider Lebensformen absprechen will, wandert auf schmalem Grad. Zu leicht nur will die Rede am gängigen Schlagwort hängen bleiben; und zu leicht nur fällt sie ins Gegenteil nicht minder billiger zeitloser Sentenz. Dennoch, wer vom Unklaren ins Klare kommen will, wer wenigstens der Problematik eines Menschheitsthemas unverstellt ansichtig werden will, muß die Unsicherheiten und Gefährdungen des Weges seiner Darstellung auf sich nehmen.

Unser Fragen zielt auf das „Was" und „Wozu", auf den *Begriff* von Politik und Religion. Wenn wir in unseren Alltagsreden Aktionen oder Sachverhalte als politisch oder religiös bezeichnen, dann haben wir ein Vorverständnis von dem, was wir mit diesen Worten meinen. Jenes Vorverständnis, an dem wir unsere Alltagsreden und Alltagshandlungen orientieren, wollen wir aufzuklären suchen. Aufklären aber soll uns zugleich heißen: kritisches Überschreiten der vorgegebenen Deutungsmuster. Im Darstellen selbst wird sich zeigen, daß das gängige Vorverständnis zu kurz greift, um die Bedeutungstiefe und den Bedeutungsanspruch von Religion und Politik auszuloten.

Das Überschreiten der unmittelbaren Deutungshorizonte und ihre Relativierung aber ergibt sich aus dem Suchprojekt, von dem wir unser Fragen leiten lassen wollen. Nämlich: sind die Lebensformen Politik und Religion notwendig mit dem Begriff des Menschen zu vermitteln, sind sie *essentielle* Konstituentien der menschlichen Natur? – Beide könnten auf den Begriff des Menschen ja auch nur mit *äußerer* Notwendigkeit bezogen sein, äußere Daseinssicherungen, die das eigentliche Lebenszentrum menschlichen Existierens nicht berührten. In der modernen arbeitsteiligen Gesellschaft scheint sich doch gerade die Absonderung der allgemeinen Lebensformen vom subjektengagierten Existieren, ihre Transformation in selbständige Systeme vollzogen zu haben. Ihre Verwaltung scheint an bestimmte Personenkreise – den poli-

tischen und religiösen Spezialisten – delegierbar. An ihnen aktiv teilzunehmen, ist nicht für jedermann verpflichtend, nicht selbstverständlich. Für das individuelle Existieren sind Politik und Religion zu wähl-
baren Sinnordnungen geworden.

1. Reduktion modernen Sinnerlebens auf „Privatheit"

Aber wie gewinnen wir ein Sinnmodell, in dem verstanden ist, was die
Bereiche des Politischen und Religiösen im *Verhältnis* zum wesentli-
chen Menschsein sind? Können und müssen wir hier überhaupt ein
Verhältnis konstruieren? Denn, berührt uns denn das Politische wesentlich, in der Mitte unserer Existenz? Ist es nicht ein mehr oder minder
schmutziges Geschäft, von dem wir uns scheuen, es mit dem Kern des
Menschen und des Menschlichen zu verbinden?

Und ist es nicht die Religion, die ihrem tiefsten Sinn nach alle Politik
grundsätzlich verneint? Wird sie nicht immer korrumpiert, wo Thron
und Altar ins Bündnis treten? Vor den Vernichtungsschlachten des Ersten Weltkriegs sind die deutschen Heere deutsch, die russischen Sol-
daten russisch eingesegnet worden. Auch heute noch gehört die Fah-
nenweihe in dörflichen Gemeinschaften zur kirchlichen Folklore. Wie
leicht gerät die religiöse Feier in Widerspruch zum Geist der Religion!

Es scheint doch besser, die relative und zweifelhafte Praxis des Politischen von der absoluten und eindeutigen religiösen Wahrheit strikt
zu trennen. Daß der Mensch im Weltlichen verdirbt, daß er Heil und
Erlösung im Überweltlichen zu suchen hat, gehört ins klassische Re-
pertoire religiöser Wirklichkeitserfahrung, nicht allein aufs Christentum
beschränkt. Warum sollen wir das vorgegebene Schema, daß Religion
und Politik extreme Gegensätze sind, wie Feuer und Wasser nicht
zusammengehen, nicht anerkennen können?

Indessen, so selbstverständlich können wir die klassisch-religiöse
Wertung, die dem Politischen die wesentliche Lebenswahrheit ab-
spricht, nicht nachvollziehen. Denn die Gewißheit, daß die Religion
eindeutig zweifellose absolute Wahrheit sei, von der her alles Wirkliche
in fester Ordnung auszumessen ist, ist ja für den Durchschnittsmenschen
unserer Zeit sehr ungewiß. Ob wir uns als religiös bekennen oder nicht,
ist zur privaten Angelegenheit eines jeden einzelnen von uns geworden.
Ob, was und wie die Menschen glauben, scheint für ihr alltägliches
Zusammenleben ganz belanglos. Ja, vielleicht ist vielen Menschen Stil

und Inhalt ihrer Religiosität zu einem Gleichgültigen geworden, zu einer bloßen Meinung, die beliebig auszutauschen ist.

Wenn uns das religiöse Lebensmaß im Maßlosen der individuellen Meinungen entgleitet, dann ist uns darum das Politische keinesfalls näher ans Herz gewachsen. Der Verlust der allgemeinen Gültigkeit des Religiösen wird nicht etwa aufgewogen durch eine Umbewertung des Politischen. Nicht also, daß uns dieses nun zur absoluten Wahrheit würde. Nein, für den Durchschnittsmenschen bleibt das Politische zweifelhaft und relativ. Vielleicht, daß unser Urteil über Politik in dem Grad an Sicherheit verliert, in dem das religiöse Urteil, an das es als Gegensatz geheftet war, vieldeutig verschwimmt. Politik, von der die religiösen Schleier weggezogen sind, wird für uns gerade nicht als sachlich-rationaler Vorgang transparent. Das politische Geschehen vollzieht sich außer und meistens – wie wir meinen – gegen uns. Was es aber objektiv bedeutet, darüber haben wir wieder keine feste, sondern nur unsere relative und individuelle Meinung. Und wieweit gehört dieses relative Meinen denn zu uns, zu unserem eigentlichen Leben? Inwieweit reden wir hier nicht einfach vor uns hin, zum bloßen Zeitvertreib? Nicht also nur, daß uns das politisch Wirkliche als fremdes Objektives uns gegenübersteht, mehr noch scheint die Meinung über das Politische sich nicht unserer Urteilsfähigkeit, sondern vorgefertigten Deutungsmustern zu verdanken. Reproduzieren wir nicht nur den Leitartikel unserer Tageszeitung?

Wo kommen *wir* denn vor, in dem, was uns an Religion und Politik vermittelt wird und was wir beliebig fortvermitteln? Was wollen wir eigentlich für uns mit, neben oder gegen Politik und Religion? Was ist für unser Leben das entscheidend Wichtige und Wertvolle? Ist das nicht auch diffus geworden? Sind wir nicht heute so und morgen wieder anders, hängen wir nicht unsere Fahnen nach dem Wind?

In der Tat, das moderne Leben scheint in einer Mannigfaltigkeit von Zielvorgaben, einer Mannigfaltigkeit von *Moden*, die kaum kreiert schon wieder fortgeworfen werden, verfangen. Beharrlich scheint uns nur der Wechsel sich gegenseitig ausreizender Bedürfnisse und Angebote. Es ist nichts, was die Mode nicht durchprobieren würde. Der Mensch der Gegenwart steht unter dem Gebot der schrankenlosen Konsumtion. Er soll, so diktiert die Mode, nehmen, was ihm gegeben wird. Scheinbar total werden wir von der Hektik des Konsums in Griff genommen. Unser Leben wird von Entfremdung zu Entfremdung fortgehetzt. Denn immer werden uns neue äußere Identitäten aufgenötigt.

Verkümmern soll, was womöglich als unser eigenes Leben sich entfalten könnte. Dem überreichen Angebot an äußeren Möglichkeiten entspricht nicht die Fähigkeit, sie sinnvoll zu bewältigen.

Wir bleiben passiv, *weil* wir pausenlos beschäftigt werden. All unser Handeln wird in die Sinnrichtung genötigt, die von andern – sei's Menschen, sei's Systemen – vorweg bereits ins Kalkül gezogen ist, nämlich: Waren zu verzehren, um neuen Waren Platz zu machen, so lange, bis uns zum Erbrechen übel wird. Aber auch dagegen gibt es Digestive. Die Konsumwelt führt uns am Gängelband. Sie traktiert uns unmündigen Kindern gleich.

Wir treten in allem Handeln auf der Stelle. Immer schneller drehen wir uns im Kreis, ohne im entscheidend Wichtigen und Wertvollen voranzukommen, ja ohne es zu kennen. Denn im Vielerleiwissen werden wir blind und dumm gehalten. Das Warengetriebe duldet keine Störung. Das Zögern, der Zweifel, das Fragen: ob mit dieser Lebensform denn alles richtig sei? sind verboten. Wir werden mit Informationen einfach abgefüttert.

Gewiß, manchmal werden wir aus der Haltung des Zuschauers herausgerissen. Schreckensbilder von Mord und Krieg, von Arbeitslosigkeit und Hunger, einer geschändeten und zerstörten Umwelt empören uns. Für einen Augenblick wenigstens sind wir nicht gleichgültig, für einen Augenblick sind wir betroffen. Wir erfahren dann, daß die sonst fraglos hingenommenen Konsumstrukturen nicht die Wirklichkeit des ganzen Lebens sind. Wir überspringen die Welt des Marktes, die alle Menschen im Kaufen und Verkaufen miteinander in Beziehung bringt, und die doch jeden einzelnen von ihnen im Gefängnis des Privaten festsetzt.

Ganz offensichtlich, wir können mehr als nur genießen. Wir können mit den Opfern mitfühlen, Mitleid haben. Wir sind nicht mehr gleichgültig, sondern beteiligt, wo wir spüren, daß die Beleidigung und Verletzung, die dem fremden Menschen widerfährt, uns selbst beleidigt und uns selbst verletzt. Affekte, die offiziell kaum der Erwähnung wert befunden werden. Worauf weisen sie hin, wozu fordern sie heraus? Sind sie nicht ein *Ansatz* zu einem Gemeinschaftswissen und einem Gemeinschaftshandeln, der tiefer greift als alle politischen Systeme und Verwaltungstechniken? Kommt in ihm nicht ein für uns entscheidend Wichtiges zu seinem politischen und vielleicht gar religiösem Ausdruck? Freilich, wie schnell geht dieser Ansatz in der Geschäftigkeit des Alltags unter!

Aber dann; schauen wir einmal doch unser eigenes Leben näher an.

Wenn wir uns auf uns besinnen, wenn wir von uns erzählen, dann wird schnell klar, daß wir in der Zirkulation der Waren nur eine *Rolle* spielen, mit der *wir* uns nur partiell identifizieren können. Sehr schnell entdeckt sich dann das Glück, das der Konsum verheißt, als Fassade, enthüllt sich uns die heile Welt als Schein. Denn, unser Leben *ist* mehr, als wir je besitzen und also auch nicht kaufen und verkaufen können.

2. Gesellschaftliche Objektivität

Was unser Dasein sein läßt, müssen wir jetzt in Sprache fassen. Was zeigt sich für unser Selbsterleben als das Wichtigste und Wertvolle jenseits des Warenangebots? Mit dem Sein des Menschen hat es ja seine eigentümliche Bewandtnis. Auch dies wird nur zu leicht im Alltäglichen vergessen.

Denn, daß wir sind, das ist nicht selbstverständlich. Abstrakt genommen, könnten wir auch nicht sein. Abstrakt betrachtet ist es völlig unerheblich, ob wir in der Welt sind oder nicht. In der abstrakten Rechnung geht das Sein des Einzelmenschen unter als bloße Zahl in der großen Masse Mensch. Wir wissen wohl um die Bedeutung, die der Kategorie „Quantität" im Planen, Schaffen und Verwalten der modernen Wirklichkeit zukommt. Wir wissen aber auch um das Harte, ja Unerträgliche, wenn das abstrakte Zahlenspiel auf den konkreten Menschen trifft. Seelisch und leibhaft können wir dann fühlen, daß unser individuelles Selbst nicht zählt.

Wovon abstrahiert die Abstraktion? Was ist der Grund für unsere Empörung, wenn wir unser Selbst mit jedem anderen Selbst ununterscheidbar ausgeglichen sehen? Doch dies, daß unser Dasein komplizierter und komplexer ist, daß es vom Zählen nur äußerlich, nicht wesentlich getroffen wird. Unser Selbst ist eben nicht einem willkürlich gesetzten Punkte gleich, der beliebig zu addieren und zu subtrahieren wäre. Es ist nicht wie ein totes Ding, das in sich fertig abgeschlossen ist, das ohne Minderung seiner Substanz hier oder dorthin getragen, so oder so in Gebrauch genommen werden kann. Sondern, das Selbst des Menschen ist ein *Leben*. Und das Leben wird jedem Menschen von anderen Menschen gewährt. „Leben" heißt: wesentlich von Anderen her *vermittelt* sein, nicht aus sich, sondern von Anderen den Anfang haben. Leben wird konkret als ein Verhältnis der Abhängigkeit. Unser individuelles Leben wird wirklich in Strukturen, die uns mit anderen

Menschen dauerhaft verbinden. Unser Selbst ist also immer in Kontexten verwoben. Sie wachsen uns zu wie eine zweite Haut. *Wir* können nicht darüber raisonnieren, ob wir – in diesen Umständen, mit diesen Menschen – leben wollen oder nicht. Ob und wie wir leben werden, wird uns von anderen Menschen getan und angetan. Wie die Anderen uns bestimmen, im Guten und im Schlechten, das bleibt uns lebenslang, formt unseren Charakter mit. Grundsätzlich ist das individuelle Selbst ein Sein-durch-Andere.

Das für uns Wichtige und Wertvolle wird sich mithin immer in zwischenmenschlichen Beziehungen ereignen und vollziehen. Andere Menschen eröffnen oder rauben mir die Chancen meines Lebens. So ist das Individuum, schon bevor es physisch-psychisch wird, von den objektiven Ordnungen des Daseins – Familie, Wirtschaft, Staat – und ihren mannigfaltigen Zwischen- und Unterordnungen determiniert. Oder – es ist die bestehende *Gesellschaft*, die sich ihre individuellen Glieder produziert. Die Gesellschaft leistet über ihre Agenturen die Menschwerdung des Menschen. Sie lehrt den Menschen die Verhaltensweisen, in deren Bräuchen er überhaupt erst zu einem lebensfähigen Selbst gebildet wird. Wie wir wahrnehmen und erkennen, wie wir Naturdinge manipulieren und Kunstdinge erzeugen, wie wir emotional und intellektuell uns anderen Menschen eröffnen und verschließen, wen wir als Herrn und wen als Knecht zu achten haben – dies alles wird uns schon in früher Kindheit beigebracht. In einer Mannigfaltigkeit von Rollen, zu deren Übernahme er gezwungen herausgefordert wird, wird der Mensch tüchtig gemacht, ein Spektrum von Funktionen im gesellschaftlichen Ganzen aktiv auszufüllen, das soziale Allgemeine in seinem besonderen Tun zu erhalten. Die Gesellschaft schenkt den Individuen ein Leben, das jene ihr wieder zurückzugeben haben. In der Kindheit vollzieht sich die Basissozialisation des Individuums; aber wir wissen, daß sich über diese Grundlegung hinaus Vergesellschaftung durch unser ganzes Leben durch ereignet. Im Älterwerden erschließt sich uns nach und nach, zu was uns die Gesellschaft braucht – und nicht mehr braucht.

3. Leiderfahrung und konkrete Utopie

Weil wir durch die Gesellschaft unser Leben haben, setzen sich auch die Störungen, die die Sozialsysteme aus ihrer einsinnigen Organisationsbahn werfen, in den individuellen Leben fort. Das ist offenkundig etwa, wo eine bestimmte Wirtschaftsweise systematisch Armut produziert – am Nahrungsmangel wird der ganze Mensch verkümmern. Das ist verdeckter, wo eine bestimmte Kommunikationsweise die Menschen dazu anhält, ihre sinnliche Natur, ihr Gefühlsleben systematisch gering zu schätzen und zu unterdrücken, aus dem Selbst gleichsam auszuklammern –, so daß der Mensch von innen her verarmt und hart gegen sich und andere wird, die Triebbestimmung aber, die er verleugnet und verdrängt, unbeherrscht und roh ihre Befriedigung unterm Cachet scheinhaft rationaler Ideale suchen mag. Es ist dann schwierig, aus dem Gegebenen, dem individuellen Unglück, die soziale Verursachung analytisch triftig zu bestimmen, zumal dann, wenn die Mehrzahl der Gesellschaftsglieder von derselben Krankheit infiziert ist – Leiden demnach nicht als Leiden, sondern als richtig, gut, normal erfährt. Leicht wird der, der seinen Finger auf die Bruchstellen des Sozialgefüges legt, als Scharlatan verschrien, mit dem Ketzermal gebrannt. Und dennoch, was heute noch als unerhört erscheint und skandalisiert, mag morgen schon als Motiv, Regel, Ideal allgemeine Geltung haben. Offenbar, Sozialsysteme können nicht nur lehren, sie *lernen* auch; sie können die Kritik nicht nur niederschlagen, sondern sie so integrieren, daß sie ihre Krisen überwinden. Sozialsysteme müssen nicht statisch das Immergleiche repetieren, sie sind veränderbar; auf Möglichkeiten und Bedürfnisse anzusprechen, die nicht von vornherein in ihrem Regelkanon festgeschrieben sind.

Das soziale Ganze, das uns in vielfältiger Organisation vorgegeben ist, das die Individuen an sich zieht und nach seinen Maßen menschlich macht, ist demnach in seinem Definieren *nicht* vollständig und geschlossen. Daß Menschen *an* der Gesellschaft leiden, daß sie ihren Lebenssinn nicht im sozialen Funktionieren aufgehen sehen, das zeigt an, daß sie mehr sind als Elemente der bestehenden Gesellschaft. Aus ihr geworden, sind sie doch ein Werden, das über sie hinauszielt und anders sein will als die anderen.

Erst im *Leiden* empfinden wir den Zwang und Druck der bestehenden Verhältnisse; denn erst im Leiden geraten wir zu ihnen auf Distanz. Im Leiden erfährt der Mensch sich auf sich geworfen, auf ein individuelles Sein, von dem er weiß, daß es durch kein vorgegebenes Rollenmuster zu erfassen und zu sichern ist. Es ist der Schritt über die Grenze, die Indifferenz zwischen den Wirklichkeiten des sozialen Selbst, die, wie sie faktisch sind, mir keinen Raum zum Atmen lassen, und den unbestimmten Möglichkeiten, aus denen vielleicht ein individuelles Selbst und individuelles Ganzes zur Wirklichkeit gelangen kann. Der Durchbruch aufs Niveau des individuellen Selbst macht sich nicht automatisch und nicht mit einem Schlag. Bei jedem Menschen anders. Es ist offen, wie das Unbestimmte angenommen wird. Es ist möglich, sich ins Bestehende zurückzuretten, das Leidensfaktum, wenn nicht zu ignorieren, so doch zu minimalisieren. Man kann so tun, als wäre nichts geschehen. Man kann dem System seine Dienste offerieren und sich dafür prämieren lassen. Man kann alles werden, nur nicht – ein individuelles Selbst, das durch die unbestimmte Möglichkeit hindurchgegangen ist. – Oder man kann die Grenze ästhetisch überspringen. In Tagträumen wird eine Welt von Möglichkeiten durchphantasiert, mit der es doch niemals Ernst sein kann. Was möchten wir nicht alles sein, wenn nur die Objektivität der Umstände nicht wäre: Dann führt der Mensch ein Doppelleben zwischen Alltagsverpflichtung und den Scheinfreiheiten des Romans. Auch hier wird das Leidensfaktum abgedrängt und kompensiert, nicht objektiv verändert. Das Bestehende erhält sich gerade durch die Ohnmacht seiner Gegenbilder.

Der schöne Schein der subjektiven Imaginationen ist dennoch die Bedingung, über die ein Individuum aus dem Unbestimmten sich sein bestimmtes Selbst erschaffen kann. Im Phantasieren der Gegenwelten wird ja expressiv, was in der Welt des Faktischen expurgiert ist, sprachlich verpönt. Unter den Rastern der Zivilisation stellt ungeformte Triebnatur sich erneut dem Menschen fordernd gegenüber; jetzt aber so, daß er auf sie eine individuelle Antwort und Synthese finden muß. Aus dem Wahrnehmungshorizont der vielen Möglichkeiten, die in den Triebsymbolen festgehalten sind, *kann* der Mensch sich zu sich selbst entschließen. Er kann real wollen, was die Utopie ihm vorweist. Was ihm entscheidend wichtig ist, das kann er sich zum *Gesetz* erwählen. Dann wird die Vielheit der ästhetischen Synthesen auf die Bestimmtheit einer praktischen Synthese reduziert.

4. Konstitution des individuellen „Ichs"

Der Mensch entwirft sich selbst als praktisches Subjekt. Er definiert sein Sein als Handeln. Die Unverbindlichkeit der Grenzerfahrung zwischen Sozialem und Individuellem ist aufgehoben: wie das Subjekt sich praktisch will, wird es für sich und für die anderen *politisch*. Die individuelle Selbstbestimmung ist die Keimzelle der Veränderung der vorgegebenen sozialen Wirklichkeit. Das Individuum muß dem sozialen Ganzen ganz widerstanden haben, das ist: es muß sich als Individuum erfassen, wenn es das objektiv *Alternative* wirklich machen will. Die zweite wesentliche Grundformung des menschlichen Wirklichen, die wir als „politisch" definieren können, ist mithin – neben und gegen die gesellschaftliche Ordnungspraxis – die Praxis der Selbstkonstitution des Einzelmenschen.

Politisch sind nicht bloß die Systeme, die aus ungreifbarer Ferne unser nächstes Dasein steuern; vielmehr, es gehört die Bestimmung des Politischen als essentielle Möglichkeit zum Dasein eines jeden Menschen, auch wenn er sie nicht begrifflich klar benennen kann. Das Mögliche wird wirklich, sobald ein Mensch – gegen die Determinationen des Sozialen und gegen die Determinationen seines Bios – zu sich „Ich will mich" sagt. Sobald er sich zu einem eigenen Leben zur Entscheidung bringt. Das individuelle Leben hat die Bedingung seiner Wirklichkeit am *Prinzip der Freiheit*. Freiheit wird wirklich als Negieren des sozial-kausalen Zwangs, in Akten der Selbstbefreiung. Aber der negative Freiheitsausdruck – der die Revolution der Sinnbegründung unseres Lebens ist – ist als Praxis zugleich positiv, wird gegenständlich in der sozialen Welt. Und eben deshalb wird die individuelle Selbstwahl, wie immer sie sich formulieren mag, zu einem Akt, der auf jeden Fall auf andere Menschen wirkt.

Wer am aktiven Leben der Gesellschaft nicht beteiligt wird, wer ins Abseits gerät, weil man seiner scheinbar nicht bedarf, und wer sich darum, seine Geschicke übernehmend, auf sich radikal zurückzieht und ganz allein mit dem Warum? Wozu? seines Existierens fertig werden muß, auch er ist ja von Gesellschaft nicht völlig losgetrennt. Weder wird er die Gesellschaft los: denn, wenn er sich zu sich entschließt, muß er sich ständig mit der Geschichte, die er mit den Anderen hatte, auseinandersetzen. Noch die Gesellschaft ihn: daß er anders sein muß und will, reizt auf, löst Reaktionen aus. Die Alternative seiner individuellen Lebensführung hat die Beschränktheit der bestehenden Gesellschaft aufgedeckt. Die Glaubenssicherheit, mit der das soziale Kollektiv das eigene Verhalten für das einzig Wahre nahm, ist aufgestört. Wertüberzeugungen, die absolute Geltung hatten, sind jetzt relativ geworden. Die Gesellschaft und darin jedes ihrer individuellen Glieder ist aus dem Gleichgewicht gebracht. Das macht, daß sie den individuellen Anderen, auch wenn er nur als Opfer *ihrer* Verhältnisse anders ist, haßt – die spontane Reaktion wird sein, den Anderen zu töten, den Gesetzesbrecher, der sich von den sozialen Banden losgerissen hat, auszulöschen. Aber der Geist, die Idee des Toten ist nicht umzubringen, ja entfaltet nun erst im Wissen und Gewissen der Gesellschaft sich als allgemeine Macht. Dann, wenn die Alternatividee sich in allen Köpfen eingenistet hat, mag es sein, daß die Gesellschaft sich selber aus der Perspektive des individuellen Außenseiters sehen lernt, daß sie sich selber kritisch prüft und womöglich so reformiert, daß sie das alternative Lebensargument in die eigene Lebensweise einarbeitet.

Der Selbstentscheid des Einzelnen mithin geht immer die anderen Menschen an. Wer fortgetrieben wird, hinterläßt doch eine Spur. Wer seinen eigenen Weg geht, wird auffällig, eckt an. Niemals gehört mein auf mich bezogenes Handeln mir allein; sondern es ist per se Modifikation meiner sozialen Mitwelt, verlangt ihr eine breite Skala von Stellungnahmen, von Werturteilen zwischen Bejahung und Verneinung ab. Selbstbefreiung und Selbstkonstitution des Einzelmenschen sind ein Sozialereignis. Die Selbstverinnerlichung *ist* Selbstentäußerung, ist Rückvermittlung auf die Mitmenschen.

Aufs Neue müssen wir den Begriff vom Politischen erweitern. „Politisch" hieß uns einmal: die Selbstzentrierung der Gesellschaft in einem in Systemen festgelegten Ganzen, in dem jedes Individuum als passives soziales Selbst gemacht wird und fungiert. „Politisch" hieß uns zweitens: die Möglichkeit der Selbstzentrierung des Einzelmenschen zu einem individuell organisierten Ganzen im Freiheitsakt des Existierens – zunächst als Gegensatz zur Gesellschaft vorgestellt. Schließlich soll uns „politisch" heißen: das wesenhaft *aktive* Wirken, in dem die individuelle Selbstanspannung sich gegenüber anderen Individuen dezentriert oder sich selbst als Moment dem sozialen Ganzen wieder übergibt.

Tendenziell weicht jedes Individuum im Kleinen oder Großen von der vorgeschriebenen Ordnung ab. Fragmentarisch wenigstens ist jeder in Bewegung auf sich selbst. Deshalb auch wirkt jedes individuelle Selbst, mehr oder minder intensiv, in seiner Eigenheit auf all die anderen Individuen seiner gesellschaftlichen Welt, von denen umgekehrt es ihren Eigenausdruck als Gegenwirkung leidet. Das soziale Leben zeigt sich nun von einer neuen Seite: das statische Verhältnis zwischen den Ordnungsformen und der individuellen Freiheitsnegation ist gleichsam zurückgelassen. Jetzt sehen wir auf die Dynamik jenes gesellschaftlichen Werdens, das im Aktionsbereich *zwischen* den Einzelindividuen wirklich wird.

5. Kommunikative Praxen

Der Selbstentwurf des Einzelmenschen ist spontane Stellungnahme zum Selbstentwurf des anderen, der so als Mitmensch gegenständlich wird. Wenn meine Pläne glücken sollen, muß ich rechnen und bedenken, wieweit sie von den fremden Intentionen gehemmt, wieweit gefördert werden. Ich schätze die anderen Menschen ab, ob und wieweit ich ihre Hilfe brauche, und: ob sie mein Wollen gewähren lassen oder ob sie es bedrohen. So entwerfe ich mein praktisches Projekt nicht monologisch punktuell, sondern als Moment und Phase eines Strukturbilds, in dem ich meine und die fremden Intentionen zu kohärentem Sinn zu binden suche. Und umgekehrt, auch die anderen Menschen konstituieren, jeweils aus ihrer Perspektive, den sozialen Horizont; auch sie müssen bedenken und berechnen, ob ich ihr Projekt akzeptieren oder stören werde.

Im *Sprechen* weisen wir einander unsere individuell geformten Intentionen vor. Wechselseitig werden die individuellen Absichten und Erwartungen dem Mitmenschen bekundet. Vergesellschaftung wird real vollzogen. Individuen werden damit konfrontiert, daß ihre privaten Konzeptionen nicht zusammenstimmen. In Spruch und Widerspruch müssen sie die Bilder korrigieren, in denen sie willkürlich symbolisierend ihr Gegenüber sich verfügbar hielten. Und dementsprechend werden auch die Selbsterwartungen enttäuscht und umgedeutet, gemäß den objektiv sozialen Möglichkeiten modifiziert. Die individuelle Selbstbestimmung also vermittelt sich in ihrer sprachlichen Verwirklichung notwendig durch Interessen*konkurrenz*. Dieses Konkurrieren ist kein Aufeinanderprallen mechanisch blinder Kräfte. Keinem der Opponenten kann ernsthaft daran gelegen sein, den Gegner zu vernichten, wenn anders er sich nicht des eigenen Lebenssinns berauben will. Was sie wollen, ist doch des Kontrahenten Niederlage, auf daß sie ihn als Knecht beherrschen und benutzen können.

Das aber heißt, daß Menschen einander von der Wahrheit und Nützlichkeit der je eigenen Intention überzeugen müssen. Der Mitmensch ist soweit zu bringen, daß er mein Handeln zum wenigsten toleriert; wie distanziert auch immer, muß er mein Handeln sinnhaft affirmierend auf sein Selbst beziehen können. Ich muß ihn soweit überzeugen, daß er um seiner Zwecke willen mit meinen Zwecken einverstanden ist. Überzeugen kann nur, wer sich auf den, den er überzeugen will, einstellt; herrschen nur der, der die Bedürfnisse des potentiell Beherrschten verstehen lernt. Wer mithin die Schranken seiner beschränkt-individuellen Selbsteinschätzung aufzieht, wer sein Wollen zum Zweck der sozialen Situation derart erweitert, daß der Mitmensch in ihr als Koagent sein Bestehen haben kann. Ein Individuum hat dann seinen und des anderen Willen zu Relationsmomenten einer allgemeinen gesellschaftlichen Handlungsform bestimmt. Es lädt den anderen Menschen ein, in seinem besonderen Zielvorschlag die Chance eines allgemeinen *Guten*, das auch ihm Nutzen bringen wird, zu erkennen. Dieser praktische Appell wird je nachdem angenommen oder auch verworfen werden; die Kritik reagiert angemessen so, daß sie den als negativ empfundenen Handlungsvorschlag in einen neuen Vorschlag, der auf aller Interessen eher Rücksicht nimmt, aufhebt.

6. Regulatividee des „Guten Lebens"

Weil jeder individuelle Wille in seinem letzten Freiheitsgrunde dem anderen unverfügbar ist, ist das allgemeine Gute seinem Inhalt nach nicht fix zu definieren. Es ist ein ungeschlossenes Produkt immer labiler interindividueller Einigungsprozesse. Faktische Einigungen sind revidierbar, zum Besseren und zum Schlechteren. Die Niveaulagen des sozialen Lebens zu erhalten, erfordert die Anstrengung der praktischen Subjekte, den Konsens über die allgemeine Lebenshinsicht ständig zu erneuern. Konsensfindung über die Gemeinschaftsformen, die durchschnittlich jedem Individuum – gemäß ihren objektiven Chancen – das Leben garantieren, ist politische Praxis als Geschichte.

Geschichte ist die Auseinandersetzung des Menschen um das gute Leben. Das „Gute Leben" ist regulierende Idee, ein Aufgegebenes und Forderndes, das in den Wirklichkeitsstrukturen immer nur relativ seine Entsprechung findet. Daß unsere allgemeinen Lebensformen nur ein relatives Gutes sind, macht sie nicht wertlos. So wie sie sind, sind sie Ausdruck ihres Produzenten, des Menschen. Die Bedingung, unter der wir Menschen sind, ist Relativität. Immer zu Endlichem vorwegbestimmt, kann sich der Mensch in seinen individuell-sozialen Wirklichkeiten nur wieder endlichen und keinen absoluten Freiheitsausdruck geben.

Die Allgemeinfunktion des guten Lebens, die zum Menschen wesenhaft gehört, ist darum *in* der Geschichte in jeweils besonderen Idealen besetzt. In diesen Idealen ist die Tendenz, das Können und Wollen der aktuell kooperierenden Individuen bezeichnet. Der politische Entwurf überschreitet die faktische, hier und jetzt vollzogene Verbindung und gewinnt durch seine Utopie zu ihr ein kritisches Verhältnis. Die faktische soziale Praxis wird als Moment eines umgreifenden Sinnzusammenhangs, als Moment einer sich in Zeit entfaltenden gesellschaftlichen Handlung begriffen.

Wer über sich hinausschaut, kann auch nach rückwärts blicken, und sich den Zusammenhang des aktuellen Faktischen mit vergangenen Wirklichkeiten deutlich machen. Gegenwartspraxis wird hier als Moment und Resultat der schon geschehenen gesellschaftlichen Handlung angezeigt. Die Reflexion auf Vergangenheit und Zukunft gibt der aktuellen Praxis ihren Selbstbegriff, macht den Handelnden ihr Tun als ein Vermitteln von vorgegebener Bestimmtheit und aufgegebener Bestimmung deutlich. Die historische Bildung läßt uns die Traditionen anerkennen, die unser Leben objektiv durchformen, und befreit zugleich davon, ihre Last blind fortzuwälzen. Sie vergötzt das Vergangene nicht, sondern macht urteilsfähig über das, was wir bewahren, was verändern – müssen, können, wollen. Kein Zukunftsbild kann zu konsistenter Praxis führen, das nicht den Anschluß an das vorgegebene Vergangene gewinnt. Die Utopie läuft ins unverbindlich Leere, die sich nicht über die Rückvermittlung auf die vergangenen Sinnbestände konkretisiert. Praxis, die sich an abstrakter Utopie entzündet, vermehrt nur die gesellschaftlichen Leiden, die sie mit radikaler Geste abzuschaffen vorgibt. Sie greift fehl im Glauben, daß die vorgegebene Gesellschaftswirklichkeit einfach durchgestrichen werden könnte. Stattdessen kann das Wirkliche doch nur Zug um Zug von den – und zwar von allen – Menschen, die *in* ihm ihr Leben führen, umgedeutet und verändert, auf bessere Niveaulagen angehoben werden.

War das Politische einmal bestimmt als Handeln, in dem sich Individuen ihre soziale Einheit geben, die beteiligten Agenten also ineinander reflektieren, so ist jetzt die Sozialeinheit als solche angehalten, sich ihren Sinn und Zweck als relativen Übergang zwischen den vorausgesetzten vergangenen Gesellschaftsformationen und den künftig möglichen *bewußt* darzustellen. Wie das Einzelindividuum sein Interesse vom Widerstand des realen Anderen korrigieren lassen muß, so muß die aktuelle Gruppe ihr unmittelbares Interesse in konfliktreicher Auseinandersetzung mit ihrer Vorgeschichte selbstkritisch durchformen. Ideal genommen, würde der historisch reflektierte Selbstbegriff der Gruppe in freie Selbstverfügung münden. Aber sowenig, wie das Einzelindividuum die anderen Mitagierenden adäquat, sondern nur in etwa und aus individueller Perspektive reflektiert, sowenig können die geschichtlichen Strukturen adäquat nachverstanden werden. Auch sie sind immer nur in einer Vielfalt individueller Perspektiven relativ repräsentiert. Das Selbstwissen schließt nicht absolut auf zur Praxis, die geschehen ist und geschieht. Schicksal und Freiheit bleiben aufeinander spannungsvoll bezogen.

7. Ethische Bildung der politischen Aktoren

Der Begriff des Politischen ist in drei Hinsichten ausgelegt: er beschreibt den Übergang in sich geschlossenen kompakten Gesellschaftslebens zur ausdifferenzierten individuellen Freiheitsmöglichkeit, von hier schließlich den Übergang zur Möglichkeit interindividueller frei getätigter Sozialverbindungen. Die frei geschaffene Sozialverbindung aber ist wieder Übergang vom „Verein" zur „Anstalt", von der gesetzten zur vorausgesetzten objektiv sozialen Form. Die Institutionen, die für den *Bestand* des sozialen Ganzen sorgen, müssen nun so fortgestaltet werden, daß sie dem individuellen *Freiheits*interesse nicht zuwiderlaufen. Gerade aus der Garantierung der individuellen Freiheit zieht der moderne Rechtsstaat seine Legitimation. Allein nicht bloß das Recht, auch Wirtschaft und Familie sind dem Begriff nach bezogen auf individuelle Selbstverfügung. Die Institutionen haben ihre Sinnbestimmung gleichsam außer sich. Sie sind die ermöglichende Basis der individuellen und darin der interindividuellen Praxis. Sie eröffnen die Chance guten Lebens für alle Individuen. Weil aber die individuelle Praxis ein permanentes Neubestimmen ihrer Lebensziele ist, darum geraten die institutionellen Organisationen unter Druck, ihre Formvorgaben jeweils neu den subjektiv veränderten Sinndefinitionen anzupassen. Organisationen sind wirksam, wenn sie Anschluß an das intersubjektive Leben finden. Wenn sie nicht bloß die formale, sondern die positiv wirkliche Freiheit der Gesellschaftsglieder wollen. Die Großorganisationen Staat und Wirtschaft dürfen darum gerade nicht als herrenlose Mechanismen angenommen werden. Daß sie das faktisch sein können und sind – also sich als Allgemeines starr gegen das subjektiv Besondere behaupten –, liegt unter dem Sinniveau, das ihnen an sich abgefordert wird. Vielmehr, die Rationalität, die in ihrer Organisations- und Verfahrenstechnik gegenständlich ist und vielen Zwecken dienstbar werden kann, ist von praktischer Vernunft an den aktuellen Organisationsbedürfnissen des Gesellschaftslebens zu orientieren.

Auch Organisationen müssen in sich selbst die Reflexion vollziehen, daß sie Moment im Ensemble gesellschaftlicher Aktionen sind. Sie müssen sich als Mittel sozialer Zweckverbindungen begreifen lernen. Den Sozialsystemen als dem Allgemeinen ist also dieselbe Reflexionsform zuzumuten, wie den besonderen Individuen: ein Selbstbewußtsein, das sich in Einheit und Unterschiedenheit zu ihnen, als seinem Anderen, weiß. Nur, wenn es sich aus der Einheit des Gesamtlebens beurteilt, wird das Institutionelle fähig, sich dialogisch und kooperativ zu seinen individuellen Gegenübern zu verhalten. Das aber heißt, daß das Ethos der Organisationen – der Regierung, der Bürokratien, des Managements – auf der freien Selbst*bildung* der sie verwaltenden Subjekte ruht. „Bildung" meint nicht den Erwerb von Verfügungswissen durch Informationen, sondern eben den Begriff, den sich ein Mensch vom guten Zusammenleben mit anderen Menschen machen kann. Die ideale Bildung des Berufspolitikers und Wirtschaftsführers hätte darum nicht partikulare Machtinteressen, sondern die objektiven Werttendenzen des werdenden Gesellschaftslebens zum Inhalt. Seine Aufgabe wäre, diese Werttendenzen strukturell zu sichern.

Gute Politik macht sich dialogisch frei für die gesellschaftliche Praxis, ohne gleichwohl jeder Tagesmeinung nachzuhängen. Sich als Moment und Dienstfunktion des Gesamtlebens begreifen, heißt auch für die Administration, sich die freie Urteilskraft gegenüber dem Zweckverfolg des Publikums zu bewahren.

Wie die Verwaltungen sich den individuellen Freiheitsinteressen öffnen, so hat umgekehrt das aktuelle gesellschaftliche Leben die objektive Funktion der Organisationen in ihrem Selbstverstehen einzuholen. Auch hier ist es die Bildung, die das objektive Allgemeine von Staat und Wirtschaft repräsentiert und beurteilt. Wieder, aus unterschiedlichen Gesichtspunkten und unterschiedlichen Werteinschätzungen, immer aber so, daß hierin an sich die partikularen Interessen der Individuen und Gruppen überschritten werden. Das individuelle Wissen setzt den Staat als Anderes und Allgemeines: der Staat soll als Anderes so reagieren, wie es dem Selbst- und Sozialbegriff des Individuums entspricht. Je umgreifender und komplexer den Individuen der Begriff der gesellschaftlichen Handlung wird, desto entschiedener werden sie sich affirmativ auf die Staatsfunktion, desto kritischer auf den faktischen Staat beziehen.

8. Realitätsbeschreibungen der reflexiven Religion

So konstituiert sich das Gesamtleben durch die Subjekte, die das Allgemeine und das Besondere vertreten, und ihrem wechselseitigen Beziehen. Was ist nun in und für diesen Zusammenhang die Funktion der Religion? Wieweit hat sie wesenhaft mit ihm zu schaffen?

Alle Religion ist, gerade, weil sie sich *über* den Wirklichkeitszusammenhang erhebt, Beurteilung des Wirklichen, seine symbolische Repräsentation. Religion spricht sich über den ganzen Sinn des Lebens ab. Sie verdeutlicht dem Menschen, was ihm praktisch wichtig und wertvoll ist. Die religiöse Selbstvergegenständlichung der Praxis kann nun so unterschieden werden, daß sie den drei Hinsichten des Sinnmodells der Politik entspricht.

Einmal so, daß Religion das politisch Allgemeine zum absolut Verpflichtenden und allem individuellen Interesse Übergeordnetem erklärt. Dieser Typus läßt sich immer noch an den Nationalstaats-Ideologien der Moderne verifizieren. Evident an der amerikanischen und burischen Zivilreligion. Aber verborgener in allen Wertforderungen konservativer und religiöser Gruppierungen, die die individuelle Differenz nicht als wesentliche anthropologische Bestimmung anerkennen. Was immer der inhaltliche Zweck solcher Vereinigungen ist, gefordert wird vom Individuum die besinnungslose kritiklose Hingabe bis hin zum Selbstopfer.

Zweitens so, daß Religion die Individualität als solche und gegen das Allgemeine absolut setzt, derart, daß jedes Allgemeine als Unwesentliches gilt. Das Individuelle wird von der Mühsal seiner Emanzipationsgeschichte vom Allgemeinen abgeschnitten, als unmittelbare Selbstgegebenheit behauptet. Entsprechend wird der inhaltliche Zweck des Individuellen ins Beliebige gesetzt. Hierin kommt der moderne Sektengeist haltloser Innerlichkeit dem haltlos Äußerlichen der Warenwelt entgegen. Beide Religionstypen – die rein statische und die rein dynamische – behaupten sich als einander ausschließende Extreme. Sie sind nicht selbstbewußte Vermittlung des Wirklichkeitszusammenhangs, darum fallen sie in seine Immanenz zurück. Selbstbewußte Religion hätte die wesenhafte Angewiesenheit beider Extreme darzustellen: daß die sozialen Formen und Verpflichtungen von den Freiheitsakten und dem Vergesellschaftungswillen der Individuen bestimmt sind; und daß die objektiv sozialen Formen ihre Sinnbestimmung gerade als Ermöglichung der subjektiven Freiheit haben. Der dritte religiöse Typus hätte sich also als eine Symbolik der Vermittlung relativ selbständiger Extreme auszuführen.

Religion, die sich mit keinem der Wirklichkeitsmomente ausschließend identisch setzen kann, gewinnt zu ihnen und der Strukturierung des Gesamtlebens ein kritisches Verhältnis. In die empirischen Verwicklungen des Daseins kann sich das religiöse Reflektieren seiner Definition nach nicht einlassen: Religion selbst wird nicht praktisch; aber es zeigt dem Dasein seine ideale Grundform auf, die nicht von außen und abstrakt herangetragen wird, sondern aus ihm, aus der Vielfalt seiner Erscheinungen, durch Interpretation gewonnen wird. Die religiöse Interpretation spiegelt den praktischen Subjekten also nur die objektiven Möglichkeiten ihres Handelns und ihres Zusammenhandelns. Darin macht sie auf die „letzten" und „universalen" Zielwerte der *gesamt*gesellschaftlichen Handlung aufmerksam – nicht als gleichgültigen Entitäten, sondern als Hinsichten, die nur in konkreter Lebensformung wirklich und gültig sind. Die religiöse Interpretation muß zeigen, wie das Universale *im* begrenzten Handlungskreis von Individuen, Gruppen, Organisationen bewußt wahrgenommen werden kann. Sie muß das Allgemeine der gesamtgesellschaftlichen Handlung je verschieden in ihre besonderen Perspektiven übersetzen. Wieder sind dann Religion und Politik in der Möglichkeit einer freien dialogischen Verbindung. Denn an sich sind ja beide Positionen – das Universale und das Konkrete – einander aufgeschlossen.

Und gewiß führt dieser Dialog unaufhörlich zum Konflikt, zu einer permanenten Auseinandersetzung um die Wahrheit. Denn einmal werden sich die ethischen Parteien in sich verhärten und ihre bedingten Ziele als unbedingte Ziele deklarieren, derart sich der Verständigung, der *realen* Einigung versperren. – Von der anderen Seite kann die Religion nicht dem Zweideutigen entkommen, daß auch sie das Universalprogramm des möglich Wirklichen immer aus bestimmter Perspektive und unter politisch bestimmtem Interesse adressiert. Entsprechend muß auch die religiöse Reflexionsaussage sich zu sich selbstkritisch verhalten. In ihrer besonderen Symbolgestalt ist darum die Bewegung des Übergangs in *andere* Symbolstrukturen – als innere Möglichkeit des Religiösen, das Universale nicht allein zu setzen, sondern an seinem Prozeß selbst deutend teilzunehmen – ständig durch selbstbewußte Reflexion aufrechtzuerhalten und zu erneuern. Wie also auf der Ebene realer Praxis das Allgemeine nur aus differenten Perspektiven wahrgenommen wird, so bleiben auch die Religionsaussagen, die den

Gesamtsinn unserer Lebenswirklichkeit nachdrücklich thematisieren, immer in der Differenz des perspektivisch Mannigfaltigen. Das Pluriforme der religiösen Reflexion gehört – weil sie Selbstdeutungsakt von Menschen ist – zu ihrem Wesen.

Damit *kann* Religion freilich ins vielheitlich Beliebige gleiten. Sie kann zur Mode werden, als Ware präpariert und konsumiert. Dann, wenn ihre Symbole sich der Funktion der Darstellung des Lebensganzen entziehen und nur aus sich Sinn produzieren wollen. Dann entstehen Sonderwelten, die den haltungslosen Menschen scheinhaft nur stabilisieren, ihn vom realen Leben isolieren, sein Selbstwissen nicht auf seine praktische Bestimmung orientieren.

Weil Religion so zäh und lange an die naive Lebensform der Sitte angekoppelt war, verkommt sie im differenzierten Leben unserer Gegenwart so häufig zu naiver Willkür, zur gehaltlosen Selbstbefriedigung der äußerlichen Form, der äußerlichen Existenz. Das religiöse Sprechen treibt sich im Beliebigen herum, auch dort, wo es von vermeintlich geschichtsentzogenen Werten her gegen das geschichtlich Wirkliche polemisch wird. Das Dumpfe und Blinde, ja die Trägheit des Beliebigen hält seine Blöße unterm Deckmantel des Ewigen versteckt. Scheinbar wird versucht, die Aura der großen religiösen Tradition wiederzuerinnern; in Wahrheit aber wird die Tradition verspielt, weil ihre Restauratoren unfähig sind, sie mit der objektiven Form des aktuellen Wirklichen zu vermitteln, stattdessen sie zum Instrument der Sicherung ihrer partikularen Existenz hilflos und brutal zugleich mißbrauchen.

Funktion der Religion ist, die geschichtsbewegte Geistigkeit, die werdende Vernunft des Menschen vernünftig darzustellen. Im religiösen Denken wird vollendet, was der Mensch praktisch angefangen hat – die Selbsterfassung seines Existierens. Weil aber Existieren in geschichtlicher Bestimmtheit wirklich wird, deshalb muß das religiöse Reflektieren sich diesem objektiven Werden fügen. Die Universalien des religiösen Sprechens werden gültig nicht im zeitlosen Irgendwo, sondern in immer neu bestimmter Relation zu den vorgegebenen Praxisfeldern. Je genauer sich die Religionssymbolik auf das geschichtlich Wirkliche bezieht, desto näher tritt sie ihrem funktionalen Sollen, dem Realen das ideal Mögliche komplementär zu erschließen.

Deshalb ist das religiöse Leben in sich selber konfliktreiche Auseinandersetzung um die Symbolstrukturen, in denen Tiefe und Weite des individuellen und sozialen Lebens so eingefangen ist, daß Menschen in ihnen das, was für sie praktisch wichtig und wertvoll ist, erkennen und anerkennen können.

9. Kritik am Zweideutigen aller Politikmoral

Aus dem Streitprozeß der religiösen Selbstbesinnung erwächst die Kritik der Politik, das Bewußtsein der Differenz ihres realen Seins und ihres idealen Sollens. Die religiöse Anthropologie wird wirksam, soweit Menschen ihre Satzwahrheiten als Möglichkeit des eigenen Existierens wiederfinden. In Akten der Selbstbildung und Selbstveränderung wird Religion ins individuelle, soziale und institutionelle Ethos transformiert. Das Religionssymbol, das die zerstreuten Praxen zum idealen Ganzen konzentriert, entspannt sich wieder in eine Vielheit ethischer Beanspruchungen.

Im Verhältnis der religiösen Selbstbesinnung zur Geschichte wird das ethisch Wirkliche als zweideutig Endliches erfaßt. Zweideutig ist es, sofern zum einen in der Praxis der Geschichte die objektiven und die subjektiven Chancen, die abstrakte Möglichkeit des Menschenwesens real auszuformen, sich qualitativ und quantitativ gesteigert haben; sofern zum anderen das Angebot des guten Lebens Risiken enthält, die auch nur die bloße Lebensfristung wieder fraglich macht. Im offenen Fortschritt seiner Selbstverwirklichung ist das allgemeine und besondere Menschenleben grundsätzlich defekt. Die Praxis ist immer komplizierter, gebrochener, als unsere Ideale meinen.

So ist die Kritik der Religion am Ethischen Darstellung seiner Einheit und ihrer Entzweiung, Darstellung ihres positiven und negativen Werdens. Religion transzendiert die imperative Form des Sittlichen, indem sie auf die Relativität der individuell-sozialen Handlung insgesamt, auf ihre durch sie ausgelösten Leiden merkt. Sie erinnert insbesondere an die Opfer der Geschichte, denen kein Handlungswille aufhelfen kann.

Affirmiert Religion grundsätzlich die pragmatisch-teleologische Struktur menschlicher Praxis und leistet sie die Sinnvorgabe ihrer realen Vermittlungen, so setzt sie sich gleichwohl nicht mit ihr identisch, sondern konfrontiert mit dem, was durchs Vermitteln um seine eigene Möglichkeit gebracht, niedergeschlagen wird. Im religiösen Fragen wird der Mensch sich seiner Kontingenz bewußt.

Das sittliche Entwerfen macht den Menschen erst zum Menschen. Gleichwohl schenkt es nicht die Gewißheit, die volle Wirklichkeit des

Menschlichen ausgelebt zu haben. Keine Moral *rechtfertigt* den Menschen derart, daß er an ihr Genüge hat. Keine Moral kann sich absolut gültig sprechen.

Weil die religiöse Reflexion die Beschränktheit des ethisch Wirklichen verdeutlicht, bewahrt sie, dessen relative Ganzheit mit absoluter Ganzheit zu verwechseln. Das Wissen, daß der Mensch nur Relatives wirken kann, ist die Bedingung, durch die er gegenüber seinen eigenen Akten frei wird. Nicht allein, daß die einzelnen Agenten ihr besonderes Tun über die Symbole der Allgemeinstruktur orientieren; jetzt wird die Sinnfigur des Allgemeinen selber diskutierbar. Das Wissen um das Relative der vorgegebenen Ziele durchbricht den Zwang, sie abstrakt-gewaltsam durchzusetzen, erlaubt, ihre Möglichkeitsfelder auszuforschen und in eine Vielfalt von Realstrukturen zu verdichten. In der Konkretion des abstrakt Möglichen werden neue alternative Möglichkeiten frei, die sich fließend zur Revision der Zielprogramme durchbestimmen werden.

Das religiöse Wissen disponiert den Menschen, Sachwalter des Wirklichen zu werden. Die Einsicht, daß das letzte Interesse unseres Lebens nicht durch unser eigenes Wollen und nicht durch Wertforderungen fremder Mächte zu erfüllen ist, ernüchtert zu praktischer Vernunft. Religion ermuntert, die Selbst- und Fremdtäuschungen aufzulösen, die aktuelle Situation in ihrer relativen Strukturiertheit und relativen Strukturierbarkeit aus innerer Freiheit anzunehmen. Und das heißt auch, daß das Unvollkommene, Negative des Daseins, das von unserer Praxis nicht bewältigt werden kann, als zu unserem Geschick gehörig angenommen werden muß.

Religion ist Darstellung der objektiven Sinnwirklichkeit und Aufhebung des Dargestellten in eine neue Sinnfigur, in der das endlich Wirkliche durch ein unendlich Wirkliches gehalten wird. Menschliche Freiheit hat ihren absoluten Grund in Gott. Der Mensch erwartet die Erfüllung seines letzten Freiheitsinteresses von einem Freiheitswillen, der den Bedingungen des Endlichen nicht unterliegt und sich doch aktiv auf das Endliche beziehen will.

Gott ist der absolute Andere des menschlich Wirklichen. Weder das Symbol, hinter dem sich das gesellschaftliche Kollektiv verbirgt, noch der Symbolausdruck für die Selbstbeziehung des Einzelindividuums. Gott ist nicht innerweltlich, sondern als Anderer das Gegenüber der sozialen und individuellen Welt.

Der volle Religionsbegriff thematisiert die ganze menschlich-göttliche Beziehung. In der religiösen Reflexion des Menschen ist Gott mitbestimmt, und umgekehrt: das Erfassen Gottes definiert den Menschen. Das „Daß" dieser Relation ist dem Menschen nicht anders apriorisch wie das „Daß" seiner Relationen zu sich, zum Mitmenschen und zur Natur. Das „Was" – der Inhalt von Gottes Wesen – hingegen verändert sich mit der Geschichte menschlicher Selbsterfahrung. Das Absolute ins Symbol zu fassen, heißt für den Menschen, die Frage nach dem letzten Sinn seines Existierens sich beantworten.

In zweifacher Verantwortung steht die religiöse Reflexion: einmal in der Darstellung des ethisch Wirklichen, dann in der Darstellung des göttlich Absoluten. Auch Gott ist – wie das endlich Wirkliche – in mannigfacher Rede angesprochen. Das angemessene Niveau, Gott zu bestimmen, wird dann gewonnen, wenn der Hermeneut imstande ist, die Prädikate Gottes analog zur Grundsymbolik der Lebenspraxis zu erfassen. Nur dann kann das Gegenüber Gott als Sinn-für-uns existentiell bedeutsam werden. Je breiter und tiefer das religiöse Wirklichkeitsverständnis ist, desto klarer wird sich Gottes Bild konturieren lassen. Das Gottesbild versammelt die Erwartungen, die der Mensch im Fürchten und Hoffen seines Lebens an sein absolutes Gegenüber richtet. Erwartungen, in denen die individuell-soziale Existenz sich dem absoluten Anderen positiv entgegensetzt und gerade darin das Absolute selber positiv macht.

Das Bild Gottes ist kein statisch Vorgegebenes, das durch Abstraktion vom Wirklichen, durch seine Sinnentleerung gefunden werden könnte. Gott zeigt sich nur, wenn wir ihn mit uns bedrängen. Gott gibt sich nur dem Fragenden zur Antwort.

10. Selbstverständigung im Christenglauben

In der Moderne ist das Grundproblem des Menschen die Selbstverwirklichung, die sittliche Durchformung seiner Freiheit. Freiheit muß lernen, sich durch Freiheit zu beherrschen. Entsprechend zum Grundbegriff des Menschen kann Gottes Grundbegriff nur der der absoluten Freiheit sein, und die Beziehung zwischen Gott und Mensch als ein Verhältnis freier Willen. Das Verhältnis ist kein zufälliges Zusammentreffen. Denn sofern Gott als Absolutes das menschlich Relative schafft und als Schöpfer für das religiöse Wissen ist, ist alle relative Praxis, die in sich mit *ihrer* Freiheitsgestaltung allein zu tun hat, religiös auf Gott bezogen, in der religiösen Perspektive Ausgestaltung der menschlich-göttlichen Beziehung. Sie ist die wesentliche Antwort der Kreatur auf ihren Schöpfer. Dann ist zu sagen möglich, daß Gott von der Art und Weise der Menschenpraxis so bewegt wird, wie die Handlung des Liebenden den Geliebten affiziert. In *seinem* Freiheitsumgang bestimmt der Mensch seine Nähe oder Ferne, seine Distanz zu Gott. Wo er sich verletzt, hat er auch Gott erniedrigt, das Anwesen Gottes eingeschränkt. Darin liegt die wesentliche Bedeutung der politischen Kultivierung, daß in ihr ausgetragen wird, wieweit wir Gottes Vorgabe uns geben, seiner würdig werden. Religion reguliert die sittlichen Strukturen nicht durch von außen auferlegte äußere Gesetzesform, sondern sie bestimmt ihre Objektivität als Verwirklichung, reale Verinhaltung der menschlich-göttlichen Beziehung. Sie entfaltet also das Gottverhältnis menschlicher Praxis, das in ihrem Vollzug schon gegeben ist. Sie äußert die mystische Bedeutung der realen Politik. Nämlich dies, daß keine Praxis in ihrer weltlichen Theologie das Absolute *ist*; daß aber dennoch in ihrem relativen So-oder-So-sein über die Gültigkeit des Handelns in absoluter Perspektive entschieden wird. Durch das „vor Gott" ist das Gewissen religiös absolut verpflichtet, und doch wird die Freiheit der Entscheidung ihm allein zugemutet. Das religiöse Wissen kann und will das Risiko des Handelns, daß es in Schuld und Irrtum sich verstrickt, nicht verhindern. Es ist nur der Modus, in dem Schuld sich offenbart. Es ist der Widerhaken gegen die Gleichgültigkeit der Lebensführung. Religion hält die Balance zum Ethos, das sich im Relativen wirkt.

Darin hat sich die Bestimmung guten Lebens erweitert. Die „äußere" Lebensgestaltung, die politischen Ordnungen, geht in die „innere" Lebensgestaltung über, in die Deutungen der relativen Praxis auf ihren absoluten Sinn. Die politische Symbolik vermittelt sich den Symbolproduktionen von Religion und Kunst, den kulturellen Formen, die sich über den Sinn von Sinn verständigen. Religion und Politik verfallen, wo sie nicht einander zugemutet werden. Es sind keine ontisch abgesonderten Bereiche, sondern verschiedene Hinsichten, Dimensionen des Menschen, deren positive Sinnstrukturen sich durcheinander halten.

Der letzte Sinn der Politik entfaltet sich in der Sprachwelt des Religiösen; umgekehrt, was Religion uns bedeutet, faßt sich als Grundeinschätzung des Politischen zusammen. Politik ist die Reflexion der menschlich-göttlichen Beziehung nach „außen". Das positive Religionssymbol eröffnet den Erfahrungsraum des Politischen. Wie Gott dem Menschen, der sich vom Politischen distanziert, offenbar wird, so offenbart Gott das Menschenbild, das ihm als Gegenüber rein entsprechen würde. Das Christentum findet in Jesus den ganzen Menschen, in seiner vollen Selbstverwirklichung, von Gott angenommen. An der Praxis Jesu und der Geschichte seiner Gemeinde findet der christliche Begriff sowohl Gottes wie des Menschen seinen festen Anhaltspunkt. Die christliche Religionsgemeinde macht klar, daß alle weltliche Kooperation von der Kooperation Gottes umgriffen ist. Jesus ist das Selbstbekenntnis Gottes, daß er sich mit dem Menschen schlechthin, von seiner Seite her: bedingungslos identisch macht. Gott stellt keine Forderungen, die den Menschen niederzwingen, sondern nimmt ihn in sein Leben so herein, daß er ihn freigibt. Das ist die Intimität, in der die Freiheit des Einzelmenschen begründet ist, gesetzt zugleich als Universalität, sofern sie jedem Menschen zugewandt, jedem als sein Wesen verdeutlicht wird. Der christliche Glaube, daß Gott sich in der Lebenspraxis Jesu offenbart, gibt der aktuellen religiösen Reflexion das Grundmodell der menschlich-göttlichen Beziehung. Als Grundmodell wird es zur Vermittlung der aktuellen Lebens- und Glaubenssituation. Denn die aktuelle christliche Gemeinde hat nun ein objektives Maß, an dem sie ihre eigenen Erfahrungen mit Gott und Welt beurteilen kann. Glaube ist der Versuch, sich dem Typus Christi einzuordnen.

11. „Welt"-funktion liturgischer Gemeindepraxis

Die Gemeinde konzentriert das relative Wirkliche zur absolut bezogenen Totalität. Der kontemplativen Einbildung des Weltlichen zur Welt entspricht, daß sie sich praktisch, – und zwar über das selbstbewußte Handeln ihrer individuellen Glieder – ins Weltliche entäußert. Die Glaubensdeutung wird im Handeln des Christen objektiv. Der Christ handelt in den vorgegebenen pragmatisch-politischen Zusammenhängen, derart aber, daß er den Akzent seiner Wirklichkeitsbestimmung nicht auf partikulare Interessen legt, sondern sein Handeln aus der Versöhnung der Lebensgegensätze leisten will – gemäß dem Vorbild Christi und gemäß der aktuellen objektiven Möglichkeit zum Guten. Christen kümmern sich, daß die Menschlichkeit des Menschen wirklich wird. Daß sie darin selbst wieder parteilich werden, mit Gefahr, sich im Geflecht des Politischen zu verlieren, ist unausweichlich. Das Subjekt, das die Versöhnung will, steht selbst im Schuldzusammenhang der Welt.

Die Gemeinde soll dem Christen die Kraft vermitteln, gegen die Zweideutigkeit der Welt die Bestimmung zu versöhnen festzuhalten. Als Gegensatz zur Welt der Politik hat sie gleichwohl die Aufgabe, ihre individuellen Glieder nicht von der Praxis abzubringen, sondern ihnen den Begriff ihres Lebenssinns ständig zu erneuern. Die symbolische Vermittlung von Gott und Welt, die Idee der Gemeindeinstitution, hat sich nochmals an das je einzelne Bewußtsein der Gemeindeglieder zu vermitteln. Das aber ist nur möglich wenn die Individuen die Chance haben, die Sinnfragen ihres konkreten Daseins in der Gemeinde offen auszusprechen. Dann kann von anderen Mitgliedern der Gemeinde sinnvoll Antwort gegeben werden. Gemeinde also konstituiert sich durch interindividuelle Kommunikation, im freien Wechsel von Frage und Antwort. Die Gemeinde ist das öffentliche Forum des Glaubens. Alle Organisation hat diesem Zweck zu dienen. Daran kann die faktische Gemeinde kritisch gemessen werden.

Die faktische Gemeinde ist in ihrer Organisation und ihren individuellen Gliedern von der Selbstverschuldung der Welt aktiv und passiv mitbetroffen. Weder nach innen noch nach außen kann sie als eindeutig durchbestimmte Versöhnungswirklichkeit bezeichnet werden. Das Wissen, daß, was wir dem Menschen schuldig bleiben, Schuld vor Gott ist, macht das Bekenntnis der Sünde zum bleibenden Existential des Christen und seiner Gemeinde. Daß der Gemeinde das Wort der Versöhnung zugewiesen ist, darf sie nicht triumphieren lassen, im Gegenteil bringt es die Sünde erst ans Licht. Nicht anders ist Kirche von ihrer Sinnfunktion abständig wie die Welt von der ihren. Sehr relativ macht Kirche ihr Versöhnen praktisch wahr. Ihre Realitäten sind in Differenz zu dem Begriff, der sie aus Christus gründet. Schuldig in sich selbst, schuldig in Einheit mit der Welt, ist auch die Kirche auf „Erlösung" angewiesen. Die Konsequenz des Christenglaubens ist das Gegensatzverhältnis von Religion und Politik zur Klarheit zu erheben. Wie sich dem Menschen aus der Perspektive seines gelebten Ethos das Gegenüber Gott erschließt, so ergibt sich aus der an Jesus offenbaren Praxis Gottes die Perspektive, in der Gott den Menschen zu seinem Gegenüber wählt.

Weil die christliche Gemeinde das volle Wissen um Gottes Menschenliebe hat, kann sie nur wollen, daß das sittlich Wirkliche dieser Liebe immer mehr entspricht. Wenn sie den Gott Jesu Christi jedem einzelnen und allen Menschen verständlich machen will, dann kann sie nur wollen, daß Menschen ihre Praxis in selbstbewußter Freiheit übernehmen.

Die Gemeinde bezieht sich hermeneutisch auf die Christusoffenbarung Gottes; es ist ihre Bestimmung, das objektive Vorgegebene in ihr religiöses Selbstbewußtsein zu verwandeln, den Ursprungssinn des Christlichen in ihren Zeitumständen zu erneuern. In dieser Einverwandlung spricht die Gemeinde aus dem Geiste Christi. Gottes Geist treibt, sein Wort von äußerer Gesetzlichkeit zu befreien.

In der Repräsentation des Wortes wird das Gemeindeleben auferbaut. Die Selbstverständigung der Christen ist hierbei zunächst von außen, von der Veränderung der geschichtlichen Realumstände bewegt. Aber das Sprechen der Gemeinde ist mehr als reaktive Anpassung. Das esoterische Niveau der Binnenstrukturierung muß übersprungen werden auf das Niveau der positiven Auseinandersetzung der Christen mit dem geschichtlich Wirklichen. Das Wort des Evangeliums verlangt nach universaler Weltbeziehung der Gemeinde. Die Übersetzung der Religionsinterna in die Weltgeschäfte braucht nicht ins Ungefähr zu zielen. Sondern die spezifisch christliche Symbolik findet ihre Weltentsprechung, ihren aufschließbaren Gegenstand an der Symbolik der objektiven sittlichen Realzusammenhänge. Die Gemeindeinterpretation begreift das ethisch Wirkliche als Antwort auf Zuspruch und Anspruch Gottes. Sie öffnet sich den Welt-Themen „Freiheit" und „Versöhnung", faßt ihre vielfältige Praxis zusammen zum menschlichen Ausdruck und Relat der von Christus vorgezeichneten Geist-Struktur zwischen Gott und Mensch. In diesem Deuten wird der Glaube an den Schöpfergott, der kontinuierlich die Sinnmöglichkeit der Welt begründet, an den Gott, der in Christus Welt ins Extrem der Menschenfreiheit setzt und sie gerade so in sein eigenes Leben nimmt, an den Gott, der menschliche Selbsterfahrung aus dem Geiste Christi sich in geschichtlicher Dynamik konkretisieren läßt, als Glaube erst verwirklicht. Wie immer fragmentarisch die Glaubensdeutung des einzelnen Christen und der einzelnen Gemeinde sein mag, so wird doch in ihr erst der Glaubensanspruch, den Sinn von Sinn verbindlich auszusprechen, wahr.

Die Hoffnung auf Erlösung reflektiert das Auseinanderbrechen der diversen Praxen: daß alles Selbsteinigen des Menschen seinem Selbstbegriff nicht entspricht. Das weltimmanente Scheitern ist religiös ein Scheitern gegenüber Gott. Im Glauben an die Erlösung wird die menschliche Freiheitswirklichkeit – nicht anders wie im Schöpfungsglauben, der den Anfang der Freiheit in Gott gründen läßt, jetzt aber in ihrer vollen Selbstentfaltung – von Gottes gnadenhaftem Handeln absolut abhängend bestimmt. Gott kommt für die gesamte menschlich-göttliche Beziehung auf. Daß der Erlösungsglaube die menschliche Freiheitsbestimmung nicht wieder zu einem scheinhaft Äußerlichen herabsetzt, dagegen leistet das christliche Grunddogma Widerstand. Jesus hat – stellvertretend für alle Menschen – die volle Selbstbefreiung des Menschen in Relation zu Gott wahrgemacht. Und nur darum war er der „Sohn" des „Vaters". Im „Kreuz" seines Geschicks hat Jesus sich zu Gott bekannt. Er ist dem Gotteswillen adäquat begegnet. Die Erlösung vom Kreuz ist dann keine Herabsetzung, sondern ein Annehmen der Freiheit. Gott liebt sich in der freien Menschenliebe. In der „Auferstehung" Jesu macht er – als Dimensionierung des Geistes Christi – den „neuen Bund" zwischen sich und dem Menschen verbindlich.

Dem Christen bleibt die Auflage, sich in freier Selbstverwirklichung der Erlösung würdig zu erweisen. Je tiefer er das weltlich Negative sittlich durchdringt, je mehr er seine Stärke und seine Schwäche erfährt, desto eindringlicher, realer wird ihm das absolute Erlösen Gottes, in dem er sich vollbringt. Die Liturgie der Gemeinde ist die symbolische Zusammenfassung dieser Liturgie der Welt, das Zusammenfassen der vielfältig bewegten menschlich-göttlichen Beziehungen aus der Mitte Christi. Im Raum der Liturgie sind alle besonderen Praxisinterpretationen und ihre besonderen religiösen Deutungen konzentriert in das Erinnern des absoluten Gotteshandelns, das nicht im zeitlich Früheren und Späteren, sondern sich selbst vergegenwärtigend hier und jetzt mitten unter uns ist. Die Partikularität des Sittlichen *und* die Partikularität des Glaubens ist – als letzte Sinngebung des Daseins – vertrauensvoll vor Gott gebracht. Die Liturgie, in der die Praxis aufgehoben ist, ist die Bürgschaft, daß die Schranken, die zwischen uns und Gottes Leben stehen, von Gottes Seite her haltlos, gefallen sind. Der liturgische Akt soll Gottes treues Anwesen für uns erfahrbar machen.

Auswahlbibliographie

Allport, G.W., Attitudes, in: Murchison, C.A. (Ed.), A handbook of social psychology, Worcester 1935, 798–844.

Angermeier, W.F., Lernen, in: Handbuch psychologischer Grundbegriffe, hrsg. v. Th. Herrmann/P.R. Hofstätter/H.P. Huber/F.E. Weinert, München 1977, 259–277.

Angermeier, W.F./Bednorz, P./Schuster, M., Lernpsychologie, München 1984.

Aristoteles, Die Nikomachische Ethik, übers. und hrsg. von O. Gigon, München ⁴1981.

Aronfreed, J., Conduct and Conscience. The Socialization of Internalized Control over Behavior, New York 1968.

Auer, A./Biesinger, A./Gutschera, H. (Hg.), Moralerziehung im Religionsunterricht, Freiburg 1975.

Balkenohl, M., Overbeck K. (Hg.), Strukturanthropologie und Erziehung, München 1990.

Bandura, A., Principles of Behavior Modification, New York 1969.

Bandura, A., Lernen am Modell, Stuttgart 1976 (Orig. 1971).

Bandura, A., Sozial-kognitive Lerntheorie, Stuttgart 1979 (Orig. 1977).

Bandura, A./Walters R.H., Social Learning and Personality Development, New York 1963.

Bäuerle, D./Kramer, H., Ethisch denken und handeln. Grundlegung christlicher Erziehung und Lebenspraxis, Düsseldorf 1980.

Bender, W., Ethische Urteilsbildung, Stuttgart 1988.

Benesch, H., Und wenn ich wüßte, daß morgen die Welt unterginge ..." Zur Psychologie der Weltanschauungen, Weinheim 1984.

Berghaus, M., Moral, Erziehung, gerechte Gesellschaft. Soziologische Anmerkungen zu Piaget, Kohlberg und der „Moral Education"-Bewegung, in: Kölner Zeitschrift für Soziologie und Sozialpsychologie 35 (1983), 121–132.

Berglin, K., Moral development. The Validity of Kohlberg's Theory, Stockholm 1981.

Bertram, H., Gesellschaft, Familie und moralisches Urteil, Weinheim 1978.

Bertram, H., Moralerziehung – Erziehung zur Kooperation. Zur Bedeutung von Theorien moralischer Entwicklung für Bildungsprozesse, in: Zeitschrift für Pädagogik 25 (1979) 529–546.

Bertram, H., Moralische Sozialisation, in: Hurrelmann, K./Ulich, D. (Hg.), Handbuch der Sozialisationsforschung, Weinheim 1980, 717–744.

Bertram, H. (Hg.), Gesellschaftlicher Zwang und moralische Autonomie, Frankfurt 1986.

Bierhoff, H.W., Hilfreiches Verhalten. Soziale Einflüsse und pädagogische Implikationen, Darmstadt 1980.

Bilden, H., Geschlechtsspezifische Sozialisation, in: Hurrelmann, K./Ulich, D. (Hg.), Handbuch der Sozialisationsforschung, Weinheim 1980, 777–812.

Blasi, A., Autonomie im Gehorsam. Der Erwerb von Distanz im Sozialisationsprozeß, in: Edelstein, W./Habermas, J., Soziale Interaktion und soziales Verstehen, Frankfurt 1984, 300–347.

Blasi, A., Psychologische oder philosophische Definition der Moral. Schädliche Einflüsse der Philosophie auf die Moralpsychologie, in: Edelstein, W./Nunner-Winkler, G. (Hg.), Zur Bestimmung der Moral, Frankfurt 1986, 55–85.

Blattner, J., Toleranz als Strukturprinzip. Ethische und psychologische Studien zu einer christlichen Kultur der Beziehung, Freiburg 1985.

Bock, I., Pädagogische Anthropologie der Lebensalter, Weinheim 1986.

Böhm, M., Konservative Werterziehung. Exemplarische Untersuchungen als Beitrag zur pädagogischen Forschung und zur Konservativismustheorie, Weinheim 1986.

Boyd, D.R., Die Rekonstruktion der moralischen Entwicklung. Eine Brücke zwischen Sein und Sollen, in: Edelstein, W./Nunner-Winkler, G. (Hg.), Zur Bestimmung der Moral, Frankfurt 1986, 181–204.

Brandstätter, J., Vom Sein zum Sollen in der Theorie des Moralischen Urteils: Wege, Schleichwege, Irrwege, in: Eckensberger, L.H. u. Silbereisen, R.K. (Hg.), Entwicklung sozialer Kognitionen: Modelle, Theorien, Methoden, Anwendung, Stuttgart 1980, 133–144.

Braun W., Pädagogische Anthropologie im Widerstreit, Bad Heilbrunn 1989.

Bronfenbrenner, U., Ökologische Sozialisationsforschung, Stuttgart 1976.

Bucher, A.A./Reich, K.H., Stufen religiöser Entwicklung: Fakten oder Fiktionen? Ein Gespräch mit Fritz Oser; in: Bucher, A.A./Reich, K.H. (Hg.), Entwicklung von Religiosität. Grundlagen – Theorieprobleme – Praktische Anwendung, Freiburg 1989, 239–256.

Bucher, A.A./Reich, K.H. (Hg.), Entwicklung von Religiosität. Grundlagen – Theorieprobleme – Praktische Anwendung, Freiburg 1989.

Bußmann, G., Stufenmodelle zur Entwicklung religiösen Bewußtseins. Theologische und religionspädagogische Anfragen, in: Religionspädagogische Beiträge 21 (1988) 30–49.

Carroll, J.L./Rest, J.R., Moral development, in: Wolman, B.B. (Hg.), Handbook of Developmental Psychology, Englewood Cliffs, N.J. 1982, 434–451.

Carter, R.E., What is Lawrence Kohlberg doing?, in: Journal of Moral Education 9 (1980) 88–102.

Chandler, M.J., Egozentrismus und antisoziales Verhalten: Erfassen und Fördern der Fähigkeiten zur sozialen Perspektivenübernahme, in: Geulen, D. (Hg.), Perspektivenübernahme und soziales Handeln. Texte zur sozial-kognitiven Entwicklung, Frankfurt 1982, 471–484.

Colby, A./Kohlberg, L., Das moralische Urteil und der kognitionszentrierte entwicklungspsychologische Ansatz, in: Steiner, G. (Hg.), Piaget und die Folgen. Die Psychologie des 20. Jahrhunderts, Bd. VII, Zürich 1978, 349–366.

Colby, A./Kohlberg, L./Gibbs, J./Lieberman, M., A Longitudinal Study of Moral Judgment. Monographs of the Society for Research in Child Development, Vol. 48, 1983.

Damon, W., Zur Entwicklung der sozialen Kognition des Kindes. Zwei Zugänge zum Verständnis von sozialer Kognition, in: Edelstein, W./Keller, M. (Hg.), Perspektivität und Interpretation, Frankfurt 1982, 110–145.

Damon, W., Struktur, Veränderlichkeit und Prozeß in der sozialkognitiven Entwicklung des Kindes, in: Edelstein, W./Habermas, J. (Hg.), Soziale Interaktion und soziales Verstehen, Frankfurt 1984, 63–112.

Dienelt, K., Pädagogische Anthropologie, Wien 1970.

Dienstbier, R.A./Hillmann, D./Lehnhoff, J./Hillmann, J./Valkenaar, C.M., Moralisches Verhalten und Attribuierung von Emotionen. Verknüpfung von kognitiven und Vermeidungs-Theorien der moralischen Entwicklung, in: Portele, G. (Hg.), Sozialisation und Moral. Neuere

Ansätze zur moralischen Entwicklung und Erziehung, Weinheim-Basel 1978, 122–146.

Döbert, R., Wider die Vernachlässigung des „Inhalts" in den Moraltheorien von Kohlberg und Habermas. Implikationen für die Relativismus/Universalismus-Kontroverse, in: Edelstein, W./Nunner-Winkler, G. (Hg.), Zur Bestimmung der Moral, Frankfurt 1986, 86–125.

Döbert, R./Habermas, J./Nunner-Winkler, G. (Hg.), Entwicklung des Ichs, Köln 1977.

Döbert, R./Nunner-Winkler, G., Wertwandel und Moral, in: Bertram, H. (Hg.), Gesellschaftlicher Zwang und moralische Autonomie, Frankfurt 1986, 289–321.

Döbert, R./Nunner-Winkler, G., Adoleszenzkrise und Identitätsbildung, Frankfurt 1975.

Döbert, R./Nunner-Winkler, G., Performanzbestimmende Aspekte des moralischen Bewußtseins, in: Portele, G. (Hg.), Sozialisation und Moral. Neuere Ansätze zur moralischen Entwicklung und Erziehung, Weinheim 1978, 101–121.

Durkheim, E., Erziehung, Moral und Gesellschaft: Vorlesung an der Sorbonne 1902/1903, Frankfurt 1984.

Eckensberger, L.H., Research on Moral Development. German Journal of Psychology 7 (1983), 195–244.

Eckensberger, L., Handlung, Konflikt und Reflexion: Zur Dialektik von Struktur und Inhalt im moralischen Urteil, in: Edelstein, W./Nunner-Winkler, G. (Hg.), Zur Bestimmung der Moral, Frankfurt 1986, 409–441.

Eckensberger, L./Reinshagen, H., Kohlbergs Stufentheorie der Entwicklung des moralischen Urteils: Ein Versuch ihrer Reinterpretation im Bezugsrahmen handlungstheoretischer Konzepte, in: Eckensberger, L./Silbereisen, R.K. (Hg.), Entwicklung sozialer Kogniationen, Stuttgart 1980, 65–132.

Edelmann, W., Lernpsychologie, München [2]1986.

Edelstein, W., Moralische Intervention in der Schule. Skeptische Überlegungen, in: Oser, F./Fatke, R./Höffe, O. (Hg.), Transformation und Entwicklung, Frankfurt 1986, 327–349.

Edelstein, W., Förderung der moralischen Entwicklung in der Schule. Möglichkeiten und Grenzen, in: Zeitschrift für Pädagogik 33 (1987) 185–205.

Edelstein, W./Habermas, J., Soziale Interaktion und soziales Verstehen, Frankfurt 1984.

Edelstein, W./Keller, M. (Hg.), Perspektivität und Interpretation, Frankfurt 1982.

Edelstein, W./Keller, M./Wahlen, K., Entwicklung sozial-kognitiver Prozesse: Eine theoretische und empirische Rekonstruktion, in: Geulen, D. (Hg.), Perspektivenübernahme und soziales Handeln. Texte zur sozial-kognitiven Entwicklung, Frankfurt 1982, 181–204.

Edelstein, W./Nunner-Winkler, G. (Hg.), Zur Bestimmung der Moral, Frankfurt 1986.

Eder, K., Die Vergesellschaftung der Natur. Studien zur sozialen Evolution der praktischen Vernunft, Frankfurt 1988.

Engelmayer, O., Einführung in die Wertpsychologie, Darmstadt 1977.

Epstein, S., Entwurf einer Integrativen Persönlichkeitstheorie, in: Filipp, S.-H. (Hg.), Selbstkonzeptforschung. Probleme, Befunde, Perspektiven, Stuttgart 1979, 15–45.

Erikson, E.H., Identität und Lebenszyklus, Frankfurt [4]1977.

Erlinghagen, K., Sittliche Erziehung, in: Horney, W./u.a. (Hg.), Gütersloh 1970, Bd. 2 Pädagogisches Lexikon, Sp. 1018 f.

Fellsches, J., Moralische Erziehung als politische Bildung, Heidelberg 1977.

Fend, H., Konformität und Selbstbestimmung, Weinheim 1971.

Festinger, L., Theorie der kognitiven Dissonanz, Bern 1978 (Orig. 1957).

Fetz, R.L./Oser, F., Weltbildentwicklung, moralisches und religiöses Urteil, in: Edelstein, W./Nunner-Winkler, G. (Hg.), Zur Bestimmung der Moral. Philosophische und sozialwissenschaftliche Beiträge zur Moralforschung, Frankfurt 1986, 443–469.

Filipp, S.-H. (Hg.), Selbstkonzeptforschung. Probleme, Befunde, Perspektiven, Stuttgart 1979.

Foppa, K., Lernen, Gedächtnis, Verhalten, Köln [9]1975.

Fowler, J.W., Stages of Faith. The Psychology of Human Development and the Quest for Meaning, New York 1981.

Fraas, H.-J., Glaube und Identität. Grundlegung einer Didaktik religiöser Lernprozesse, Göttingen 1983.

Fraas, H.-J., Die Religiosität des Menschen. Ein Grundriß der Religionspsychologie, Göttingen 1990.

Fraas, H.-J., Heimbrock H.-G. (Hg.), Religiöse Erziehung und Glaubensentwicklung, Göttingen 1987.

Frankena, Analytische Ethik. Eine Einführung, München [3]1981.

Gagné, R.M., Die Bedingungen des menschlichen Lernens, hrsg. v. H. Roth. Vollst. Neubearb., Hannover 1980.

Galbraith, R.E./Jones, Th.M., Moral Reasoning. A Teaching Handbook for Adapting Kohlberg to the Classroom, Anoka, Minnesota 1976.

Garbarino, J./Bronfenbrenner, U., Die Sozialisation von moralischem Urteil und Verhalten aus interkultureller Sicht, in: Bertram, H. (Hg.), Gesellschaftlicher Zwang und moralische Autonomie, Frankfurt 1986, 258–288.

Garz, D., Einführung in die Theorie Lawrence Kohlbergs, in: Regenbogen, A. (Hg.), Moral und Politik. Bewußtsein als Lernprozeß, Köln 1984, 27–38.

Garz, D., Strukturgenese und Moral, Opladen 1984.

Geulen, D., Das vergesellschaftete Subjekt. Zur Grundlegung der Sozialisationstheorie, Frankfurt 1977.

Geulen, D. (Hg.), Perspektivenübernahme und soziales Handeln. Texte zur sozial-kognitiven Entwicklung, Frankfurt 1982.

Gilligan, C., Die andere Stimme. Lebenskonflikte und Moral der Frau, München 1984.

Graumann, C.-F., Die Dynamik von Interessen, Wertungen und Einstellungen, in: Thomae, H. (Hg.), Allgemeine Psychologie, II. Motivation (Handbuch der Psychologie Bd. 2), Göttingen 1965, 272–305.

Grom, B., Religionspädagogische Psychologie des Kleinkind-, Schul- und Jugendalters, Düsseldorf 1981.

Haan, N., Two Moralities in Action Contexts: Relationships to Thought, Ego Regulations, and Development, in: Journal of Personality and Social Psychology 36 (1978), 286–305.

Habermas, J., Moralentwicklung und Ich-Identität, in: Habermas, J., Zur Rekonstruktion des historischen Materialismus, Frankfurt 1976, 63–91.

Habermas, J., Können komplexe Gesellschaften eine vernünftige Identität ausbilden?, in: Habermas, J., Zur Rekonstruktion des historischen Materialismus, Frankfurt 1976, 92–126.

Habermas, J., Moralbewußtsein und kommunikatives Handeln, Frankfurt 1983.

Habermas, J., Notizen zur Entwicklung der Interaktionskompetenz, in: Habermas, J., Vorstudien und Ergänzungen zur Theorie des kommunikativen Handelns, Frankfurt 1984, 187–225.

Habermas, J., Was heißt Universalpragmatik? in: Habermas, J., Vorstudien und Ergänzungen zur Theorie des kommunikativen Handelns, Frankfurt 1984, 353–440.

Habermas, J., Gerechtigkeit und Solidarität. Eine Stellungnahme zur Diskussion über „Stufe 6", in: Edelstein, W./Nunner-Winkler, G. (Hg.), Zur Bestimmung der Moral, Frankfurt 1986, 291–318.

Hartshorne, H./May, M., Studies in the Nature of Character. Vol. I Studies in Deceit, New York 1928.

Haußer, K., Identitätsentwicklung, New York 1983.

Heidbrink, H., Stufen der Moral. Zur Gültigkeit der kognitiven Entwicklungstheorie Lawrence Kohlbergs, München 1991.

Heider, F., Psychologie der interpersonalen Beziehungen, Stuttgart 1977 (Orig. 1958).

Hersh, R.H./Paolitto, D.P./Reimer, J., Promoting Moral Growth. From Piaget to Kohlberg, New York 1979.

Hinder, E., Grundlagenprobleme bei der Messung des sozialmoralischen Urteils, Frankfurt 1987.

Höffe, O., Sittlich-politische Diskurse, Frankfurt 1981.

Höffe, O., Autonomie und Verallgemeinerung als Moralprinzipien. Eine Auseinandersetzung mit Kohlberg, dem Utilitarismus und der Diskursethik, in: Oser, F./Fatke, R./Höffe, O. (Hg.), Transformation und Entwicklung, Frankfurt 1986, 56–86.

Hoffmann, J., Moralpädagogik Bd. 1. Moraltheologische und moralpädagogische Grundlegung, Düsseldorf 1979.

Hoffman, M.L., Moral Development, in: Mussen, P.H. (Hg.), Carmichael's Manual of Child Psychology. Vol. 2, New York 1970, 261–359.

Hoffmann, M.L., Moral Internalization: Current Theory and Research, in: Berkowitz, L. (Ed.), Advances in Experimental Social Psychology. Vol. 10. New York 1977, 86–135.

Hoffmann, M.L., Eine Theorie der Moralentwicklung im Jugendalter, in: Montade, L. (Hg.), Brennpunkte der Entwicklungspsychologie, Stuttgart 1979, 252–266.

Hofmann, B.F., Kognitionspsychologische Stufentheorien und religiöses Lernen. Zur (korrelations-)didaktischen Bedeutung der Entwicklungstheorien von J. Piaget, L. Kohlberg und F. Oser/P. Gmünder, Freiburg – Basel – Wien 1991.

Honecker, M., Einführung in die Theologische Ethik. Grundlagen und Grundbegriffe, Berlin 1990.

Hunold, G.W., Identitätstheorie. Die sittliche Struktur des Individuellen im Sozialen, in: Hertz, A./Korff, W./Rendtorff, T./Ringeling, H. (Hg.), Handbuch der christlichen Ethik, Freiburg 1978, Bd. 1, 177–195.

Hurrelmann, K., Sozialisation und Lebenslauf. Empirie und Methodik sozialwissenschaftlicher Persönlichkeitsforschung, Reinbek 1976.

Joas, H., Rollen- und Interaktionstheorien in der Sozialisationsforschung, in: Hurrelmann, K./Ulich, D. (Hg.), Handbuch der Sozialisationsforschung, Weinheim 1980, 147–160.

Jonas, H., Das Prinzip Verantwortung. Versuch einer Ethik für die technologische Zivilisation, Frankfurt 1979.

Kannicht, Andreas, Selbstwerden des Jugendlichen. Der psychoanalytische Beitrag zu einer pädagogischen Anthropologie des Jugendalters, Würzburg 1985.

Kant, I., Werkausgabe, hrsg. v. W. Weischedel, Bd. 7, Kritik der praktischen Vernunft. Grundlegung zur Metaphysik der Sitten, Frankfurt [4]1982.

Kant, I., Werkausgabe, hrsg. v. W. Weischedel, Bd. 8, Die Metaphysik der Sitten, Frankfurt [6]1982.

Kärn, M., Vorsicht Stufe: Ein Kommentar zur Stufentheorie der moralischen Entwicklung, in: Portele, G. (Hg.), Sozialisation und Moral. Neuere Ansätze zur moralischen Entwicklung und Erziehung, Weinheim-Basel 1978, 81–100.

Katz, D., The Functional Approach to the Study of Attitude, in: Fishbein, M. (Ed.), Readings on Attitude Theory and Measurement, New York 1967.

Kegan, R., Die Entwicklungsstufen des Selbst. Fortschritte und Krisen im menschlichen Leben, München 1986 (Orig. 1982).

Keller, M., Kognitive Entwicklung und soziale Kompetenz, Stuttgart 1976.

Keller, M., Rechtfertigungen. Zur Entwicklung praktischer Erklärungen, in: Edelstein, W./Habermas, J. (Hg.), Soziale Interaktion und soziales Verstehen, Frankfurt 1984, 253–299.

Keller, M., Freundschaft und Moral: Zur Entwicklung der moralischen Sensibilität in Beziehungen, in: Bertram, H. (Hg.), Gesellschaftlicher Zwang und moralische Autonomie, Frankfurt 1986, 195–223.

Keller, M./Edelstein, W., Beziehungsverständnis und moralische Reflexion. Eine entwicklungspsychologische Untersuchung, in: Edelstein, W./Nunner-Winkler, G. (Hg.), Zur Bestimmung der Moral, Frankfurt 1986, 321–346.

Keller, M./Reuss, S., Der Prozeß moralischer Entscheidungsfindung. Normative und empirische Voraussetzungen einer Teilnahme am moralischen Diskurs, in: Oser, F./Fatke, R./Höffe, O. (Hg.), Transformation und Entwicklung, Frankfurt 1986, 124–148.

Kerstiens, L., Wie wir wirklich christlich leben können. Orientierungen am Evangelium, Mainz 1973.

Kerstiens, L., Modelle emanzipatorischer Erziehung, Bad Heilbrunn 1975.

Kerstiens, L., Verbindliche Perspektiven menschlichen Handelns, Stuttgart 1983.

Kerstiens, L., Das Gewissen wecken. Gewissen und Gewissensbildung im Ausgang des 20. Jahrhunderts, Bad Heilbrunn 1987.

Kerstiens L., Erziehungsziel: Humanes Leben, Bad Heilbrunn 1991.

Kohlberg, L., Zur kognitiven Entwicklung des Kindes, Frankfurt 1974.

Kohlberg, L., Moral Stages and Moralization. The Cognitive-Developmental Approach, in: Lickona, T. (Ed.), Moral Development and Behavior. Theory, Research, and Social Issues, New York 1976, 31–53.

Kohlberg, L., Eine Neuinterpretation der Zusammenhänge zwischen der Moralentwicklung in der Kindheit und im Erwachsenenalter, in: Döbert, R./Habermas, J./Nunner-Winkler, G. (Hg.), Entwicklung des Ichs, Köln 1977, 225–252.

Kohlberg, L., Revisions in the Theory and Practice of Moral Development, in: Damon, W. (Hg.), New Directions for Child Development. Vol. 2. Moral Development, San Francisco 1978, 83–88.

Kohlberg, L., The Cognitive-Developmental Approach to Moral Education, in: Scharf, P. (Ed.), Readings in Moral Education, Minneapolis 1978, 36–51.

Kohlberg, L., High School Democracy and Educating for a Just Society, in: Mosher, R.L. (Hg.), Moral Education. A First Generation of Research and Development, New York 1980, 20–57.

Kohlberg, L., Essays on Moral Development. Vol. I. The Philosophy of Moral Development. Moral Stages and the Idea of Justice, San Franciso 1981.

Kohlberg, L., Essays on Moral Development. Vol. II. The Psychology of Moral Development. The Nature and Validity of Moral Stages, New York 1984.

Kohlberg, L., Der „Just Community"-Ansatz der Moralerziehung in Theorie und Praxis, in: Oser, F./Fatke, R./Höffe, O. (Hg.), Transformation und Entwicklung, Frankfurt 1986, 21–55.

Kohlberg, L., Moralische Entwicklung und demokratische Erziehung, in: Lind, G./Raschert, J. (Hg.), Moralische Urteilsfähigkeit. Eine Auseinandersetzung mit Lawrence Kohlberg über Moral, Erziehung und Demokratie, Weinheim 1987, 25–43.

Kohlberg, L./Boyd, D.R./Levine, Ch., Die Wiederkehr der sechsten Stufe: Gerechtigkeit, Wohlwollen und der Standpunkt der Moral, in: Edelstein, W./Nunner-Winkler, G. (Hg.), Zur Bestimmung der Moral, Frankfurt 1986, 205–240.

Kohlberg, L./Scharf, P./Hickey, J., Die Gerechtigkeitsstruktur im Gefängnis. Eine Theorie und eine Intervention, in: Portele, G. (Hg.), Sozialisation und Moral. Neuere Ansätze zur moralischen Entwicklung und Erziehung, Weinheim-Basel 1978.

Kohlberg, L./Turiel, E., Moralische Entwicklung und Moralerziehung, in: Portele, G. (Hg.), Sozialisation und Moral. Neuere Ansätze zur moralischen Entwicklung und Erziehung, Weinheim 1978, 13–80.

Kohlberg, L./Wassermann, E./Richardson, N., Die Gerechte Schul-Kooperative. Ihre Theorie und das Experiment der Cambridge Cluster School, in: Portele, G. (Hg.), Sozialisation und Moral. Neuere Ansätze zur moralischen Entwicklung und Erziehung, Weinheim 1978, 215–259.

Korff, W., Wie kann der Mensch glücken? Perspektiven der Ethik, München 1985.

Korte, M., Die Entwicklung der moralischen Atmosphäre in einem Jugendwohnheim: eine Interventionsstudie, Frankfurt 1987.

Krappmann, L., Soziologische Dimensionen der Identität, Stuttgart 1971.

Lefrançois, G.R., Psychologie des Lernens, Berlin [2]1986.

Lickona, T., Moral Development and Behavior. Theory, Research and Social Issues, New York 1976.

Liegle, L., Kulturvergleichende Ansätze in der Sozialisationsforschung, in: Hurrelmann, K./Ulich, D. (Hg.), Handbuch der Sozialisationsforschung, Weinheim 1980, 197–226.

Lind, G., Wie mißt man moralisches Urteil? Probleme und Möglichkeiten der Messung eines komplexen Konstrukts, in: Portele, G. (Hg.), Sozialisation und Moral. Neuere Ansätze zur moralischen Entwicklung und Erziehung, Weinheim 1978, 171–214.

Lind, G./Hartmann, H.A./Wakenhut, R. (Hg.), Moralisches Urteilen und soziale Umwelt. Theoretische, methodologische und empirische Untersuchungen, Weinheim 1983.

Lind, G., Entwicklung des Moralischen Urteilens – Leistungen und Problemzonen der Theorien von Piaget und Kohlberg, in: Lind, G./Hartmann, H.A. u. Wakenhut, R. (Hg.), Moralisches Urteilen und soziale Umwelt, Weinheim 1983, 25–42.

Lindsay, P.H./Norman, D.A., Einführung in die Psychologie. Informationsaufnahme und -verarbeitung beim Menschen, Berlin 1981.

Loevinger, J., Ego Development, San Francisco 1976.

Luhmann, N., Soziologie der Moral, in: Luhmann, N./Pfürtner, St.H. (Hg.), Theorietechnik und Moral, Frankfurt 1978, 8–116.

Luhmann, N., Soziale Systeme, Frankfurt 1984.

Macha, H., Pädagogisch-anthropologische Theorie des Ich, Bad Heilbrunn 1989.

Maier, K.E., Grundriß moralischer Erziehung, Bad Heilbrunn 1986.

Marcia, J.E., Identity in Adolescence, in: Adelson, J. (Ed.) Handbook of Adolescent Psychology, New York 1980, 159–187.

Mauermann, L., Methoden der Wertklärung nach dem Ansatz von Raths, Harmin & Simon – Darstellung und Kritik, in: Mauermann, L./Weber, E. (Hg.), Der Erziehungsauftrag der Schule, Beiträge zur Theorie und Praxis moralischer Erziehung unter besonderer Berücksichtigung der Wertorientierung im Unterricht, Donauwörth 1978, 210–223.

Mauermann, L., Methoden der Wertklärung, in: Schreiner, G. (Hg.), Moralische Entwicklung und Erziehung, Braunschweig 1983, 85–102.

Mauermann, L./Weber, E. (Hg.), Der Erziehungsauftrag der Schule. Beiträge zur Theorie und Praxis moralischer Erziehung unter besonderer Berücksichtigung der Wertorientierung im Unterricht, Donauwörth 1978.

Mielke, R. (Hg.), Interne/externe Kontrollüberzeugung. Theoretische und empirische Arbeiten zum „Locus of control" – Konstrukt, Stuttgart 1982.

Moir, D.J., Egozentrismus und die Entstehung konventioneller Moral bei Mädchen in der Voradoleszenz, in: Geulen, D. (Hg.), Perspektivenübernahme und soziales Handeln. Texte zur sozial-kognitiven Entwicklung, Frankfurt 1982, 361–373.

Mosher, R.L. (Ed.), Moral Education. A First Generation of Research and Development, New York 1980.

Nipkow, K.E., Grundfragen der Religionspädagogik, Bd. 3, Gemeinsam leben und glauben lernen, Gütersloh 1982.

Nipkow, K.E., Stufentheorien der Glaubensentwicklung als eine Herausforderung für Religionspädagogik und Praktische Theologie, in: Nipkow, K.E./Schweitzer, F./Fowler, J.W. (Hg.), Glaubensentwicklung und Erziehung, Gütersloh 1988, 270–289.

Nipkow, K.E./Schweitzer, F./Fowler,J.W., Glaubensentwicklung und Erziehung, Gütersloh 1988.

Nisan, M., Begrenzte Moralität. Ein Konzept und seine erzieherischen Implikationen, in: Oser, F./Fatke, R./Höffe, O. (Hg.), Transformation und Entwicklung, Frankfurt 1986, 192–214.

Nisan, M., Die moralische Bilanz. Ein Modell moralischen Entscheidens, in: Edelstein, W./Nunner-Winkler, G. (Hg.), Zur Bestimmung der Moral, Frankfurt 1986, 347–376.

Noam, G., Stufe, Phase und Stil: Die Entwicklungsdynamik des Selbst, in: Oser, F./Fatke, R./Höffe, O. (Hg.), Transformation und Entwicklung, Frankfurt 1986, 151–191.

Noam, G./Kegan, R., Soziale Kognition und Psychodynamik: Auf dem Weg zu einer klinischen Entwicklungspsychologie, in: Edelstein, W./Keller, M. (Hg.), Perspektivität und Interpretation. Beiträge zur Entwicklung des sozialen Verstehens, Frankfurt 1982, 422–460.

Oerter, R., Struktur und Wandlung von Werthaltungen, München 1970.

Oerter, R./Montada, L., Entwicklungspsychologie, München 1982.

Oser, F., Das Gewissen lernen. Probleme intentionaler Lernkonzepte im Bereich der moralischen Erziehung, Olten 1976.

Oser, F., Moralisches Urteil in Gruppen. Soziales Handeln. Verteilungsgerechtigkeit. Stufen der interaktiven Entwicklung und ihre erzieherische Stimulation, Frankfurt 1981.

Oser, F., Wieviel Religion braucht der Mensch? Erziehung und Entwicklung zur religiösen Autonomie, Gütersloh 1988.

Oser, F./Althof, W., Der moralische Kontext als Sumpfbeet möglicher Entwicklung: Erziehung angesichts der Individuum-Umwelt-Verschränkung, in: Bertram, H. (Hg.), Gesellschaftlicher Zwang und moralische Autonomie, Frankfurt 1986, 322–357.

Oser F., Althof W., Garz D. (Hg.), Moralische Zugänge zum Menschen – Zugänge zum moralischen Menschen. Beiträge zur Entstehung moralischer Identität, München 1986.

Oser, F./Fatke, R./Höffe, O. (Hg.), Transformation und Entwicklung, Frankfurt 1986.

Oser, F./Gmünder, P., Der Mensch – Stufen seiner religiösen Entwicklung. Ein strukturgenetischer Ansatz, Zürich 1984.

Oser F., Gmünder P., Fritsche U., Stufen des religiösen Urteils, in: Wege zum Menschen 32 (1980) 386 ff.

Parsons, T., Sozialstruktur und Persönlichkeit, Frankfurt 1968.

Parsons, T., Zur Theorie sozialer Systeme, hrsg. v. St. Jensen, Opladen 1976.

Parsons, T./Shils, E.A. (Eds.), Toward a General Theory of Action, London 1951.

Peltzer, U., Lawrence Kohlbergs Theorie des moralischen Urteilens. Eine wissenschaftstheoretische und forschungspraktische Analyse, Opladen 1986.

Petermann, F. (Hg.), Einstellungsmessung – Einstellungsforschung, Göttingen 1979.

Piaget, J., Psychologie der Intelligenz, Zürich 1966.

Piaget, J., Urteil und Denkprozeß des Kindes, Frankfurt 1981.

Piaget, J., Das moralische Urteil beim Kinde, Stuttgart 1986 (Orig. 1932).

Piaget, J./Inhelder, B., Die Psychologie des Kindes, Olten [3]1976.

Pieper, A., Einführung in die Ethik, München 1985.

Piesold R., Computer-Based-Education und das Problem der Vermittlung moralischer Urteilsfähigkeit in der betrieblichen Ausbildung, Frankfurt 1990.

Portele, G. (Hg.), Sozialisation und Moral. Neuere Ansätze zur moralischen Entwicklung und Erziehung, Weinheim-Basel 1978.

Prior B., Selbst-Sein und Selbst-Werden in Beziehung. Zugänge zum Problem von Selbstverwirklichung und Erziehung, Frankfurt 1984.

Raths, L.E./Harmin, M./Simon, S.B., Werte und Ziele. Methoden zur Sinnfindung im Unterricht, München 1976.

Rest, J.R., New Approaches in the Assessment of Moral Judgment, in:

Lickona, T. (Ed.), Moral Development and Behavior: Theory, Research, and Social Issues, New York 1976, 198–218.

Rokeach, M., Beliefs, Attitudes and Values, San Francisco 1968.

Rokeach, M., The Nature of Human Values, New York 1973.

Roth, H., Pädagogische Anthropologie Bd. II: Entwicklung und Erziehung. Grundlagen einer Entwicklungspädagogik, Hannover 1971.

Roth, H., Moralische Mündigkeit als Ziel der Erziehung, in: Mauermann, L./Weber, E. (Hg.), Der Erziehungsauftrag der Schule. Beiträge zur Theorie und Praxis moralischer Erziehung unter besonderer Berücksichtigung der Wertorientierung im Unterricht, Donauwörth 1978, 13–32.

Rotter, J.B., Generalized Expectancies for Internal versus External Control of Reinforcement, in: Psychological Monographs 80 (1966) 1–28.

Rubin, K.H./Schneider, F.W., Die Beziehung zwischen moralischem Urteil, Egozentrismus und altruistischem Verhalten, in: Geulen, D. (Hg.), Perspektivenübernahme und soziales Handeln. Texte zur sozial-kognitiven Entwicklung, Frankfurt 1982, 374–382.

Schaal, Helmut, Sittliche Erziehung. Urteilsfähigkeit und Verantwortung – ihre Anfangspunkte im Medium der Sprache, Essen 1968.

Scharf, P., Evaluating the Development of Moral Education: A Response to the Critiques of Flowers, Sullivan and Fraenkel, in: Scharf, P. (Ed.), Readings in Moral Education, Minneapolis 1978, 288–297.

Scheler, M., Der Formalismus in der Ethik und die materiale Wertethik, Bern [4]1954.

Schmidl, W., Homo discens. Studien zur Pädagogischen Anthropologie bei Thomas von Aquin, Wien 1987.

Schreiner, G., Zum Verhältnis von moralischer Erziehung und politischer Bildung, in: Pohlmann, D./Wolf, J. (Hg.), Moralerziehung in der Schule? Beiträge zur Entwicklung des Unterrichts Ethik/Werte und Normen, Göttingen 1982, 175–211.

Schreiner, G., Auf dem Weg zu immer gerechteren Konfliktlösungen – Neue Anmerkungen zur Kohlberg-Theorie, in: Schreiner, G. (Hg.), Moralische Entwicklung und Erziehung, Braunschweig 1983, 103–132.

Schreiner, G. (Hg.), Moralische Entwicklung und Erziehung, Braunschweig 1983.

Schreiner, G., Die Herausforderung durch die „andere Stimme". Zur

Konstruktion einer weiblichen Moral durch Carol Gilligan, in: Zeitschrift für Pädagogik 33 (1987) 237–246.

Schweitzer, F., Religion und Entwicklung. Bemerkungen zur kognitiv-strukturellen Religionspsychologie, in: Wege zum Menschen 37 (1985) 316–325.

Schweitzer, F., Identität und Erziehung. Was kann der Identitätsbegriff für die Pädagogik leisten? Weinheim 1985.

Schweitzer, F., Moralisches Lernen – Überlegungen zur didaktischen Erschließung moralischer Inhalte, in: Der Evangelische Erzieher 38 (1986) 420–434.

Schweitzer, F., Lebensgeschichte und Religion. Religiöse Entwicklung und Erziehung im Kindes- und Jugendalter, München 1987.

Selman, R.L., Sozial-kognitives Verständnis: Ein Weg zu pädagogischer und klinischer Praxis, in: Geulen, D. (Hg.), Perspektivenübernahme und soziales Handeln. Texte zur sozial-kognitiven Entwicklung, Frankfurt 1982, 223–256.

Selman, R.L., Die Entwicklung des sozialen Verstehens. Entwicklungspsychologische und klinische Untersuchungen, Frankfurt 1984.

Silbereisen, R.K., Untersuchungen zur Frage sozial-kognitiv anregender Interaktionsbedingungen, in: Geulen, D. (Hg.), Perspektivenübernahme und soziales Handeln. Texte zur sozial-kognitiven Entwicklung, Frankfurt 1982, 485–515.

Six, B., Das Konzept der Einstellung und seine Relevanz für die Vorhersage des Verhaltens, in: Petermann, F. (Hg.), Einstellungsmessung – Einstellungsforschung, Göttingen 1979, 55–84.

Speck, Otto, Chaos und Autonomie in der Erziehung. Erziehungsschwierigkeiten unter moralischem Aspekt, München 1991.

Staats, A.W., Social Behaviorism and Human Motivation: Principles of the Attitude-Reinforcer-Discriminative System, in: Greenwald, A.G. et al. (Eds.), Psychological foundations of attitudes, New York 1968.

Stachel, G./Mieth, D., Ethisch handeln lernen. Zu Konzeption und Inhalt ethischer Erziehung, Zürich 1978.

Stiksrud, A. (Hg.), Jugend und Werte. Aspekte einer politischen Psychologie des Jugendalters, Weinheim und Basel 1984.

Stroebe, W., Grundlagen der Sozialpsychologie I, Stuttgart 1980.

Ulich, K., Schulische Sozialisation, in: Hurrelmann, K./Ulich, D. (Hg.), Handbuch der Sozialisationsforschung, Weinheim 1980, 469–498.

Weber, E., Aktuelle und prinzipielle Überlegungen zum Erziehungsauftrag der Schule – Grundkategorien moralischer Erziehung unter besonderer Berücksichtigung der Wertklärung und Wertorientierung, in: Mauermann, L./Weber, E. (Hg.), Der Erziehungsauftrag der Schule. Beiträge zur Theorie und Praxis moralischer Erziehung unter besonderer Berücksichtigung der Wertorientierung im Unterricht, Donauwörth 1978, 33–67.

Wehner, E.G., Einführung in die empirische Psychologie, Stuttgart 1980.

Weinreich-Haste, H., Moralisches Engagement. Die Funktion der Gefühle im Urteilen und Handeln, in: Edelstein, W./Nunner-Winkler, G. (Hg.), Zur Bestimmung der Moral, Frankfurt 1986, 377–406.

Wellmer, A., Über Vernunft, Emanzipation und Utopie. Zur kommunikationstheoretischen Begründung einer kritischen Gesellschaftstheorie, in: Wellmer, A., Ethik und Dialog. Elemente des moralischen Urteils bei Kant und in der Diskursethik, Frankfurt 1986, 175–221.

Werbick, J., Glaubenlernen aus Erfahrung. Grundbegriffe einer Didaktik des Glaubens, München 1989.

Willi, J., Koevolution. Die Kunst gemeinsamen Wachsens, Reinbek 1985.

Witte, E., Einstellung, in: Handbuch psychologischer Grundbegriffe, hrsg. v. Th. Herrmann/P.R. Hofstätter/H.P. Huber/F.E. Weinert, München 1977, 103–115.

Wren, Th.E., Moralpsychologie und Metaethik: Ein Arbeitsbündnis, in: Edelstein, W./Nunner-Winkler, G. (Hg.), Zur Bestimmung der Moral, Frankfurt 1986, 37–54.

Wright, D., The Psychology of Moral Behavior. Reprint. Harmandsworth 1973.

Youniss, J., Moral, kommunikative Beziehungen und die Entwicklung der Reziprozität, in: Edelstein, W./Habermas, J., Soziale Interaktion und soziales Verstehen, Frankfurt 1984, 34–60.

Ziebertz, H.G. (Hg.), Sexualität im Wertpluralismus. Perspektiven zur Überwindung der Krise in der ethischen Bildung, Mainz 1990.